SWARTSUER

SWARTSUER

Ton Gräsen, Gruveln, Grienen

rutgeven von

Bolko Bullerdiek un Dirk Römmer

HINSTORFF

Die Deutsche Bibliothek – CIP-Einheitsaufnahme
Swartsuer : ton Gräsen, Gruveln, Grienen /
rutgeven von Bolko Bullerdiek un Dirk Römmer.
– 1. Aufl. – Rostock : Hinstorff, 2002
ISBN 3-356-00969-9

1. Auflage 2002
Druck und Bindung: Wiener Verlag GmbH Nachf. KG
Printed in Austria
ISBN 3-356-00969-9

Ut'n Tritt

En Woort vörweg

Ick seh Egon un Erwin noch vör mi: mit de Been nå båben bi uns op'n Hoff, de korten Been båben anbunnen an en Ledder. Den Buuk opsneden, de Hoor afschråpt, de Innereen rut. Doot de beiden. Se harrn sick wehrt, se harrn Larm måkt för dull, harr nix hulpen, harr nix nützt. Slacht wöörn se, de beiden Swien, de Söhns vun Erika, uns' groot Söög.

Dat Bloot harr Vadder in grote Ammers opfungen, schull Swartsuer vun måkt warrn, dit Blootgericht, dit Schreckenseten, wo du ok noch allens rinröhren dörfst, wegen dat' je nich to sehn geiht.

Mi fåt en Grugen an, en Schrecken, müss ick an denken, wat ok ick mit an'n Disch müss. Streng, man gerecht, as mien Ool weer, müss ick tominnst eenen Lepel in mienen Mund doon. Dat weer åver de eerst un de letzt. Ick weer je ok noch lütt.

De Groten kunnen över mi Bangbüx blots grienen. Se haun allens weg, wat op'n Disch keem.

Un een Johr wieder weer vun Egon un Erwin rein nix mehr to finnen.

Blots in mienen Kopp bleev dit Swartsuerbild behangen, dat Blootröhren, de Ruch un mien Grugen.

Nu, wo dit Book so heten schall, kummt dat allens wedder ünnerhoch. Un passt allerbest: Ok in uns' Geschichten löppt dat Bloot, hangt wat opsneden an de Wand, röhrt wecke mit'n dicken Wäscheknüppel in dat düsterbrune Blubber un röhrt dor Såken rin, de al bald nich mehr to sehn sünd.

Geschichten as Swartsuer gifft dat al langen. De Tradition föhrt uns op de engelschen Inseln, wo al in't eerste Half vun't 19. Johrhunnert de ‚gothic novel' herkeem. Sünnerlich in de Johren, wo Queen Victoria dat Seggen harr, stünn disse Oort Schrieveree in Bleut. In Düütschland kann'n jüst so veel Bispeelen optellen.

Doch köönt wi veel wieder trüchgåhn – wohrhaftig bet nå de olen Römer – wüllt wi Quellen finnen, wo se ok in't 19. Jahrhunnert wedder op boot hebbt.

In de Nedderdüütsche Literatur sünd de besten Geschichten, wo uns de Gräsen öber'n Rüch loopt, ut de Tied vun'n Expressionismus. Fock, Bossdorf un Wagenfeld, wat låter Schurek, Much un Claudius kunnen wi as Vadders ansehn.

Kloor, wat wi nich blots de doden Dichter un jüm ehr Geschichten wedder utbuddelt hebbt. Ok vundåg hebbt dor Schrieverslüüd jüm ehren Spåß an, wat se anner Lüüd ehr Hoor piel in de Hööchd drieben doot. Un grient sick eenen.

Uns' Swartsuer hett – röhrt wi dat dör – Gedichten un Balladen, korte un länger Geschichten, Öbersetten un Originale in den Bloodblubber binnen.

Mag ween, de Lesers kåmt ok mål „ut'n Tritt"; mag ween, dat dor wat „verrückt" smeckt un een dor wat länger op kauen mutt. Åver 'keen will jümmer blots dat, wat licht to verdauen is. Amenn is jüst de swore Kost de, de uns starker måkt.

Schall je Lüüd geben, de för Swartsuer wiede Wegen op sick nehmt, wat se dor man blots rankåmt …! Anners wecke geiht dat as mi mit mien Grugen.

Je, un so hebbt wi dat kåkt för jo: uns' Swartsuer.

Sommer 2002 *Bolko Bullerdiek un Dirk Römmer*

Blaubårt un Anita

Jakob un Wilhelm Grimm

Blaubårt

In en Holt leev en Mann, de harr dree Söhns un en schöne Dochter. Målins keem en gollen Wågen mit söss Peer un en Reeg Deensten un bleev vör dat Huus von den Mann ståhn. Dor steeg en König rut un beed den Mann, he müch em sien Dochter as Fro geven.

De Mann weer froh, dat sien Dochter so'n Glück harr un sä foors jo. An den Swegersöhn weer jo ok nix uttosetten – blots dat he en blauen Bårt harr un een sick verfeern kunn, wenn he em in't Gesicht keek.

De Deern weer toeerst ok heel verbåst un scho vör de Heiråt. Man ehr Vadder snack ehr goot to, un so weer se oplest inverståhn. Doch se föhl so en Bang; dorüm güng se erst to ehr Bröder, nehm de bisiet un sä: „Leeve Bröder, wenn ji mi schreen höört – wo jümmer ji denn ok ween möögt –, låt allens ståhn un liggen un kåmt mi to Hölp." De Bröder küssen ehr un sään ehr dat to: „Leev woll, leev Süster, wenn wi dien Stimm höört, springt wi op uns Peer un sünd båld bi di."

Dorop sett se sick in den Wågen to den Blaubårt un föhr mit em weg.

As se an dat Slott keemen, weer allens ståtsch un grootårig. Wat de Königin sick blots wünsch, dat passeer; un se weern glücklich ween, wenn sick de Königin blots an sienen blauen Bårt harr wennen kunnt. Man jümmer, wenn se den sehg, verfeer se sick dorvör – ok wenn se sick nix anmarken leet.

Nå en Tiet sä he: „Ick mutt en grode Reis måken; hier hest du all de Slötel to dat Slott; du kannst överall opsluten un di allens ankieken, blots de een Kåmer, wo disse gollen Slötel tohöört, de verbeed ick di. Wenn du de opslöttst, is dien Leven verfullen.“

Se nehm de Slötel un sä, se wull allens so doon, as he dat wull. As he weg weer, slööt se nåenanner de Dören op un sehg all den Glanz un Riekdoom. Se meen meist, dat weer ut de ganze Welt hierher tosåmen brocht worrn.

Oplest weer nix mehr över as de verbåden Kåmer. De Slötel weer jo ut Gold, dorüm dach se, in disse Kåmer müss dat allerkostborste verslåten ween. De Neeschier wöör grötter un grötter; un se harr leever all dat anner nich sehn, wenn se blots wüss, wat in disse Kåmer weer. En Tiet lang wedderstünn se dissen Jieper, doch oplest wöör de so övermächtig, dat se den Slötel nehm un to de Kåmer güng: „Ward jo nüms sehn, dat ick se åpen måk“, sä se to sick sülfst, „ick will jo ok blots een' Blick rinsmieten.“ So sloot se op; un as de Döör opgüng, keem ehr en Floot Bloot in de Mööt. An de Muern sehg se dode Froons hangen; von weck weern blots noch de Knåkengerüsten över. Se slöög de Döör batz wedder to, so harr se sick verfeert. Doch de Slötel sprüng dorbi ut't Slott un full in't Bloot. Gau heev se em op un wisch dat Bloot af. Man dat güng nich: Wenn se dat op de een Siet afwisch, keem dat op de anner wedder ton Vörschien. Se sett sick den ganzen Dag dål un wisch un wisch. Man dat hölp nix, de Blootplacken güngen dor nich runner. An'n Åbend legg se den Slötel in't Heu; dat schull nachtens dat Bloot aftrecken.

Den annern Dag keem de Blaubårt trüch, un foors wull he von ehr de Slötel hebben. Ehr Hart klopp in'n Hals. Se broch em de annern un hööp, he wöör nich marken, wat de güllen Slötel nich dorbi weer. Man he tell all un sä denn:

„Wo is de to de verbåden Kåmer?“ un keek ehr dorbi in’t Gesicht.

Se wöör blootroot un anter: „He liggt båben; ick heff em verleggt; morgen will ick em söken.“

„Gåh leever foors, leeve Fro, ick bruuk em vondåg noch.“

„Ach, ick will di dat glieks seggen, ick heff em in’t Heu verloren, dor mutt ick em söken.“

„Du hest em nich verloren“, sä de Blaubårt füünsch, „du hest em dor henleggt, dat de Blootplacken ruttrecken schüllt. Du hest mien Geboot bråken un büst in de Kåmer ween. Un nu schallst du dor rin, ok wenn du nich wullt.“

Do müss se den Slötel hålen, un de weer noch vull Blootplacken. „Nu måk di fardig för den Doot, denn du schallst vondåg noch starven“, sä he un hål sien groot Mess.

„Låt mi vör mienen Doot noch beden“, sä se.

„So gåh, åver måk to, ick heff keen Tiet lang to töven.“

Do leep se de Trepp rop un reep so luut se kunn ton Finster rut: „Bröder, miene leeven Bröder, kåmt, hölpt mi!“

De Bröder seten in’t Holt bi’n köhlen Wien, do sä de jüngst: „Mi is, as harr ick uns Süster ehr Stimm höört. Op! Wi mööt ehr to Hölp kåmen!“

Do jumpen se op ehr Peer un reden, as wenn se de Stormwind weern.

Ehr Süster åver leeg in Angst un Bang op ehr Kneen. Do reep de Blaubårt ünnen: „Nu, büst du bald fardig?!“ Un dorbi kunn se hören, woans he op den ünnersten Steentritt sien Mess scharp måken dä. Se sehg nå buten, man se sehg nix, blots in de Feern en Stoffwulk, as wöör dor Veeh dreven. Do schreeg se noch mål: „Bröder, miene leeven Bröder! Kåmt, hölpt mi!“ Un ehr Bang wöör jümmer grötter.

De Blaubårt åver reep: „Wenn du nich båld kummst, so hål ick di, mien Mess is al scharp!“

Un se sehg wedder rut un sehg ehr dree Bröder dör’t Feld rieden, as flögen dree Vågels dör de Luft. Do schreeg se ton drütten Mål in ehr gröttste Noot un mit all ehr Kraft: „Bröder! Miene leeven Bröder! Kåmt, hölpt mi!“ Un de jüngst weer al so dicht bi, dat se sien Stimm höör: „Trööst di, leeve Süster, noch en Ogenblick un wi sünd bi di!“

Doch de Blaubårt reep: „Nu is noog beedt. Ick will nich länger töven. Kummst du nu nich, so hål ick di!“

„Ach! Blots noch för mien dree leeven Bröder låt mi beden.“

Man he höör nich, keem de Trepp rop un trock se runner. Un he fåt ehr an ehr Hoor un wull ehr jüst dat Mess in’t Hart stöten, do slögen de Bröder an de Huusdöör, störten rin un reten em de Süster ut de Hand. Denn trocken se ehr Såbels un hauen em doot. So keem he in de Blootkåmer to all de Froons, de he dootmåkt harr.

De Bröder åver nehmen ehr allerleevste Süster mit nå Huus, un all de Riekdoom von den Blaubårt höör ehr to.

Edgar Allan Poe

In’n eirunnen Råhmen

Ick weer bös verwunnt. Mien Deenstmann wull mi in mienen legen Tostand nich de Nacht över buten låten. Dorüm verschaff he sick Togang to en Slott. Dat weer en von de düüster-grootorigen Bowarken, de nich blots in de Phantasie von Mrs. Radcliffe, man ok in de Würklichkeit siet ole Tieden gries un gnatterig över de Apenninen kiekt. Dat leet so, as harrn de Lüüd dat kortens för en Tiet verlåten. Wi leeten uns in en lütt Kåmer dål, wo dat Möbelmang nich ganz so düer weer as in de annern. De Kåmer weer in enen Toorn an't Enn von dat Bowark. An de Wännen hungen Teppiche un allerhand Såken, de ut de Kriege mitbrocht worrn weern. Un denn hung dor en lange Reeg lebensecht målte Biller in güllen Råhmen mit veel Ornamenten.

De Biller hungen nich blots an de veer Wännen, ok in all de Ecken un Winkel, de den Toorn en egenwillige Architektur geven harr. Un disse Biller leten mi gor nich wedder los, wat villicht ok dormit to doon harr, dat bi mi so wat as en Delirium anfüng. Ick sä to Pedro, he schull de Finsterklappen dichtmåken – dat weer jo ok al Nacht –, en von de groten Lichter an't Koppenn von mien Bett ansteken un de Vörhäng ut Samt un Fransen von't Bett trüchtrecken. Ick sä dat, dormit ick mi de Biller ankieken un en lütt Book lesen kunn, wenn ick nich in'n Slåp kåmen schull. Dat Book harr ick op dat Bettkissen funnen; binnen weer wat schreven över all de Biller.

Lang, lang heff ick leest un andächtig keken. Gau un angenehm güngen de Stünnen dorhen, un de Middernacht keem nöger. Ick wull een von de Lichter an en anner Stell hebben, wull åver mienen Hölper nich wecken; dorüm streck ick sülfst de Hand ut un dreih dat Licht so, dat' vull op mien Book lüchten dä.

Disse Verännerung harr åver en ganz annere Wirkung, as ick dacht harr. Dat Licht full nu in en Eck, wo vörher de

Schadden von den Bettposten legen harr. So sehg ick nu en Bild in't vulle Licht, wat ick vörher gor nich sehn kunn. Dat weer dat Porträt von en Deern oder en ganz junge Fro.

Ick keek kort op dat Bild un kneep foors de Ogen to. Mi weer gor nich recht klor, worüm ick dat dä. Un mit slåten Ogen dach ick doröver nå. Ick harr dat ohn Överleggen måkt, um Tiet ton Nådenken to hebben. Ick wull weten, wat mien Ogen mi bedrågen harrn, wull mi erst sammeln un beruhigen, ehrder ick dat mit en fasten Blick överprö-ven kunn. Un denn keek ick scharp op dat Bild.

Dat geev keen'n Twiefel: Ick weer wåk un bi Sinnen. De erste Schien von dat flackern Talglicht op dat Bild harr allens Drömelige un Düsige verdreven un mi quickleben-nig måkt.

As ick al sä, dat Bild weer dat Porträt von en junge Deern. So as de Biller von Sully, de vondåg in Mood sünd, so weer dat in en eirunne Form måkt. To sehn weern blots Kopp un Schullern. De Arms, de Bost un dat stråhlen Hoor güngen över in den deepen Schadden von'n Achtergrund. De Råhmen weer grootorig ut Holt sneden un güllen anmålt. Dat Bild weer en groot Kunstwark. Un doch kunn mi nich blots de Kunst noch blots de Schönheit von de Deern so deep dråpen hebben. Un ok de Gedanke, ick harr dat Bild för en lebennige Fro holen, as ick so unvermodens ut mien Drömeligkeit reten wöör, is nich richtig. Ick harr foors sehn: Dat weer målt; un ok de Råhmen leet en annern Gedanken nich to.

Ick dach lang doröver nå, leeg half hoch, den Blick op dat Bild. An't Enn, as ick dach, ick harr rutfunnen, wat mi so infungen harr, sünk ick in't Kissen trüch. De Töver von dat Bild weer de besünnere Lebennigkeit in den Utdruck –

de Utdruck, de mi erst överrascht, denn verbåst, oplest heel un deel verfeert harr.

Schu un vull Andacht schoov ick dat Licht wedder trüch. So kunn ick den Grund för mien Verfeernis nich mehr sehn un dat Book in de Hand nehmen, wo över de Geschicht von de Biller un ehr Bedüden wat to lesen weer. Ick bläder to de Nummer von dat eirunne Porträt un lees dor disse verwunnerlichen Wöör:

„Se weer so schön, as dat nich veel Deerns gifft, meist vergnöögt un vull Lachen. Doch bös weer de Stünn, wo se den Måler drööp, ehr Hart an em verlöör un em freen dä. He weer gelehrt, vull Füer un Iever – doch harr he al en Bruut: siene Kunst. De Deern weer so schön un vull Levenslust, as een se nich fåken finnt, welig as en jung Reh. Se harr allens leev, dat Leven un all Såken; blots op een Deel weer se füünsch: Dat weer sien Kunst, ehr Wedderpart, de ehr den Måler afspenstig måken dä. Dorüm kunn se Palette un Pinsel un Farven nich utståhn. Doch oplest snack he sogor dorvon, he wull ehr unbedingt målen. Dat weer för ehr gräsig. Doch se weer demödig, dä, wat he wull; seet gedüllig in de hoge Kåmer von den Toorn, in dat blots von båben bleek Licht rinkrööp. He, de Måler, weer mit Hengåv bi sien Wark. Un dat trock sick hen von Stünn to Stünn, von Dag to Dag. He weer vull Füer, ok woll wat wunnerlich; en Keerl, de sick ganz in sien Phantasien verleern kunn.

Un so sehg he nich, wull dat woll ok nich sehn, woans dat spökenkiekersche Halfdüüster in den verlåten Toorn de Gesundheit un den Levensmoot von de junge Fro anfreten dä. All kunnen dat sehn, dat se minner un minner wöör; man he seh't nich.

Liekers, se måk en fründlich Gesicht un jammer nich; denn se sehg, he – den de Lüüd wiet un siet för sien Kunst röhmen – weer mit en feverig Füer bi sien Wark, quääl sick Dag un Nacht vull Lengen, ehr perfekt op dat Linnen to dwingen – de junge Fro, de em leev harr un doch von Dag to Dag mehr Levensmoot verlöör. Männicheen, de dat Bild sehg, swiester doröver, wo liek Bild un Fro weern, as weer't en groot Wunner, en Bewies för siene Kunst un ok för sien Leev to ehr, de he so över de Måten goot dråpen harr.

Doch oplest, as de Arbeit ton Afsluss kåmen schull, wöör nüms mehr in de Toornkåmer låten; denn de Måler weer in sien Iever meist von Sinnen, leet keen Oog mehr von dat Bild, keek sogor de junge Fro blots noch selten in't Gesicht. He wull nich sehn, wat de lüchten Farven, de he op dat Linnen pinsel, de junge Fro ut' Gesicht trocken wöörn.

Nå en Reeg Weken bleev nich mehr veel to doon, blots hier noch en Streek an'n Mund, dor noch en beten Glanz an't Oog, do flacker dat Levenslicht von de junge Fro noch mål op, so as en Flamm, wenn dat Petroleum op'n Rest geiht. Un denn weer de leste Streek måkt, de leste Glanz anbrocht. En' Ogenblick stünn de Måler vör dat Bild, weer hen un weg un gor nich mehr bi sick sülfst, blots bi dat Wark, wat he tostannen kregen harr. Denn keem dat Bevern över em; he wöör bleek, harr Not to åten un schreeg – ohn de Ogen von dat Bild to nehmen – : ‚Würklich! Dat is dat Leven sülfst!‘ Un he dreih sick um, wull sien Leev ankieken. Doch de weer doot.“

John Collier
De kummt wedder!

Alan Austen klatter banghaftig as en lütt Katt de knarren Trepp hoch. Op den schummerigen Afsatz in't Treppenhuus müss he lang kieken, bit he dat lütte Döörschild funn mit den Nåm, den he söch.

He stött de Döör op, denn so harrn se em dat seggt. He güng in en lütt Stuuv. Binnen stünn blots en eenfachen Kökendisch, en Schockelstohl un en annern Stohl. An een von de schmuddelig geelen Wännen stünnen twee Regåle un dorop so um un bi en Dutz Buddels un Dosen.

En öllern Mann seet in den Schockelstohl un lees de Zeitung. Ohn wat to seggen geev Alan em de Koort, de se em geven harrn. „Nehmt Se Platz, Mr. Austen", sä de öllere Mann hööflich. Ick frei mi över Ehr Bekanntschop."

Alan fråg: „Is dat wohr, dat Se en Mixtur verkööpt, de – äh – bannig ungewöhnlich wirkt?"

„Mien leeve Herr", anter de Ool, „mien Låger is nich so bannig groot – ick hannel mit Afföhrpillen oder Middel för de ganz Lütten, wenn de Tähnen kriegt – liekers sünd de Såken heel verscheden. Ick glööv, nix von dat, wat ick verkööp, sleiht so an, dat wi dat ‚gewöhnlich' nömen wöörn."

„Tja, de Såk is nämlich de …", füng Alan an.

„Hier ton Bispill", snack de Ool eenfach wieder, as he nå'n Buddel greep, „hier heff ick wat to drinken, wat utsüht as Wåter, ok meist keen Smack hett un in Kaffee, Melk, Wien oder annerswat gor nich to erkennen is. Nich mål bi de Autopsie is dat fasttostellen, tominnst nich mit de vondåg bekannten Methoden."

„Meent Se, dat is Gift?", reep Alan verfeert.

„Se köönt dat ok Reinigungsmiddel nennen, wenn Se wüllt, sä de Ool liekmödig. „So männicheen Leven mutt reinmåkt, wegmåkt warrn. Nennt Se dat Plackenwåter."

„Ick bruuk nix dorvon", sä Alan.

„Um so beter för Se", sä de Ool. „Weten Se, wat dat kost? För en' Teelöpel vull – un mehr bruukt dat nich – mutt ick fiefdusend Dollar hebben. Nie weniger. Keen' Cent weniger."

„Ick will höpen, dat nich all ehr Mixturen so düer sünd", sä Alan banghaftig.

„O nee, wiss nich!", sä de Ool. „Dat harr jo ok keen' Sinn, bi'n Drunk för de Leev so'n Pries to bereken. Wenn junge Lüüd en Drunk för de Leev bruukt, hebbt se meist keen fiefdusend Dollar. Anners harrn se den Drunk nämlich nich mehr nödig."

„Ick frei mi, dat to hören", sä Alan.

„Ick seh dat so an", verklor de Ool. „En Kunn, de mit den een' Artikel tofreden ween is, kummt wedder, wenn he en annern bruukt. Ok wenn dat denn mehr kost. He ward, wenn't ween mutt, dorför Geld op de hohe Kant leggen."

„Se hebbt also würklich wat för de Leev to verköpen?", fråg Alan.

„Wenn ick nix för de Leev verköpen dä", anter de Ool un greep nå en anner Buddel, „harr ick von de anner Såk nix vertellt. So Såken, de ünner uns blieven schullen, kann'n sick blots leisten, wenn man op de anner Siet ok gefällig ween kann."

„Un disse Drunk", sä Alan, „de is nich blots – blots – äh ..."

„O nee", sä de ole Mann. „De wirkt op de Duer – un dat geiht wiet över gelegentliche Impulse rut. Man ok in disse

Situationen wirkt de op't best. Jo, dat deit de. Se ward dat beleven: fåken – op Duer – stark."

„Och du leve Tiet!", sä Alan un måk en Gesicht, as wenn em en Interesse för de Wetenschop dreev. „Dat is jo bannig interessant!"

„Un denn vergeet Se nich, wat dat för de Seel bedüüdt", sä de Ool.

„Jo, wiss doch", sä Alan.

„Wo Gliekgültigkeit weer, ward Leev wassen; wo en op en annern dålkeken hett, ward he nu to den opkieken. Geevt Se de Deern en lütte Dosis von de Mixtur – ehr Aroma is in Appelsinensaft, Supp oder Cocktail nich to marken – un se ward verwannelt ween. Wo levenslustig un flatterhaft se ok ween hebben mag: Von de Stünn an ward se alleen ween willen, blots noch alleen mit Se."

„Ick kannt' meist nich glöven", sä Alan. „Se is so för de Geselligkeit."

„Dat ward anners", sä de Ool. „Se ward dorför bang ween; denn Se kunnen dor jo anner hübsche Deerns kennen lehrn."

„Meent Se würklich, Se kunn ieversüchtig ween?", reep Alan un weer heel un deel nich mehr op de Eer, „ieversüchtig op mi?"

„Jo, se ward ehr een un all ween willen."

„Dat is se jo al. Blots interesseert ehr dat gor nich."

„Dat ward ehr åver interesseern, sobald se dit nåhmen hett. Un woans ehr dat interesseern ward! Se, leeve Mann, ward de Middelpunkt von ehr Leben."

„Wunnerbor!", reep Alan.

„Se ward över allens, wat Se doot, Bescheed weten willen", snack de Ool wieder. „Se ward nipp weten willen, wat Se över Dag beleevt hebbt. Jeeds lütt Beten. Se ward weten willen, woran Se denkt, worüm Se unvermodens smuustert, worüm Se bedröövt utseht."

„Dat nenn ick Leev!", reep Alan.

„Jo", sä de Ool. „Gewetenhaft ward de Deern för Se sorgen! Se ward nich tolåten, dat Se mööd ward; dat Se Tog afkriegt; dat Se nich goot eet. Wenn Se een Stünn låter nå Huus kåmt, ward Se in dusend Ängsten ween. Se ward glöven, Se weern enen Mörder oder en Sireen in de Hannen fullen."

„Ick kann mi dat bi Diana gor nich vörstellen!", reep Alan.

„Se mööt sick nix vörstellen", sä de Ool. „Un blangenbi: Sirenen liggt jümmer op de Luer, un wenn Se möglicherwies låter mål en beten utrutschen wöörn, denn müssen Se sick keen Sorgen måken. Op't Lest ward de Deern Se dat vergeeven. Klor, dat ward ehr bannig nåh gåhn; doch se ward dat vergeven – ganz an't Enn."

„So wat ward nie nich passeern", swöör Alan vull Füer.

„Natürlich nich", sä de Ool. „Man wenn doch, denn müssen Se sick, as ick al sä, keen Sorgen måken. Se ward sick nie nich von Se trennen. O nee! Un de Deern sülfst ward Se nie en Anlass geven, dat Se sick scheden låt, nich mål dat Se unruhig ward."

„Un wat kost disse wunnerbore Mixtur?", fråg Alan.

„De is nich so düer as de, de Placken wegmåkt – so wullen wi de anner doch nennen? De anner kost fievdusend Dollar un keen Cent weniger. Doch man mutt öller ween as Se, wenn man sick den Luxus gönnen will. Man mutt dorför Geld op de hoge Kant leggen."

„Åver disse Drunk för de Leev?", fråg Alan.

„Ach so, de“, sä de Ool. He trock de Schuuvlåd von’n Kökendisch op un nehm en lütte smuddelige Buddel. „De kost blots een’ Dollar.“

„Ick kann gor nich seggen, wo dankbor ick bün“, sä Alan un keek to, woans de Ool de lütte Buddel vull måken dä.

„Ick bün geern to Gefallen“, sä de ool Mann. „Denn kåmt de Kunnen ok wedder, låter in’t Leven, wenn jem dat finanziell beter geiht un se de düren Såken bruukt. Hier hebbt Se Ehrn Drunk. Se ward dat beleven: He wirkt op’t best.“

„Nochmåls velen Dank“, sä Alan. „Leevt Se woll.“

„Op Weddersehen“, sä de ool Mann.

Carl-Heinz Dirks
Marlene

De anner Dag wassen se al froh up Padd nå *Châtellerault*.

„'n bietje bang bün ick nu doch“, sä Marlene, „twintig Jåhr is 'n heel Sett, so lang hebb ick hier neet mehr west.“

„Wi mutten dor ja neet hen“, sä de Mann an 't Stür van de lichtblaue Ford, „amenne keiern wi d'r nett even over de Markt, he sitt d'r to luren, sücht di, löppt rut ...“

„Nee“, sä Marlene, „dat lööv 'k neet. – Twintig Jåhr, destieds was he negenteihn, nu mutt he 'n Keerl van dien Oller wesen, ick stell mi hum vör mit 'n lüttje Buuk, gries Hoor, of heel kien Spierke mehr up d' Kopp.“

„Un di kennt he seker ok neet weer!“, sä Geert van Hove 'n bietje düll. He was noch kien olle Keerl mit 'n dicke Buuk, Rimpels in 't Gesicht un kåhle Kopp. Vandåg sünd Mannlüüd tüsken vertig un fieftig in 't beste Oller, warum muss se hum alltied targen? Eerst wull he seggen: Kiek di doch an, du büst doch ok 'n Stück dickerder worden! Man wat sall 't. *Savoir vivre*, as de Franzosen seggen, måk di dien Leven mackelk! Un so sä he blot: „Un di sall he wall neet weerkennen! – He hett je ok kien Künne d'rvan, dat du torüg büst. He verwacht wiss kien Auto ut Emden.“

„Ick was so brandmåger do, dat se mi Spiekermuus nöömden, *la musaraigne*“, drömde Marlene.

De Stråt leep nu an d' Kant van 'n lüttje Stroom lang, dat was de *Vienne*. „Dor achter de Brügg, dor mutten wi lang“, reep Marlene mit'nmål. „Dat is de *Pont Henri IV (katre)*, dat is de moiste Brügg wied un siet, ut 't 16. Johrhunnert. – Un nu dor vor rechts, un futt weer links. Kiek hier an d' linke Sied, – kannst even kieken? – dat is mien olle School,

Lycée René Descartes. Descartes is 'n heel berühmte Philosoph, un sien Opa hett hier 'n Huus hatt. Darum hett *Descartes* in sien Kinnertied hier fåk west, un darum hebben se mien olle School *René-Descartes*-Gymnasium nöömt ..." Dat fleeg bi hör man all so herut. „Nu hier d' rechte Kant an un dann weer links, hier låt uns parken, dat is midden in de Stadt."

„Du, Marlene, wat hett disse Descartes denn wall utfunnen, de grote Philosoph?"

„Dor weet ick heel un dall nix van", sä Marlene, „'t spiet mi, man ick hebb mi mehr mit *Lionel Blossac* befåt as mit *René Descartes*. – – Man hör even: Låt uns dat Auto good dichtmaken, un all uns Geld, Papieren un Kreditkorten do mi man un de Autoslötels ok, 't kummt all in mien Rucksack. Ick hebb so 'n mall Geföhl, dat se uns Auto hier openbreken. 't is ja unnösel, 't is neet gefåhrelker as overall anners in Frankriek, man mien Johr mit *Lionel* sitt mi nu doch in de Knåken."

Marlene harr hum dat all vertellt. Se harren hör Våder, 'n hogere Offizier, nå Brüssel versett, nå de NATO, un de hele Familie gung mit, blot Marlene muss in *Châtellerault* blieven un hier hör Abitur måken. Een Jåhr was se allennig in de lüttje Stadt in Frankriek. Verwandtskupp was d'r neet. Hör Våder harr de Tögels alltied kört hollen, man wo seggt man in Oostfreesland: Dwang dürt neet lang. De Ollen wassen noch kien twee Weken ut 't Huus, do fründjede se al mit *Lionel Blossac*, 'n Jung ut 'n Familie mit twalv Kinner van tominnst dree Våders. De söss Jüngsten wåhnden noch bi hör Ollen in de dree Kåmers, een Söhn was nett bi de Armee, twee satten achter de Traljen, dree ollerde Wichters wassen al traut, een d'rvan sogor mit en Gendarm, man de leevde in ’n anner Stadt. Wenn de beid up Visiet kwammen, kunn an de Tafel bi ’t Eten neet open pråt worden. – *Lionel* harr ok al tweemål seten, wenn ok blot för ’n körte Tied.

„Wat hebben se denn up School seggt, as se murken, dat du mit disse *Lionel* to Gang wast?“

„Oha, de wassen di düll!“, sä Marlene. „De Direktor hett mi ropen låten un mi de Fuust unner d’ Nääs hollen. Wenn du de *Lionel Blossac* neet upstünns rutsmieten deist, hett he an mi seggt, denn roop ick morgen froh dien Våder in Brüssel an! – Ick hebb hum driest antert, dat sull he lever låten, ’t was beter för hum. Ick was achtteihn, un nå ’t Gesetz gung hum dat neet an, wat ick s’ nåmiddågs un s’ nachts dä. Man wenn he mi plågen wull, denn kunn ick annermål wall mien’ Fründ mitbrengen, de bruukt dor neet um in de Hannen spejen … – Jå, sowied was ick van de Padd of.“ Marlene schüddkoppde. „De Direktor hett dat goot begrepen, kien Mucks hett he dån.“

„Un denn hett disse *Lionel* een Jåhr lang bi di wåhnt“, sä Geert, „’t was wiss ’n moje Tied, – man warum büst du dann låter van hum weg?“

„Nå ’t Abitur hebb ick gau murken, dat dat kien Mann för mi was“, sä Marlene. „Ick wull weg ut de Stadt, weg ut Frankriek, in Düütsland studeren, un dat hebb ick ok dån!“

„Un he?“

„Ick hebb hum noit weersehn. He hett futt nå mien Weggåhn weer wat utfreten un is för ’n Jåhr achter de Traljen kåmen. Man in sien lesde Breef stunn: Wenn ’k di tofåten krigg, måk ick di doot. Un de Keerl, de wall bi di is, de ok!“

Geert harr en Ogenblick so ’n flau Geföhl in ’t Måg. – „Hier in ’t Café *L’ Industrie* hebben wi alltiet seten mit ’n

Tass' Koffje of 'n Glas Rootwien. – Låt uns beid dat man ok even doon!" Marlene was blied as 'n Klüütje. „Bestell du man, ick mutt even nå achtern!"

De Ober kwamm. *„Deux cafes au lait svp!"*, sä Geert. Twee Melkkoffjes. Dat kunn he noch nett seggen up Franzöösk. *„Une bouteille de rouge"* kunn he ok. En Buddel Rootwien. Dat was ja håst oostfreesk Platt. Dann was 't ut mit sien Kunst. Mit Marlene pråtde he alltiet düüts. Un in Frankriek harr blot Marlene dat Woord. He was dor heel blied un tofree mit. Man wor bleev Marlene? De Koffje stunn al lang up de lüttje Tåfel, so 'n Kateersühr was seker al verstreken. He kunn ja neet nåkieken. Neet up de Dåmentoilette. Un frågen kunn he ja nüms.

Anners is se doch alltiet gauer bi de Hand. 'n halv Stünn, dat kann neet angåhn. Of hett se een' truffen un steiht to kaueln, man mit well denn? – 'n oll Fründin van froher villicht. Nee, blot kien ut de verleden Tiet! Ick mutt nå d' Polizei. Man wat dor? De verståhn mi jå neet. Wat sall 'k hör seggen? *Ma femme* is – weg, futschikato. Dat is to minn. Ick bruuk mien Woordenbook. Man de is in Marlene hör Rucksack. Mit all uns Geld, Papieren un Kreditkorten, un de Autoslötels ok, 't is all in hör Rucksack. He kunn neet mål de twee Koffjes betåhlen.

Geert van Hove was verloren.

neet	= nicht	unnösel	= unvernünftig
nett	= gerade, just	futt	= sofort
keiern	= schlendern	blied	= froh, glücklich
targen	= necken, ärgern	håst	= beinahe, fast
mackelk	= angenehm	pråten	= sprechen
fåk	= oft	Kateersühr	= Viertelstunde
weer	= wieder	kaueln	= quasseln, schwätzen
spieten	= verdrießen, leid tun	well	= wer, wen, wem

Dirk Römmer

Dat Geschenk

Sien Fro Gerda is em al langen puttegol. Se weet dat man blots noch nich. He kann sick famoos anners geven as he is, Theåter spelen, so to *speak*.

Gerda leevt ehren Alldag mit em, mit Klaas, den Hund, un twee lütte Vogels. Kümmert sick üm den Huushoold, putzt un kåkt, hett allens good op Schick un feuhlt sick ok 'n luerlütt beten stolt, wat ehr allens so vun de Hand geiht.

Kummt he åbends vun de Arbeid, teuvt in'n Huus eegens nix mehr op em. Se hett al allens vör em wegråkt un is in jüm ehr ‚Riek' ok glieks de ‚Timmerfro'. He kann sick dålsetten, sien Botterbrood kriggt he an den groten Löhnstohl brocht, de Wulljack teuvt op em.

All sien Frünnen meent wunners, wo good he dat hett mit sien Gerda. Man he süht dat anners, heel anners. Un binnen in em hett sick över de Johren 'n Oort Brass op allens afsett, wat Gerda opstellt. Dat heet, nu is't al sowied, wat he sick 'n wunnerbor bunt Fiendbild trechtleggt hett. Gerda hett keen Chance.

Dorbi güng dat allens so vull Leev un Sünnschien los: De Hochtied, een Droom. He harr 'n gode Arbeid, se müss nich mit ran to'n Geldverdenen. He bröch noog op't Konto. Se bröch dat scheune Huus an de Kant vun den Strom mit in den Ehstand. Je, un nu teuben se eegens blots noch op wat Lütts. Un dat dä de heele Familie. Åber nix. Dat glück nich recht. Un överhaupt. In't Bett un mit Sex un all de enkelten Stellungen, de se tohoop in't Book anneken harrn, kunnen se nich. He kunn nich un se wull nich un: je, dat ganze Elend wöllt wi hier nu nich breed pedden.

He mark bald, wat sick mehr in sien Büx reugen dä, wenn he ståtsche Mannslüüd mit'n knackigen Moors ankieken dä. Do müss he sick männichmål den Mantel toknеupen, wegen em dat schaneerlich weur, de dicke Buul vörn in sien Büx vun sienen ‚Max', as he un sien Fro dat Dingerees twüschen sien Been nömen dän. He stünn doch woll mehr op Mannslüüd un dräum vun Muskeln un den strengen Ruch vun den Sweet bi't Arbeiden in't Bett.

So bearbeid he ok Gerda, wenn't denn mol flutschen dä mang de Küssens. He nehm ehr an'n leevsten vun achtern vör, nehm den Utgang as Ingang. Je, un dat bröch jüm ok keen Kinner.

So harr Gerda sick Klaas anschafft. Un korte Tied låter harr se em beden, wat se jüm ehr Slåpstuuv nich för sick alleen hebben kunn. He snork doch so unbannig, sünnerlich nå'n Glas Wien or twee. Dor kunn se op de Duer nich to Slåp kåmen.

He müss sien ‚Bett nehmen un wanneln', as dat al in de Bibel schreben steiht, dor is dat blots anners meent. Un dat leet he sick nich tweemål seggen. Villicht kunn he sick op disse Oort ok mål Beseuk inlåden? Nåtürlich nich as Gerda.

Se harr nu den Keuter åbends mit in ehr Stuuv. Em weur dat ok eendoont, wat se sick dat nachts vun den Hund besorgen leet or he sick dat blots in sien Fantasie so trechleggen dä.

Disse Tostand duer nu al recht 'n poor Johr, un he fråg sick fåken, woso he jümmer noch jeden Åbend trüchkeum nå sien Arbeid, woso he nich al langen uttrocken or afhaut weur or: ehr an de Kant brocht harr.

In dat scheune Huus leet sick wiss ok good alleen leben. Dor wöör dat schåd üm, wenn he nich mehr op't Wåter kieken kunn un tweemål in't Johr sien Angeberpartys fiern, wenn sien Frünnen mit ehr Tussis keumen un Gerda allens op'n Markt smieten dä, wat he sick wünsch. Dat allens opgeben, wöör em swoor warrn.

He keek ut sien Stuuv direktemang op den lütten Weg, den smallen Strand un dat griese Wåter. He kunn ok de Scheep greuten, de geruhig un liesen an sien Ogen vörbidreben. He kunn dräumen un sinneern, weur in sien egen Welt un nüms kunn em wat vörschrieben or em kuntrolleern. Hier an dissen Platz kunn he sick allens trecht spintiseern un dat Leben ohn Gerda plånen.

He leet ehr al langen nich mehr rinkieken in sien Binnerst, se snacken blots noch över allgemeenen Kråm, nie nich mehr över Hartenssåken. Wo dat in em kåk un wat ehr Leben eegens nich mehr so seker weur, kreeg dorüm keeneen mit.

Dorbi wuss de Brass in em vun Dag to Dag.

Eenmål wåk he op in sien Kåmer un kunn blots noch rood sehn. Keen Farben mehr, blots noch rood. As harr he een rode Brill op. He verkloor sick dat mit de Woot, de in em kåken dä. Gerda rood, Klaas rood, dat hele Freuhstück rood op'n roden Disch, sien Kledoosch, jüst allens.

Dat güng ok eerst nå twölf Stünnen wedder weg.

He fråg sick al, wat he nå'n Dokter lopen schull, leet dat åber blieben. Ok 'n blauen Dag harr he al hatt un beleev allens in *blue*. Weur he op den Padd, verrückt to warrn? Dreev em sien Brass so suutje piano rin in de Mallmöhl?

He versoch, wedder ruhig to warrn, sien Gedanken wullen sorteert warrn. Wat weur för em båben op de List? Wo schull he toeerst mit anfangen?

Em füll en Stück Reklåme ut sien Tasch, wat he sick vör'n poor Dåg ut't Blatt rutreten harr: Mannslüüd låden anner Mannslüüd to een swarte Mess in. Dat güng üm ‚Lust gegen Frust', stünn dor. Un wat du ok wat öber de ‚Swarte Kunst' lehren kunnst. Dat lütt Stück Påpier legg he in sien Breeftasch, wo he wüss, Gerda wöör dor nie nich nåkieken. Wat denn ok? He harr doch sien Freeheit.

Jeedeenen Sünnåbend fiern se dor in de Martinstråt jüm ehr Messen. Dat harr he beholen. Un langen wull he sienen Beseuk dor nu ok nich mehr opschuben. Dat Lengen nå wat heel Verrücktes steeg mit't Mål in em op: Kunn een dor ok lehren, anners eenen to schåden or los to warrn? He wull tokåmen Sünnåbend los. He müss un wull dat weten!

In'n November bi Storm un Regen, de Bäum kåhl, de Stråten düster. De Martinsstråt blots vun so'n poor Funzeln utlücht. Keeneen wöör em hier kennen, nich mål sien beste Frünnen vun de Arbeid. Sien Moot weur em ok nich in de Büx rutscht. He wull, jawoll!

De Döör vun buten meist nich to finnen. De Huusnummer bleek op swarte Farv. Keen Pingel, keen Schild. He müss ankloppen. Toeerst wat liesen, denn jümmer duller. Dat weur al meist Dunner.

Man dat duer sien Tied, bet he Schreed heur, de Döör wöör 'n lütt beten losmåkt, un he kunn een düster Mannsminsch künnig warrn, de em freug, wat he wull.

„Is hier nich de Adress, wo se swarte Messen fiern doot?", meen he.

Woso he dat weten wull, freug de anner.

„Ick will mitfiern!", klüng dat wat heesch ut sienen Mund.

Vundåg harr he keen Glück, dat wöör utfallen, man rinkåmen kunn he liekers un sick mål ümkieken in sienen Palast, meen de swarte Gestalt.

He kunn je nu nich good eenfach wedder weglopen, sä he sick un güng mit rin. De Döör ohn Drücker füll wat dröhnig to.

Vör em leeg een langen Gang, de Wannen glinstern fuchtig in dat beten Licht, wat he wies wöör. As wenn dat nå een Höhl ringåhn dä. De düster Kerdl slarp vör em her, de Luft dick to'n Sticken. Dat duer, güng fåken üm de Eck, mål nå links, mål nå rechts.

Mit't Mål een grote Stuuv, al mehr so'n Såål, mit Biller an de Wannen, dicke Teppiche op de Eerd un 'n groten Schrievdisch in de Mitt. An de een Wand so'n Oort Altar, blank schüert, wat sick dor dat beten Licht in spegeln kunn. Swarte Lichten, de åber nich ansteken weurn.

He schull man op't düüsterrode Sofo sitten gåhn, sä de anner. Un dat dä he ok.

„Du wullt dien Fro loswarn?", freug de Swarte un grien een afsünnerlich bleek Grienen röber nå dat Sofå.

Wo wüss de anner dat vun? He harr doch noch nix seggt.

Man de snack wieder: „Dien Fro hett doch in 'n poor Dåg ehr Geburtsdagsfier. Un du sochst doch al länger wat för ehr to'n Schenken", meen he. „Se is doch ok so op Smuck ut. Un hett se nich 'n neen Mantel kregen, wo dit hier allerbest to passen deit!"

De anner fummel so bi't Snacken in de Schuuv vun sienen Schrievdisch rüm un harr op Mål en lütt hoorig Stück in sien Hand. Een Brosch, een Smuckstück, een lütt Deert mit Glasogen. Keen Muus or Rott, mehr so'n Miniaturfrettchen. Echt ut Pelz to'n Ansteken an'n Krågen vun Jack or Mantel. Seh nüdlich ut. Un he wüss, dat wöör Gerda gefallen.

De Pries? Wiss mehr as düer, dat gode Stück. De Swarte keum vun alleen op dat Thema: „Dat köönt se eerstmål so mitnehmen!“, meen he. „Wenn't denn gefallen deit un nich ümtuuscht warrn mutt, ward wi uns jümmer noch eenig!“ Wedder wies he sien Tähnen, wedder dit bleke Grienen.

Wo wüss disse Knappen dat allens vun? Kunn he Gedanken lesen? Harr he Gedanken-Akten anleggt?

Ick mutt em frågen, sä he sick, veel Frågen frågen. He wull lossnacken, åber keen Woord keum vörtüüch. He weur stumm, harr keen Stimm mehr. Müss swiegen. De anner wüss je so un so al allens.

De swarte Griener stünn nu op un drück em de Brosch in de Hand. „Kumm mit, mehr kann ick vundåg nich för di doon!“, meen he. Se stebeln den langen Gang wedder trüch. Dat güng allens veel gauer. Un in null Komma nix stünn he wedder in de Martinssstråt ünner de runzelige Lantücht, dat pelzige Dings in sien Hand.

Nee, he harr nich dräumt. De Bewies leeg in sien Hand. He weur ok nich mall. Den annern un de Döör geev dat wohrhafdig! – Låt keum he wedder an'n Låden. Gerda weur al mit Klaas togangen. Dat heet, he dach dat blots so. He hett ehr nich mehr dråpen den Åbend.

De Alldag keum an'n neegsten Morgen trüch. Twee Dåg noch bet to den Geburtsdag, den Gerda mit ehr Fründinnen fiern wull. To'n Glück müss he dor blots åbends bi wesen. De Tied suus man so hen. De Dag keum gauer as he vermoden weur.

Vörsichdig neuhm he de Brosch hoch, pack ehr in sieden Popier un denn Gerda bi't Freuhstück blangen den Blomenstruschen, den he besorgt harr.

Wat wöör passeren? Woans harr de anner dat meent mit dat Loswarrn? He wöör dat allens gewohr. Teuben könen weur anseggt. – Gerda frei sick to dat Smuckstück. Meist unbännig – so keum em dat vör. Un se steek sick de Brosch ok glieks an ehr Kleed.

Weur 'n beten protzig, man se dreih sick vör'n Spegel un fünn dat nich. Dat lütt hoorig Deert ut Fell bleev den Dag över an den Ehrenplatz un keek krall ut de Ogen, as wenn't lebennig wöör. Jo, för wiss!

He weur noch in'n Deenst, as Gerda in ehr Köök hanteer un sick al allens för den Nåmiddag un den Kaffeeklatsch trechtleggen dä. Op'n Mål feuhl se'n Pieks an ehren Hals, as harr ehr dor een Müch steken. Åber dat kunn je går nich angåhn! Nu disse Tied geev dat keen Mücken mehr!

Se leep in de Bådstuuv vör'n Spegel un keek sick ehren Hals an: Blots 'n lüerlütten roden Punkt güng to sehn. Mehr nich. Åber ehr Brosch – man dat bild se sick wiss in – ehr Brosch weur wat grötter worrn.

Se hanteer wieder un keum good voran. De Klock wies ehr, wat doch noch överleidig Tied weur, bet de Beseuk to Kaffetåfel kåmen wöör.

Gerda möök de Achterdöör op un feuhl mit mål, as treck ehr een nå buten. As müss se sick för'n Spazeergang antrecken un utgåhn. Eegens unklook so kort vör de Geburtsdagsfier, man se kunn dor nich gegenan.

Ehr Brosch steek se op den Mantel, wat wenigsten ok de Lüüd buten op'n Weg dit Smuckstück glieks wies wöörn.

Wohrhafdig, weur dat nu grötter worrn? Na, Inbildung is ok en Bildung … !

Se nehm sick vör, den Weg an't Wåter langs to gåhn. Dor weur um disse Tied in'n November nich mehr veel los. Åber se harr je Klaas mit un weur nich alleen. Müss vör nix bang wesen.

Dat Wåter keek ehr gries un mulschig an. Holtstücken un Blöö båben op. Kunn se sick nu nich recht vörstellen, wat 'n dor in'n Sommer in båden kunn. Wo komodig un scheun weur disse Weg un disse Sied vun't Wåter in Sünn un Hitten! Kunnst di an't Över leggen un di verhålen. Meist as in Ferien.

Gerda harr een Stünn Tied, so wüss se, wo wied se gåhn dörf.

Wedder feuhl se dissen Pieks an ehren Hals, de sülbige Stee. Man as se sick dor henfåten dä, nix wieder. Ehr wöör blots 'n beten swiemelig, un de Biller vör Ogen fluckern wat snåksch.

Se harr je bi all dat Vörbereiten går keen Middag hatt, füll ehr in. Åber se müss sick doch rein 'n beten hensetten. Weur de Bank dorför ok wat schietig, se möök sick 'n Eck free vun de Blöö un sett sick to'n Verpusten.

Klaas gnurr mit't Mål, un wedder feuhl se an de sülbige Stee Wehdåg an ehren Hals.

Wat weur dat? Dat lütt Deert op ehren Krågen, dat lütt hoorig Deert weur wossen. Keen Inbilden mehr, dat stimm. Een Schudder leep Gerda öber'n Rüch. Se kunn sick meist nich röhren. As harr een mit Ieswåter öber ehr gåten. De Hannen storben af, de Feut. Ieskoold wöör ehr vun Hacken bet to'n Nacken.

Un as se sick den Hals mit de Finger befeuhl, beet dat lütt Beest in ehr Hand un lutsch un lutsch un dä wassen un wassen, leus sick mit't Mål vun de Brosch, wöör grötter un grötter. Kunnst bi tokieken. Nu al groot as 'n Wiesel! Heel noch nich op mit Wassen, hüng wedder an ehr'n Hals.

Gerda bleev de Luft weg, se wull schreen un Hülp holen, de Hund, de Hund kunn ehr doch helpen! Man Klaas stünn twee Meter af, harr den Steert twüschen de Been klemmt un reuhr sick nich vun de Stee. He jaul blots op un dä nix.

Dat Deert leet nich af vun Gerda ehren Hals un lutsch un suug dat Bloot ut ehr Leben. Dat güng gauer as in'n Film bi'n Tiedraffer.

Dat Wiesel weur nu al 'n Iltis, en Fretchen un schull un wull wieder wassen.

Gerda leeg al as 'n ool Handdook öber de Bank un harr keen Kraft mehr to'n Opståhn un Weglopen. Weur dor nich anners een ünnerwegens un keum to Hülp? Nix un nüms. Keen Minschenseel hier an't Wåter op den bekannten Spazeerweg.

Eensom un alleen is Gerda an ehren Geburtsdag op de Bank an't Wåter storben. Ehr Fründinnen hebbt vergeevs an de Döör pingelt. Kunnen dat nich klookkriegen. Un he fünn dat Huus lerrig, as he vun de Arbeid trüchkeum.

Weur he ehr al los? Deep in Gedanken sett he sick op sienen Platz an't Finster un dräuhm vör sick hen. Ut'n Ogenwinkel kreeg he mit, wat een ool snåksch Deert ünner't Finster vörbileep. Un dat leet, as grien dat nå em hoch. So'n Oort Voss or Dachs or Keuter! Hier an't Wåter keum dat nich fåken vör, wat du sowat to sehn kreegst.

De Polizei pingel twee Stünnen låter an de Döör. Se bröchen em de Nåricht: Gerda geev't nich mehr. Se kunnen dat nich kloor kriegen, wat de Fro un ok den Hund dor an't Wåter maleurt weur. Se harrn de beiden an'n freuhen Åbend funnen. Ganz witt un bloodarm. Twee Lüüd, de spazeern güngen, harrn Alarm geben.

An de afbroken Nådel op den Krågen kunn he sehn, wat Gerda dat pelzig Smückstück utfeuhrt harr. Man dat lütt Deert güng nardens to sehn. Blots de Nådel weur nåbleben.

De Polizeidokter, de Fro un Hund ünnerseuken dä, klei sick in de Hoor un kunn dor keen Klook ut kriegen. Woso un op wat en Oort weurn de beiden blots to Dood kåmen? Nie nich harr he sowat to sehn kregen: Keen Blootdruppen mehr binnen. Un de Lieken leten as dreuge Plünnen. So hebbt se Gerda in Ohldörp un den Hund in de Horborger Bargen to Graff bröcht. Beid mit'n scheunen Steen un 'n feinen Spruch op.

He åber, he leevt, kunn tofreden un glücklich wesen in dat grote Huus an't Wåter. He hett sick 'n jungen Kerdl vun de Stråt sammelt, de nu bi em wåhnt. Mit den deelt he Disch un Bett. De is sien Slåv un mutt pareern, kriggt af un an de Pietsch, mit 'n Keed üm 'n Hals! Sunsten geiht he wieder sien Arbeid nå un kunn eegens sien Leben geneten. Man sien Platz an't Finster måkt em letzttieds nich mehr recht Freid: Jümmer, wenn he dor sitten geiht, löppt dit utwossen hoorig Deert vörbi, kickt nå em hoch un wiest de Tähnen. Is dat eegens dat vun Gerda ehr Brosch? Un villicht noch jümmer nich utwossen? Wo will dat op to?

Un bild he sick dat in or is dat wohr: De Krink, den dat Deert löppt, ward jümmer enger. As wull em dat insneren, intütern. He steiht denn op un treckt de Gardinen vör …

Ok sien Farben: Allens farvt sick op Stee swart in! Nich mehr rood or geel as ehrgüstern. Nee, blots noch swart!

He troot sick mit't Mål nich recht mehr ut de Döör. De Jung mutt em mit sien Auto so ut de Garoosch un åbends wedder trüch feuhren.

Inkeupen deit he ok nich, lett sick allens schicken.

Un he mag keen Lüüd mehr to sick inlåden! Mag de Döör nich mehr los måken. Winn dat Deert sick nu rinsliekert! Un wokeen weet, wat dat noch vör hett un vun em will?

Blots eenen Gang dörf he nich vergeten: Nå de Martinstråt. He mutt noch hen un betåhlen. Jo, he mutt noch betåhlen! …

Ingrid Straumer

Wünsch di wat

Se weern güstern trüchkåmen vun jemehr Reis. Un hüüt al harr he dat Geföhl, dat he nie nich weg west weer, dat allens blots een Droom weer. De bunte Welt dor in Bombay un Bangkok un wo dat allens heet, weer wiet weg.

He harr sick dat Füür in'n Kamin ansteken un seet nu kommodig in den Sessel, man in em kåk dat: Müss se denn jümmers glieks wedder so losmarachen: Koffer utpacken, Wäsche waschen, inkäupen för de nächsten Dåg, Films afgeven, de Blomen wedder rinholen, Stoff wischen un sogor dat Finster in de Stuuv harr se wienert.

He hölp ehr nich; dorüm wöör se jümmers gnatziger. He sehg nich in, wat dat allens hüüt sien müss. Inkäupen un kåken, jo, dor harr he ja ok mit dån, man all dat anner … He harr noch twee Dåg free, de harrn se doch noch Roh hebben kunnt. Man nee, se meen, se müss glieks allens wedder op Städ hebben, sünst weer se nich richtig to Huus!

Ja, dat kunn se luut seggen. Richtig to Huus weer för ehr putzen un schüürn. Rein to dull weer dat. Dat kunn noch so blank sien, se fünn noch wat to wienern. Nu weer se mööd un al nå Bett gåhn. Keen kommodig Åbend. In'n Urlaub weer dat beter mit dat Schüürn, man dor harr se een anner Macke: Se müss inkäupen. Ditmål weer se ok jeden Dag dör de Basaren lopen un harr jichenswat köfft. Mål geruhig in de Sünn, na ja, in'n Schadden sitten, båden gåhn, een Book lesen oder een Museum besöken, dat weer mit ehr nich to måken. Af un an harr he ehr alleen losgåhn låten, man dat weer jümmers glieks veel to düür worrn.

He güng nå den Kamin, nehm den Håken un legg een Stück Holt trecht. De Funken flögen. Do keek he op de nee Figur op den Kaminsims: Een afsünnerlich Stück. Een Fruchtbårkeitsgott, Mann un Wief in Een, ut Holt snittjert, man mit Ogen ut Rubin.

Dat weer ok een vun de Dinger, de se sick ansnacken låten harr. Een lütten Kerl mit Puckel un tücksche Ogen harr op de Eer seten un jem vun ünnen anpliert, as se sick sien Såken bekeken harrn. Dat heet, se harr keeken, em harrn de Figuren afstött, jo, een Schuddern harr he föhlt, man se harr sick nich afbringen låten un nu harrn se dat hier. Un he müss sick dat Dings ankieken, wat he nu wull oder nich.

Een unbannig Wut keem in em hooch. He pack dat Monstrum un wull dat in't Füür smieten. Do schreeg he op. Dat weer, as harr he glöhnig Kohlen anfåt, so brenn em dat in de Hand. He leet los un keek op sien Hand. To sehn weer nix. Un ok an dat Dings weer nix to sehn. Dat stünn fast op sienen Platz un wackel nich mål. Blots de Ogen, so keem em dat vör, de funkeln un glöhen.

He sett sick trüch op sienen Sessel. De Wut weer weg, man wat he nu föhl, weer veel leger: He mark klor un düütlich sien Ohnmacht! Keen Höpen mehr! Nich blots, dat he dat Beest nich an'n Krågen kunn, he kunn ok sien Olsch nich ännern, nix ännern an dit Leven. Fastleggt un keen Utweg.

He keek wedder op de Figur. Rein lebennig sehg se ut in dat Füürflackern. Harr he dat würklich beleevt eben oder harr he dat dröömt?

He höör klor un düütlich een Stimm: „Wünsch di doch wat!“ Denn weer allens wedder still. He verfehr sick, sien Hart klopp as dull, man denn snack he sick sülvst goot to: „Nu ward’t ja woll krupen. Ick drööm al mit åpen Ogen. Beter ick gåh nå de Puuch.“

He wölter sick de Nacht in’t Bett rüm un höör jümmers wedder in sien Drööm de Stimm: „Wünsch di doch wat!“

Annern Morgen bi’t Fröhstück weer he noch rein benusselt. De Koffi weer to dünn – as jümmers. „Wenn doch hüüt mål dat Ei schöön week weer“, dach he. „Ick wünsch mi een week Ei.“ Man dat Ei weer hatt as jümmers. He snee sick dat op Brot un dach: „Hett sick wat mit wünschen!“

Sien Olsch röter un snöter un füng al wedder an vunwegen: dat Weder is doch goot un mål de Gardinen afnehmen un de Matratzen rut un so. Dat güng em allens bannig gegen den Strich. „‚Verbrenn di doch dat Muul an dien Koffiplörr’, viellicht höllst denn mål den Rand“, güng em dat dör den Kopp. Man knapp harr he toenn’ dacht, do schreeg se ok al op, harr sick den Mund verbrennt. He verfehr sick nich slecht, man he begöösch sick mit den Gedanken, dat kunn blots Tofall sien. As he sehg, dat ehr Mund blots noch een Brandblås weer, dä se em Leed un he wünsch, dat se keen Wehdåg hebben sull. Man dat glück nich.

Nå een poor Dåg weer allens wedder beter. Nu füng se ok wedder an un wull em rümkommandeern in’t Huus. „As een Hex“, dach he. „Wenn se smucker weer, viellicht weer se denn ok nich so verbiestert. Ick wünsch, dat se smucker ward.“ Man nix dä sick.

He dreih sick af: „Eegens fehlt ehr blots noch een Woort op de Nääs“, dach he mit Grienen. „De sull se eegens hebben.“ As he sien Fro wedder ankeek, müss he sick dålsetten: Een Woort harr se op de Nääs, so groot, as he noch nie nich en sehn harr.

För em weer dat Leben nu man nich lichter. Op de Arbeit arger he sick öber sienen Chef. Un wenn he nå Huus keem, denn stünn keen Eten op den Disch, man sien Fro weer op de Ledder un wiener Finster oder klei de Spinnweben ut de Ecken, de går nich dor weeren un jammer em vör: Se keem to nix mehr, wo se de ganzen Dåg bi de Dokters rümseten müss. Man de kunnen ehr ok nich vun de Woort afhelpen.

He wünsch sick vergeevs lecker Eten op den Disch; un he wünsch sick vergeevs, dat de Chef gedülliger ween schull. So wöör he jümmers duller op de beiden. Un as se mål wedder vun de Ledder op em dålzustern dä, do wünsch he, dat se dålfallen un sick een Been breken schull.

So keem dat denn ok.

He bröch ehr nå't Krankenhuus un harr een poor Weeken Roh. Man in de Firma güng dat Triezen wieder. Un as de Chef mål wedder so richtig in de Brass weer, wünsch he em, dat em de Slag dråpen sull.

Dat passeer ok op de Stell.

Den Dag weer he bannig dör den Wind, as he nå Huus keem. He harr Bangen vör sick sülvst. He keek den lütten Gott mit de gleunigen Ogen an un meen, he sehg in dat Gesicht den puckligen Verkäuper mit de tückschen Ogen. „So geiht dat nich“, ståmer he, „dat mutt en Enn hebben.“ He måk wedder Füür in den Kamin, hål sick dicke Arbeitshanschen un pack to!

En Slag güng em döör, as harr he in de Steekdoos fåt, he slöög hen un bleev benaut liggen. As he to sick keem, weer em, as grien de Verkäuper em viniensch an un ut de Rubin-Ogen slögen lütte Flammen.

Op Arbeit harr he nu dat Leit vun de Afdeelung kregen, un he mark gau, dat de smucke Sekretärin em schöne Ogen måk. Dor lehn he sick ja nu nich jüst gegen op! Sien Fro to Huus – se kunn al wedder 'n beten lopen un schüür wedder rüm – weer jå nich smucker worrn, wenn se em ok 'n beten wat ruhiger vörkeem. Man villicht düch em dat ok blots dorüm so, dat he so veel Överstünnen måken dä un se meisttieds al nå Puuch weer, wenn he to Huus keem.

De Sekretärin weer dor 'n annern Snack. Mit ehr kunn een sick seh'n låten. Se möök em Lust un Freid, weer meist, as kunn se Gedanken lesen. Jå, vun disse Fro wull he nich mehr låten. He wull ehr för sick hebben, alleen för sick! „Wenn se ehr Hart an eenen annern verleert, denn sall se ehren Verstand glieks mit verleeren!“, sinneer he so vör sick hen.

Wiehnachten weer't worrn, Hilligåbend. Sien Fro harr wedder mål Karpen kåkt. He kunn de Beester mit de spitzigen Gråden nich lieden. Man se bestünn dor op. Keen Hilligåbend ohn Karpen. Un keen Utsicht, de Fro to sehn, mit de he veel leber hier sitten wöör. De Fierdåg hören de Familie to, basta! He weer gnatzig. Un se snöter rüm, as mark se nix. Do wünsch he: „Minsch, stick doch an dien Gråden!“ In den Momang harr he dat al gern trüchnåhmen, man dat weer to låt.

Se snapp nå Luft, leep erst root, denn blau an un weer doot!

All beduurn se nu den Wittmann. Jüst an Wiehnachten! He sehg ok würklich slecht ut. Mit sien Fründin snack he af, wat se sick eerst wedder dråpen wullen, wenn he ok wedder in de Firma keem. Nå twee Weeken al föhl he sick goot noog, dat he wedder ünner Lüüd künn.

He freih sick bannig op de smucke Fro, de in de Firma op em töööv, as he meen. Man se weer nich dor. De Stohl weer leddig. Een vun de Lüüd vertell em, dat se ehr güstern afholt harrn, mit de Dwangsjack. Se weer dördreiht, heet dat. „Wokeen harr sowat dacht, so een kloke, patente Fro."

Em weer, as harr em een mit de Schüffel vör den Kopp slån: „Se hett mi bedrågen! Wokeen is de Kerl?" Dat weer allens, wat he denken kunn. Un denn: „Sall de Kerl doch verbrennen an sien Hitt, vun de he so veel hett, dat he mien Deern nich in Roh låten kann!"

Al åbends mellen de Nårichten: „Seltsamer Fall von Selbstentzündung? Direktor Zurbrügge von den Xanta-Werken verbrannte vor seinem Haus …"

He stell den Kasten af. Slööt sick in un leet de Rollos in't ganze Huus dål. He snack mit de Figur op den Kamin. De reeg sick nich. He bedel, he flöök – nix.

He versöch, wat he nich wat gootmåken künn. Wünsch ganz fast, dat all Kriegen op'n Stutz ophören sullen. Denn möök he heel opgereegt den Apparåt an: Nix! Ok nå twee Stünnen bekriegen sick de Lüüd op de Eer noch jüst so, as se dat al jümmers dån harrn.

„Mi hett je woll de Dübel fåt", mummel he vör sick hen, „denn sall he mi doch glieks ganz hålen!"

He mark noch wat, as wull em dat tweirieten, denn weer't vörbi.

As de Nåbers em funnen, wunnern se sick nich: „De arme Mann hett ja so veel dörmåken müsst de letzte Tied, nu hett em de Slag dråpen."

Wunnern dä sick een Nåber blots över de afsünnerlich Figur op den Kaminsims. De twee Rubinen, de steeken em in de Ogen. Do steek he sick de in de Tasch …

Marianne Ehlers

Parlen för Anita

„Walter Schmidt – dor liggst du nu …“ Anita stünn deep in Gedanken un keek in sien infullen Gesicht. Frömd sehg he ut, frömd un gliektiedig vertruut.

Mit düssen Minsch harr se nu binåh dörtig Jåhr vun ehr Leven verbröcht. Jung un verleevt, as se domåls weern, trocken se flott nå't Standesamt, ohn lang Överleggen – dat weer al ümmer Walter sien Årt ween. Anita kunn sick noch goot an de Opregen in de Familie Sommerland besinnen, as se eerst nå de Hochtiet mit em an de Hand tohuus opkrüzen dä.

Våder Sommerland harr dat nie verwunnen, dat sien eenzig Dochder so en „herlopen Minsch“ ehr Jå-Wort geven harr. Man Anita leet nix op em kåmen, ok as se dat eerste Mål mark, dat he nich blots nå anner Fruunslüüd kieken dä.

He verwöhn ehr, köff ehr Smuck, en' Dag keem he sogor mit en echte duff-glinstern Parlenkeed an – enfach so, ohn dat se Geburtsdag harr. Dat se den Rest vun den Månd nich mehr rech wat op den Disch harrn, interesseer se beide nich. Mit Leev leet sick allens uthollen un allens todecken. Kinner harrn se nich kregen, weern ok nich dull achteran west. „Wat kümmt – dat kümmt“ weer ümmer Walter sien

Snack to düt Thema. Nå över twintig Johr Ehe mit veel Op un Dål harr de Todeek ut Leev Löcker kregen, weer wull opsleten. Walter sien Fruunsgeschichten un Geldåserie güngen nich ohn Sporen an Anita vörbi. Se harr dat Geföhl, ehr Todeek to verleren, Stück för Stück … so muss se sick en niee toleggen, man de weer hart – un weevt ut düster Gedanken.

Se füng an, Sötes to eten, wull ehr Seel wat Godes doon un de swatten Gedanken verdrieven. Un se füng noch wat an. Dat Eten för ehr un Walter füll se nu glieks in de Köök op twee Teller.

De tokåmen Jåhren verlepen ruhig. Anita legg düchdig to, harr bald Grötte 48 to fåten, man se sehg tofreden ut, leet sick nich gåhn, wurr en ståtsch un apart Fruunsminsch.

Walter süük för sick hen, wurr ümmer smaller, weer veel krankschreven. De Dokter kunn nich so rech wat finnen, verschreev em ok mål en Kur. Dor verhål he sick, kreeg Farv, man nå dree Weken bi't Huus güng em dat wedder as vörher. Op letzt leeg he blots noch in't Bett …

Un nu leeg he hier, hier in de Küll, in helle Eek … Anita froor, keek op ehr Finger. „Kumm, Walter“, sä se, „een vun de Ringen schallst du mithebben – un: dank ok noch mål för de Parlenkeed …“

Alex White

Låt di nie nich mit Frömde in!

Lotti Blake seet in't Afdeel vun de Iesenbåhn un föhr vun Birmingham nå London. Se weer rein opgeregt un nervöös. Groot un kräftig as se weer, harr se dunkle Hoor. Ehr Ogen lüchten. Un ehr Gesicht behöllts du wegen ehr smucke Appelbacken.

Nie nich weer se ut ehr Heimatdörp rutkåmen (Henley-in-Arden), un so weer se nu nich blots wat fummelig wegen de Fohrt. Se wull je ok in de groot Stadt arbeiden, un disse Gedanken möken ehr rein düsig.

Se leev eegens geern op'n Lannen, man nu in de groot Stadt wöör se nich blots so vör sick hen leven, nee, se wöör dat vulle Leven kennen lehren. In't helle Licht vun de Stadt wull se een Stück Romantik finnen un villicht sogar eenen Dag berühmt warrn.

Ja, se weer een romantisch un jung Deern.

Stella Smith, mit de se tohoop nå School gåhn weer, leev al wat länger in London un harr in Paddington Arbeit funnen. Se harr sick dor nich genau över utlaten, wat'n Årt Arbeit dat eegens weer – irgendwat in't Hotel harr se seggt. (Un Lotti mål sick ut, wat se woll an'n Empfang stünn).

Se verdeen good Geld un harr Lotti vörslagen, wat se doch nåkåmen schull.

Lotti ehr Öllern weern dor toeerst heel un deel gegen, man dat schöne Geld lock doch to dull. Dat schull glieks to Anfang al 20 Pund in de Week geben.

So weer Lotti nu ünnerwegens.

Een Geschicht åver legg sick doch mit Macht över ehr Freid: In de verleden twee Johren weern in de Gegend, wo se vun nu op an wåhnen schull, een Reeg vun Lüüd ümbrocht worrn, meist allens junge Deerns twüschen 16 un 20. Lotti weur jüst 17.

De Mörder harr de Deerns nich blots ümbrocht, he harr jüm ok noch tweisågt, un de Polizei müss enkelte Deelen söken gåhn: hier een Arm, dor dat Liev, wedder annerwogens blots de Kopp in een Hootschachel.

As in dat Theaterstück vun Emlyn Williams, wat Lotti in de School leest harr. Woans hett dat doch heten? Ach ja, „Nacht mutt nu warrn“. Een furchtbar Geschicht!

Stella harr versocht un wull Lotti begöschen: „Bi uns warrst du totål seker wesen“, harr se meent. „Wenn du för di bliffst un di nich mit Frömde inlettst. Du kannst bi mi wåhnen, un ick warr mi so langen üm di kümmern, bet du alleen op dien twee Been ståhn kannst un Grund ünner de Fööt hest.“

Se harr todem toseggt, wat se Lotti vun'n Paddigton-Båhnhoff afholen wöör.

„Heel wichdig is besünners“, harr se nochmål schreben, „Låt di nich mit frömde Minschen in, denn ward dat ok allens klappen.“ Un Lotti harr ehr Öllern toseggt, wat se sick ok an dissen Råtslag holen wull.

Se föhr in de drütte Klass, dat Avdeel proppenvull: söss Mannslüüd un noch een Fro. To'n Glück seet de Fro, de so in mittlere Johren weer un as een Mudder leet, blangen ehr. Se füngen beid een lütte Snackeree an, un se müss gor nich op de Mannslüüd Acht geben.

So wüss Lotti doch nu tominnst, wat se seker weer, bet se Stella dråpen wöör.

„Wi sünd glieks dor“, sä de Fro miteens. „Warrst du ok alleen trechtkåmen, mien Deern?“

„Jå, schönen Dank ok!“, anter Lotti fründlich. „Mien Fründin Stella holt mi af. Ick warr bi ehr wåhnen, so bruuk ick mi keen Sorgen måken!“

De Iesenbåhn föhr in den Båhnhoff in, de Menschen strömen op den Båhnstieg.

Een vun de Mannslüüd help Lotti mit ehr Packelåsch. Dat weer ehr gor nich recht, man as allens op den Båhnstieg afstellt weer, treck he den Hoot un güng. Lotti kunn verlichtert Åten holen.

De Fro ut dat Afdeel fröög nochmål wedder nå: „Kann ick ok würklich nix mehr för di doon, lütt Deern? Dat måkt mi nix ut, wenn ick hier ’n poor Minuten töven do. Is dien Fründin denn al dor? Bruukst du di ok würklich keen Sorgen måken?“

„Besten Dank, man Se mööt bestimmt nich noch hier blieben“, meen Lotti mit Tovertruun. „Stella is wiss glieks hier. Se hett dat doch toseggt, un op ehr kannst du di verlåten!“

De Fro güng.

Stella weer nardens to sehn. Se weer nich dor.

Lotti tööv un weer to Anfang ok noch heel fröhlich. Dit hier weer nu London, un se harr noch nie nich soveel Minschen op eenen Hümpel sehn. Dat weer allens heel nee. In Birmingham weer je ok al wat los, man dat weer je nix gegen dit hier. Eenfach phantastisch.

De Minschen lepen ut’neen. Jeedeen in een anner Richt. Dusende vun Dusenden.

De langen Iesenbåhnen mit de Waggons slängeln sick in den Båhnhoff rin or dampen vun de Båhnstiegen wedder af. De Lokomotiven fleiten, de Schaffner bölken, hier un dor blaff een Köter.

De Minschen begröten sick mit Küsse, blarrn bi't Adtschüß-Seggen, se winken, repen wat, lepen un susen vörbi mit lütte un grote Schreed. Bargen vun Kuffer un Packelåsch wöör op elektische Kooren afföhrt un rullen dör de Sperre. Allens leep eenfach wunnerbor, un Lotti harr wohrhaftig gode Stimmung.

Åver vun Stella güng nix to sehn, un nu weer de Båhnstieg ok al meist lerrig.

Lotti möök sick nu doch 'n beten Sorgen, nehm ehr beiden Kuffer in de Hand un güng an de Sperre.

„Wiss töövt Stella dor op de anner Siet!", schimp se mit sick sülbens. „Wo dösig bün ick doch. Woso schall se sick ok eerst een Båhnstiegkoort lösen, wenn se mi blots afholen will un je glieks mit mi wedder rutgeiht?"

Blots twee Minschen, twee Mannslüüd, weern nu noch mit Lotti tohoop op den Båhnstieg. Sogår de Gepäcklüüd harrn sick verdrückt.

Åver de Kontrolleur seet noch jümmer an de Sperre. Lotti güng langsåm op em to.

He höll sien Hand ut dat lütt Huus rut un wull ehr Koort sehn.

„Eegens tööv ick noch op eene", sä Lotti, „dorüm much ick leber op den Båhnstieg blieben. Hebbt Se dor wat gegen? Ick much blots mål kort rutgåhn un kieken, wat mien Fründin noch op mi töven deit. Wieder nix. Geiht dat woll?"

„Åver wiss, mien Deern. Kiek di geern üm. Woso woll nich? Ick weet, du wullt mi nich bedregen!" He lach ehr fründlich an.

Lotti keek dör de Sperre. Stella weer nardens to sehn. Noch eenmål wenn Lotti sick an den Kontrolleur un wull sick råden låten. „Ick bün dat eerste Mål in London", sä se.

„Ick glööv, mien Fründin is eenerwogens opholen worrn. Wat meent Se, wat schall ick nu doon?“

„Kennst du ehr Adress?“

„Jå.“

„Na, ick wöör noch'n poor Minuten töven, un wenn se denn jümmer noch nich kåmen is, denn settst du di in een Taxi un föhrst nå ehr hen!“

„Dat is een gode Idee!“, sä Lotti dankbor. „Velen Dank ok!“

Se güng wedder op den Båhnstieg un sett sick op een vun de Bänk, de beiden Kuffer harr se blangen sick.

Een vun de beiden Mannslüüd keem nu op ehr to un sett sick ok mit op de Bank. He sehg ut as een Gauner, so üm de dörtig woll. De Huutfarv wat dunkel, de swatten Hoor lang as een Peerdmähn, de Nääs groot un groff, de Lippen rood un negerwulstig.

He weer ok mit Muskeln vullpackt, harr Hannen groot as Schüffeln, wo du de Ådern op sehn kunnst.

Lotti keek an em vörbi, man he wull ehr Bekanntschaft måken. Dor güng keen Weg an vörbi!

„Büst du frömd hier in London?“, fröög he.

Se geev keen Antwoort.

„Wåhnst du hier?“, rück he ehr op'n Pelz.

Lotti rutsch wieder an de Kant.

„Du hest hier woll op eenen töövt?“, sä he. „Ick heff di genau sehn. Du hest eerst den Båhnstieg afsöcht, denn hest du mit den Knipser snackt un nu töövst du. Wo wullt du denn hen?“

Lotti sweeg still.

De Mann wöör ungedüllig. „Höör mål“, meen he, „dat gifft keenen Grund, wat du hier de ‚kole Mamsell‘ speelst. Ick kenn London as mien Westentasch. Ick kann di allerwogens henbringen, wo du hen wullt. Un överhaupt: ick kann di ok wat to eten geben!"

„Velen Dank, nee!", sä Lotti.

„Ach, heff di doch nich so!", rück ehr de Mann nu wedder neeger. „Wat schall dat denn? Ick do di doch blots 'n Gefallen!"

Lotti stünn op un güng een Flach wieder weg. „Se fallt mi to Last. Ick warr den Kontrolleur Bescheed seggen, he schall mi vun Se erlösen!"

Jüst dissen Momang harr de anner Mann ehr inholt. He trock sienen Hoot.

„Nich wat ick mi inmischen will", sä he mit een weeke, warme Stimm, „åver kann ick Se villicht helpen?"

Lotti keek em an. He weer groot un slank, dat blonde Hoor weer glatt bösst. Sien Gesichtsfarv rosa un witt. He füll nich wieder op, sien Tüch weer rein un sien Lachen fründlich. Lotti fåt Tovertruun un wull sick stantepe helpen låten.

„Ja, Se köönt mi helpen", meen se dankbor. „Disse Minsch snackt mi jümmer an un geiht mi op de Nerven. He lett mi nich in Roh. Ick tööv op een Fründin, de mi afholen wull. Disse Mann hett mi utspikeleert un is opdringlich worrn."

„Dörf ick blots för een poor Minuten de Steeg vun ehr Fründin innehmen?", sä de fründliche Mann. He dreih sick nå den annern un meen: „Villicht is dat möglich, wat Se de junge Fro in Roh låt, nich? Ick warr mi geern üm ehr kümmern."

De grote Mann wull dor noch wat gegen seggen, man denn tuck he sien Schullern un möök sick dünn.

Lotti ehr nee Fründ keek ehr an un schenk ehr en Lachen, wat ehr all de Banghaftigkeit nehmen dä.

„Nu“, meen he, „wat kann ick noch för Se doon?“ – Lotti vertell em ehren Namen un schütt em ehren helen Kummer ut. „Ick föhl mi so’n beten verloren“, meen se. „Ick weet nich, schall ick nu nå ehr henföhren or schall ick noch hier blieben?“

„Kåmt Se doch eenfach mit mi, Miss Blake!“, meen de sympathische Mann. „Ick warr Se henbringen, wo Se hen schöllt. Blangenbi: Mien Nåm is Clandon – Peter Clandon.“

He nehm ehren Arm. Se güngen dör de Sperre, un as se den Båhnstieg achter sick leten, möök he den Vörslag, wat se nich in’t Båhnhoffsrestaurant noch een beten Eten un Drinken to sick nehmen schullen.

„Dor köönt wi ok ut’t Finster kieken un sehn, wenn ehr Fründin noch kummt“, geev he ehr Troost.

So kämen se sick bi Spegelei un Kaffee fründschaftlich neger, un as se dat Eten schafft harrn, wöör dat ok bilang schummerig.

De Åvend weer eenfach schöön, un Lotti kunn noch gor nich in’n Kopp kriegen, wat ut ehr Angst worrn weer. Nu weer se meist al froh, wat Stella nich opdükert weer!

„Dat is för mi allens as een Droom“, meen se. Un he frei sick, as dat leet.

Korte Tiet låter slöög he ehr vör, wat se noch ’n beten London ankieken schullen, vör he ehr nå ehr Höhl bringen wöör. Un se weer vun Harten mit em eenig.

Mit ’n Bus föhren se de Oxford Street rop un de Regent Street wedder dål, un de hele Tiet sabbel de Deern vör sick hen. Se weer so opgeregt, wat se ’n ganz heten Kopp kreeg.

He kunn sick meist nich wedder inkriegen, as se em vertell, wat se den annern Kerdl op den Båhnstieg för den

Mörder vun Paddington holen harr. He meen, de Mörder kunn een dat meerstendeels nich ansehn, wat se Mörder sünd, sunsten wöörn se je nich an de Menschen rankåmen, de se ümbringen wullen.

Dor müssen se nu beid vun Harten över lachen.

„Na, op jeeden Fall seh ick, wat du keen büst“, sä se. „Mien Fründin hett mi den Råt geven, wat ick mi nie nich mit eenen Frömden inlåten schall, dorüm heff ick ok mit den annern Kerdl går nich snackt. Man du büst heel anners. Du sühst för mi nich ut as een Frömden.“

Un noch eenmål müssen se beid wedder luud loslachen.

Nå'n Tiet åver meen se, wat se nu doch würklich nå ehr Fründin müss, wat Stella sick ok keen Sorgen üm ehr måken dä. Peter harr dor nix gegen.

„Åver vörher kumm doch noch kort bi mi mit vör“, sä he. „Ick mutt dor noch wat to Enn bringen un ok noch Warktüüch holen. Un denn bring ick di wieder nå de Stee, wo du dien Roh finnen warrst.“

„Dat klingt je grulig!“, lach Lotti. Un Peter füll foorts in ehr Lachen mit in.

Peter wåhn in een grimmelige Eck vun Paddington. Sien Wåhnung leeg in'n tweeten Stock. In't Huus weern sunsten nich vele Wåhnungen beleggt. Du keekst op een lütt Stråt, de üm disse Tiet heel lerrig un verlåten utsehn dä. Ok 'n Lågerhuus güng to sehn, ok lerrig.

Lotti wull sick nich marken låten, wat se nich dacht harr, Peter wöör so wåhnen, man langsåm kroop wat in ehr hooch, as se sick so ümkieken dä.

In de Eck vun sien Döns stünn een iesern Bettgestell, een schietig rode Deek weer dor över deckt un schull woll blots verbargen, wat dat Bett gor nich måkt weer. Allerwogens Bulen! Dat Waschbecken weer anknackst, een groot düster Ekenschapp an de een Sied, in de Midd een Klappdisch in rund, ok ut Ekenholt, twee Stöhl dor vör.

De Footbodden wies ool bunt Linoleum, 'n olen Teppich op to, mehr so'n Fetzen, in swatt un schietig vigelett.

Dat Schapp gegenöver hüng een Spegel, åver nich råhmt, verdwars dör't Glas güng een Sprung.

Wieder geev dat noch een Wandschapp, dat Finster gegenöver. De Gardinen kunnst ok vergeten, all so'n Plünnenkråm, to kort, to lang, schietig.

Un in de Stuuv leeg een Ruch, sööt un eeklig. De Ruch vermåhn Lotti an wat, man se kunn dor nich op kåmen.

„Sett di doch, mien Leeve", sä Peter fröhlich, „wi drinkt nu een Glas Melk!"

Vörsichdig leet Lotti sick op eenen vun de wackeligen Stöhl dål.

Peter buddel in dat Wandschapp rüm, bröch eerst twee Glöös un denn en Buddel Melk vörtüüg, de he mit 'n lütten Witz op sien Lippen vör Lotti opstell. (Blots ingeten, foorts büst du Mudder), denn nehm he ünnen ut de Schuuv een Metallsåg, een Stück Tau, een schietig Stück Dook, wat Lotti an een Dook denken leet, wat se bi de Pfadfinners drågen harr.

Denn hol he noch een oolmoodsch Rasiermess, eenen Håmer un 'n påår Någels.

Vörsichdig pack he allens op den Disch, den he vörher mit den Koppküssenbezug afdeckt harr.

Denn dreih he sick üm, güng trüch nå't Schapp un trock sick een witte Plastikmontur an.

Bet båben an'n Hals möök he den Versluss to. Ok een Kapuuz geev dat an disse Montur.

„Du leebe Himmel!“, lach Lotti nervöös. „Wat hest du denn vör?“

„Dat, wat ick an’n allerleevsten do“, sä Peter. „Wat mi an’n besten op de Welt gefallen deit!“ Sien Stimm bever.

„Un wat is dat?“, fröög Lotti.

Peter lach liesen. „Wokeen nich frågen deit, ward ok nich anlågen“, meen he. Wedder lach he fröhlich.

Lotti drünk nu wat gau ehr Melk. Mit’t Mål kreeg se dat mit de Angst. Se wüss nich woso. Much angåhn wegen Peter dor in sien Plastikmontur. He sehg fix unheemlich ut!

Villicht weer dat ok blots disse Stuuv, so unwürklich un grulich, de ehr op de Seel drück. Or de Årt, woans Peter ehr ankieken dä: Se kunn dat nich beter utdrücken as mit „as’n Jaguar op Jagd: anspannt un wiss“. Gau drünk se ehr Melk lerrig un stell dat Glas op den Disch.

„Nu“, meen se un versoch, wat dat fröhlich un sorgenlos klüng, „dat Best is woll, wi måkt uns nu op’n Padd! Stella ward al as dull op mi töven“. Se stünn op.

Ok Peter stünn op, güng gau nå de Döör un dreih den Slötel üm.

„Wat deist du dor?“, fröög Lotti mit Bangen.

„De Döör afsluten!“, sä Peter ohn Toon in sien Stimm.

„Dat seh ick“, sä Lotti. „Åver woso?“

„Wegen du di nie nich mit eenen Frömden inlåten schullst“, anter he.

Vör se noch wat wedder trüch seggen kunn, drück he ehr mit dat schietig Dook den Hals to un trock ehr – ok wenn se sick wehren dä as dull – nå’t Bett röver.

„Eerst will ick di noch hebben“, sä he, „un denn bring ick di üm as all de annern ok. Un ick vertell di ok, woans ick dat måken warr: Ick såg di dör.“

„Ick heff jüm all op disse Årt üm de Eck brocht. So zappelt se noch so recht'n beten – dat keddelt mi hoch, segg ick di!“

He lach so dull, wat em de Trånen in de Ogen kämen.

Se wehr sick noch mit allens, wat se an Kraft harr, man se kunn nich gegen em an.

Un as se al op't Bett togangen weern, füll ehr miteens in, wo de Ruch herkäm, de ehr opstötten dä, as se rinkamen weer …!

Dat letzt, wat se vun em hören dä, kort vör ehr de Sinnen verlåten dän, weer:

„Låt di nie nich mit Frömde in! Låt di nie nich mit Frömde in!“

Klaus Meyer

Vier up ein

Nachts bi Klock dreien rümmer. Eigentlich de beste Tiet taun Schlåpen. Man ick weit ok nich. De Lüüd seggen je, dat is so'ne Årt Föhn west. Ick kreeg kein Oog miehr tau un bün denn upståhn un wull dat Finster upmåken. Man dat güng nich. Mien Zimmer leeg Paterre. Dor keem ick denn doch in't Grübeln.

Ick hard mi dat Hotel in so'n Katalog utkäken un löt mi dorvon ok nich afbringen. *Da hat es uns nicht gefallen*, säd de Fru näben mi bi den ADAC. *Nich 'n bisschen modern. Fast alles wie bei uns in'e DDR früher.* Man dat Hus up dat Foto hard wat von de Twintiger orer so. Caruso keem mi in den Sinn, ’n olles Grammophon. *Hat auch bloß drei Sterne.* Dat interessiert mi allens nich. Wenn ick wat seih, dat möt mi anspringen, denn weit ick, dat is gaud. Un dat wier dat denn ok. Allens original Italien. Nix Schicki-Micki.

Alles muschebubu, wenn sie wissen, was ich meine. Ich hab immer meine Tasche festgehalten. Ein Glück, dass mein Erwin mit war. Allein als Frau, nee, man weiß ja, was da so passiert.

Dat güng mi nix an. Ick wier ein Kierl. Man nu dit Finster. Kein Riegel, kein Häbel. Dat wier so buugt, dat dat taubleew.

Mi keem de Ogenblick wedder in den Sinn, as ick üm de Eck böögt bün. Dat wier as ’n Schlag vör den Kopp west. Twölf Stunnen mit den Faut up dat Gas. Hen un wenn kuppeln, ’n annern Gang, mål eins bremsen. Nu de See wiet ünner mi. Barg hard ick al seihn. Wulken ok. Man allens up einmal, dat verschlög mi de Pust. Un denn Malcesine! Ick wier in den Katalog all de Urte an den Garda-See dörchgåhn. Nix hett sick so gaud anhürt as Malcesine, dat „e“ in de Mird schön langtreckt.

Man nu dit Finster. Na ja, Italien un Paterre. Bäter as Besäuk, den du nich hebben willst. Båben wier ’ne Luk. De güng up. Up den tweiten Blick is allens ümmer nich so leeg, as dat up den iersten utsüht. Un in Italien is ’n je de mehrste Tiet so un so buten, jedenfalls in’n Sommer. Allens paletti.

Ne feine köhle Luft föll dörch de Luk. Irgendwo achter den Barg wier de Sünn je woll an’t Upgahn. De See leeg glatt. Kein Minsch miehr un keiner al wedder. Nüms bi de Anlegestell, de Stöhl vör de Restaurants leddig. De Boote dümpelten ’n bäten. Ick mag dat, wenn ’n Dag anfangt. De gehört denn ganz mi allein, bät irgendwo ’ne Jalousie rasselt.

Up de anner Seesiet blinkten Latüchten. Dat müsst je woll Limone sien. Dor wier ick ok noch up ut west, man denn doch leiwer Malcesine. Limone-Zitrone, nee.

Achter de lütt Mol wier son lütt bäten wat tau seihn, so as wenn sick dor wat bewägen deed. Un dor sehg ick se ok al. Dat heit, genau nich, denn dat wier je noch gor nich richtig hell. Man se wull weg von de Mol, dat wier klor. Kein Wunner, vier achter ehr an. Ierst sehg dat ja allens ganz harmlos ut. Ragazzi, heff ick dacht.

So hebben wi früher ok rümmerkalvert. De beiden Marschalljungs, Heini Schulz un ick un denn Marita Lawitzke. Se deed so, as wenn se dat nich lieden künd. Man weglopen is se ok nich. Låterhen hett denn Minna Holtz, de achter de Gardin up de Luer leeg, mien Mudder vertellt, wat ick un de annern Jungs för Soegen wiern. Wi harden Marita ümmer wo henfåten wullt.

Bi de fief güng dat nu ’n Zacken scharper tau, düchte mi. Wier woll doch kein Spill, un is dat villicht von Anfang an al kein west. De Vier föllen oever ehr her. Se keem wedder frie un künd sick woll gor nich anners helpen, as in’t Wåter tau hüppen. Un wat sall ick Se seggen, de vier Kierls achteran, un de Balgerie, de denn keem, wier allens anner as Spälkråm. Dat wier blödigen Iernst. Un wier nix anners tau hüren, as tau hüren is, wenn so in’t Water tovt ward. Von ehr kein Mucks un von de vier ok nix. De wieren sick amend doch woll tohoop nich einig? Un du büst denn de Döhmelklås, wenn du di inmischst. Nee, dit wier kein Rümmerkalwern, denn se hard sick friemåkt un wedder rup up de Mol. Ein achter ehr an, drei bleeben in’t Wåter. Se wier afkämpft. He packt ehr von achtern un denn rup. Ick achter mien Finster un mark gor nich, woans ick mi antreck. Dor kümmt de nächste ut't Wåter. De anner treckt af as son Papagallo un schmitt sick in de Bost. Se hett sick bäten uprappelt. Nu de tweit roever.

Villicht is't je normal, man de Lütt deed mi Leed. Nu bleew se paddig liggen. De Drüd hard nich väl Mäuh mit ehr.

Eigentlich güng se mi nix an. Un wenn ick iehrlich bün, wat mi argert hett, wier, dat de Kierls sick achteran gäben, as wierden se sünstwat för Helden. Ick nöhm mienen Schlöttel un denn rut, an Luigi, den *maestro della notte*, so hard he sick sülben nömt, vörbi. He keek mi ut sien Bucht verbiestert nåh.

Se quälte sick gråd an den Molenrand un föll denn in't Håbenbecken. Dor luerte de Vierte. He nöhm ehr as de annern, hart un brutål, un dückerte ehr dorbi ünner't Wåter.

Ick bölkte so luut, as ick künd. He löt von ehr af un jumpte tau de annern up de Mol. Se schlög üm sick un kladderte so'ne lütt Steintrepp hoch un verkröp sick achter so'n Arkadenbågen. De Vier gröhlten luthals un tröken af.

Vörsichtig schleek ick an ehr ranner. Se sull sick nich verfiehren. Se bleev liggen un klågte lies. Ick nöhm ehr up den Arm. Man wo nu hen mit ehr? Un woans süll ick dat nu allens verkloren. De Itackers würden mi je 'n Vågel wiesen. Ick stråkte sacht oever ehr hen un schnackte liesing mit ehr.

Luigi stünd nu in de Dör. So wat Malles hard he woll lang nich seihn, 'n Dütschen mit 'ne Ånt up'n Arm.

Spökelkråm

Gorch Fock

De Hex

Groot un kolt stunn de Vullmoon båben de Eschen un Pöppeln, de groot un swart in den Heben rinwussen. Op de stille Elw weur dat so wat dick von Dåk, ober füersichtig genog. Sogor de Lichten von Blanknees weurn eben un eben to sehn. Een enkelte Fischerjoll keum achtern Ness op un gung mit ehr breet, düster Seil as son Gespenst achter de Wicheln lang. Sinnig leep de Nachtluft öbern Diek, so sinnig, dat sick kum de Reethalms reugen dän un dat de Wichelnblööder man ganz eben mål to Word keumen. Achter an'n Sandfall måken de jungen Meuwen so as jede Nacht in'n Priel jem ehrn Larm um Fisch un Muscheln. Dat weur wiet af, dat dat Schreen eben to spörn weur – knapp to marken: sungen dor Mücken oder speelen dor Kinner in de Wiede?

Sünst weur de ganze Welt deep in Droom un Slåp un Dood sackt, un de geele Moon stunn doot an'n Heben.

Doot un still weur ok dat Huus dor an de Huk, dat half öbern Diek keek.

De junge Froo fung an to freern. De kolen Gräsen lepen ehr den Puckel dål, ober se lä sick doch nich dål: se bleef int Bett sitten un heur op. Un keek mit grote, bange Ogen ut dat Finster nå dat stille Wåter hen. Harr de Droom ehr opwåkt oder harr se öberhaupt noch nich slåpen? Se harr dor gewiss keen Antword op geben kunnt, wenn ehr een frågt harr, – se wuss bloß, dat se bang weur un nich wedder slåp warrn kunn, se much de Ogen open hebben oder tomåken. Nu seet se dor in ehr Not un grübel …

So alleen to wesen!

So eensom un verlåten! So wiet af von de Minschen, von ehr Süster, von ehr Moder! So alleen – wat gung ehr dat ok doch dorch! Un dat worr ümmer leger, je länger se hier wåhn. So mennigmål harr se al dacht, dat sull sick geben, dat sull beter warrn: Åber dat wull sick nich geben un wull nich beter warrn. So alleen op den wietlöftigen, kolen Ness, so alleen in dat düstere, doode Huus, so alleen unner de poor Minschen hier op de Huk, de den ganzen Dag bald keen Word sään! Dor seet se op un dor seet se in un dor seet se twüschen – un se heur dor doch gornich hen, se pass dor doch gornich bi, se harr dor eegentlich doch gorniks mit to kriegen: – Se vertell un snack doch so gern, se heur doch so gern to, se lach un juch doch soveel, se weur doch mit all Lüüd good Fründ, se frei sick doch, wenn de Sünn ehr op den Kopp schien oder de Wind mit ehr Hoor speel …

Se trock de Bettdeek bet an den Mund rop un kunn doch nich wedder warm warrn. Sull dat Frösseln nich wedder von ehr gåhn, muss se nu ümmer, Dag för Dag, in düsse heemliche Angst leben, muss se ewig düssen sworen, kolen Steen in sick rumdrägen, ohn em eenmål los to warrn? Süll se ümmer bebern un freeren? Dat weur jo mehr as Krankheit un Dood! Dor kunn se jo verrückt innen Kopp bi warrn un dat Deepdenken bi kriegen.

Se schüddkopp.

Wat måk se sick ok doch for Gedanken? Wat weur dat denn, wat so swor op ehr leg? Weur dat denn en Unglück, huushoch doröber to weenen, dat se sorr dree Dåg statts op de unruhige, enge Au nu op den sinnigen, wieden Ness wåhn? Dat se statts bi ehr eegen Mudder nu bi Paul sien Moder innen Huus weur? Weur dat würklich so slimm? Nee, låt di wat utlachen, Aline, dat du son Bangbüx büst:

Du grübelst öber de blaue Luft! Aline beet de Tähn hart tosåmen un måk de Ogen fast to: Se wull dor nich mehr an denken, se wull op anner Gedanken kåmen. Ober de Gedanken bleben sitten un de Slåp keum nich neuger mit sien Kåhn un mit sien Reemens.

Sull ... se woll al wåken? Dat weur doch – Aline steek den witten, runnen Arm unner de Deek rut un dreih de Klock, bet se de Wiesers sehn kunn – weur doch al dree! Al dree – un Vertel nå veer gung de Damper al nå Hamborg rop. Sull se ehr ropen, ehr wecken?

Se wull dat, as ehr infull, dat Paul seggt harr, sien Moder bruk nich weckt to warrn un wull nich weckt warrn. Se stunn ganz von sülm op un weur dor eegen in.

He harr ehr ok in sien gemütliche Ort de Geschichte von de Weckeree vertellt. Dat weur so west: Erst harr Tetje ehr rutgröhlt, de ole Nachtwächter, åber Tetje, de en lütt eegen Huus harr, harr ok sien Tög un leet mål op sick teuben, wenn he keen Lust harr, ganz nå de Nesshuk rumtostebeln, – leet ehr eenfach slåpen un dach: Slåp is dat best for Kinner un ol Lüüd! Bet Trink toletzt sä: Op Minschen is keen Verlåt mehr! – un em sien Geschäft opseggen dä.

Nåher hol se sick ümmer den groten gelen Håhn von den Wiemen un sett em in'n Kiep op de Deel. De sull ehr morgens in de Schummeree mit sien Kükerükü opwecken. Åber dat gung bloß een Tiedlang good: mitunner dräum dat ole Deert jo woll von de Heuhner oder von de dicken Metten un vergeet dat Kreihn oder keum to låt dormit togang. Bet Trink toletzt sä: Op de Tierers is ok keen Verlåt mehr! – un em den Hals umdreih un nåher as een zoortes, junges Hamborger Küken an feine Herrschaften op de Grindel verkoff. Nåher broch se sick von de Judenbeurs een olen, amerikånschen Wecker mit un leet den afsnurren. De snurr wegen Ollerhaftigkeit ober ok mitunner nich af oder bleef öberhaupt ståhn. Bet Trink toletzt sä: Op de Maschinen is ok keen Verlåt mehr! – un em in de Eck sett.

Sorr de Tied weck se sick sülm, un se weur noch jedesmål tor rechter Tied nå 't Knolstack henkomen, harr Paul seggt.

Åber dütmol versleep se doch woll meist. Aline heur wedder nå nedden. Nee, dor reug sick noch nix. Wenn dat nu doch to låt warrn dä, wenn se anners nich mehr nå 'n Damper henkeem? Muss doch woll ropen warrn!

Åber wat sull se ropen? Trink? Dat droff se doch nich! Moder? Dat kunn se nich, ne, dat kunn se nich, dat Word kreeg se nich ut den Mund rut!

Mit een Mål sett se sick int Bett hen, as wenn ehr dat een heeten harr, un keek ut dat Finster. Un do seh se innen Moonschien, dat nedden an'n Diek sick wat Swartes reugen dä, dat twüschen de Wicheln en Schatten hen un her biester. Se reet de Ogen wiet op, un as de Minsch op een Ogenblick twüschen de Bäum rutkeem, do seh se, dat Paul sien Moder dat weur, un schoot innen Dutt, so verjåg se sick.

Trink weur dat. Se plück dor Kruut twüschen de Wicheln, dat wull se woll op ehr Fisch leggen oder wull dor Gedrünk von måken – nee, nee, dat nich, se wull dor nich an denken – weur Paul sien Moder un allens!

Nu keem Trink mit ehrn Korf den Diek rop. Se harr den Rock opsteeken von wegen dat natte Gras un måk grote Trä. Wat seh se ok doch ut! Aline verkroop sick unner de Deek.

De Klock gung: Trink keem unnen in de Döör. Aline keek wedder ut un heur nu dat Fluckern von dat Für, dat Rötern von de Kaffemöhl, dat Singen von dat Wåter un dat

Klappern von de Tass. Wat weur ehr dat frömd, dat sünst allens so still bleef. Wenn se opstunn, denn summ se al vor sick hen, un wenn se arbeiden dä, denn sung se al as een Vogel – unnen worr allens ohn Sang un Klang afmåkt. Se worr wedder so bang vor de ole Froo as vorher.

„Wookst al?“, klung dat von de Deel rop. Aline krop sinnig wedder unner de Deek un måk de Ogen to. Se kunn keen Antwort geben.

Ton tweeten Mål reep de Klingel scharp un kort dorch de Nacht, as wenn so'n Hund bellt, denn gungen de Trä op de Diektrepp un op den Diek verloren. De ole griese Fischfroo gung nå den Damper hen, dat se to rechte Tied bi Jan Cohrs in de Halle stunn un ehr Schullen un Schellfisch, ehr Bütt un Sturen kreeg.

Dat weur al lang Dag, as Aline de Bööntrepp dålgung un sick op de Deel umkeek. Se harr noch lang legen un nich slåp warrn kunnt.

Op den Herd seet de swarte Katt mit de rugen Hoor, steek all de veer Been von sick af, leet de Krallen sehn, streck sick un fung an to snurren. Aline wull ehr eien – åber se kreeg dat nich klor: Den letzten Ogenblick harr se wedder dat Groon vor dat Tier.

Do gung se nå buten, nå den Diek rop.

Dat weur dick von Dåk. Un de Dåk weur natt un kold, he gung dorch Strump un Hart. So dick weur de Luft, dat nich mol de Elw to sehn weur. Vont Fohrwåter keem dat Lüden von de Schippsklocken un dat Tuten von de Dampers, dat een bang warrn kunn. Witte Fäsen fleugen in de Luft, un in de Bäum seeten dicht an dicht de witten Spinn-Netten. De Sommer schien sien' Hoot al in de Hand to hebben un nå sien Stock to griepen.

Aline dreih sick um – se kunn doch nich dorch de Wulken kieken, de op de Erd un opt Wåter sackt weurn. Dor stunn dat nu vor ehr, dat lütte, dunkelrote Huus mit de blauen Balken. Se keek dat an un worr wedder bang dorvor, gråd so, as se as Kind west weur. Dat weur dat Huus von de Hex, de Hans un Gretj rinholt un Hans in den Swienkoben sett hett, sään se as Görn. Dat weur dat Huus von de Zauberolsch, de de dree Breuder to Steen måkt harr. Mit Hartkloppen keeken se dat Huus ümmer an, un wenn se dor an lang mussen, denn leepen se gauer. Un kreeg mål een von de Kinner wat Scheunes von de ole Trink, en Appel oder en Beer, denn eet se dat nich op, nee, se smeet den Appel oder de Beer in den Gråben. Aline wuss dat noch allens. Se harr dat jo sülm so måkt as Gör.

De ole Trink weur jo en Hex, de kunn hexen, sään de Lüüd. Se dä de Minschen un dat Veeh jo wat an. Se broch jo dat Unglück un den Dood, wenn se wull. Se kunn dat Blot stillen un de Krankheit bespreken. Dat geef noch mehr Hexen an den Diek: In de Bucht wåhn noch een un bi den Karkenweg ok – åber von Trink snacken se dat mehrste, Trink weur de leegst.

Jannis Mewes wuss sick licht to helpen: De räuker Schipp un Netten geheurig ut, ehr he an to fohren un fischen fung: åber de annern? Worum fung Mars Lüß so wenig, he much utsetten un kurren, woneem he wull? Se snacken, dat he sick mål mit Trink verteurnt harr!

Worum weur Ang-Süster ümmer krank un leeg? Se kunn sick nich mit Trink vergåhn! Worum leepen Dieter Meier sien Swien von den Trog af un weurn dor nich mit Gewalt wedder bi to kriegen? He harr den Dag över Trink lacht, as se den Diek lang keem! Worum weur Trink mit nüms an den Diek Fründ, worum snack se bald mit keen eenen, worum gung se nich nå Kark un nich nå de Liek? Se weur en Hex, sään de Lüüd un wussen denn allens!

Unner den Gebel seet noch een beten Slick von de Swolkennester, de afstott weurn. Bi Trink keem keen Swolk un keen Lünk tonest un togang: allens worr wegbinscht. Aline groo: Worum jåg dat ole Wief de gauen Vogels weg, de doch so veel Glück int Huus bringen kunnen?

Ut dat Nåberhuus keem een Fischerfroo rut. Aline kenn ehr woll. Metta Jonas weur dat. Freuher harr se ehr ganz god kennt, se harr sogar mennigmål op Musik bi ehr ståhn un ehr inhåkt hatt. Ober nu stunn Trink twüschen jem, de Hex! De beiden Froons keeken sick woll an – åber keen een sä: Goden Morgen.

Keem Wind op. De Wulken, de öber de doove Sünn trocken, worrn ümmer dünner, en Wichel keem nå de anner ut den Dåk rutkrupen, Seils un Masten keeken ut, de Süllbarg wies sick, de Dampers hieven de Anker un geben dat Tuten op – un mit een Mål reet de Sünn den letzten Rest weg un schien op Diek un Elw.

Alma keem den Diek lang, Aline ehr Süster. Do kreeg Aline op eenmål wedder de Sünn un de Freid fåt, as se ehr lustige Süster in de grallen Ogen keek. De beiden håken sick in un lachen bald in de Wett. Alma ehr gode Moot steek an.

„Scheun is dat hier, Aline! Deern, so scheun! De Elw – so dicht bi! Un so breet! Un so klor! Un Blanknees kannst du jo meist mit de Hannen griepen! Nee, so scheun hebb ick mi dat hier op den Ness gewiss nich dacht! Kiek bloß mål de feine, greune Neesteener Kark an! Wat de Klock blenkert!“

Aline keek ehr an un lach, as se seh, dat ehr Süster dat würklich so meen.

„Kiek mål dat lüttje, feine Huus! Wat de Scheep sick in de Finstern wedderspegelt, Aline! All mööt se hier lang, de nå See hin wöllt oder de Reis hebbt: du kannst öber jem all winken, wenn du Lust dorto hest! Åber Blomen fehlt an de Finster, Deern! Sett dor doch Blomen hen, Aline, denn süht dat Huus noch mål so fründlich ut. Ick bring di anner Mål poor scheune Aflegger mit, heurst?“

So snack Alma effenweg, un Aline heur still to. Se wunner sick öber de Ogen von ehr Swester, de allens so anners sehn kunnen, de an all dat Tüg de helle Kant gewohr wöörn.

Op de Deel sä Alma: „Beten düster, Deern, ober fein ton Geschichtenvertellen un ton Sitten, wennt buten regent. Hier sittst du denn mit Paul, wat? Hier in de Eck! Een Stohl brukt ji doch jo man, wat?“

Se fåt ehr gau mål um: „Magst em noch ebenso gern lieden, du?“ De Antwort teuf se gornich af, se weur de Katt gewohr worden un harr nu erst mål mit de to doon.

„Ich taufe dich mit Wåter,
büs du'n Katt oder büs du'n Kåter?“,

fråg se un sprütt ehr een Handvull Wåter op dat Fell. Un as de Kåter mit een groten Satz nå de Bööntrepp sprung, lach se as so'n Kind, un Aline lach mit.

Half an den Nåmiddag broch Aline ehr Süster een Stück den Diek lang un drück ehr denn de leeben Hannen. Sinnig gung se trügg. Se weur anners to Moot worden: Wat ehr erst as swore Säck op dat Lief legen harr, dat fleug nu as Feddern in de Luft rum. Ehr Süster weur ehr beste

Macker, ümmer noch. Dor harr Paul ok nix an måken kunnt. Se much em lieden, gewiss much se em lieden, se holl veel von em, åber dor stunn doch wat twüschen em un ehr, un dat weur sien Moder – de Hex! Se verjåg sick, dat ehr Gedanken al wedder bi de Hex weurn un dor nich von af kåmen kunnen. Wat weur dat? – en Krankheit? Oder – se full meist um, as se dat dach – *weur se ok al behext*? Nee, nee, nee, weg mit son Gedanken! Wat gung ehr de Snackeree von de Lüüd an, wat harr se mit den Heuhnergloben to doon?

Weur Trink nich Paul sien Moder – un ehr eegen Moder ok? Weur se Paul keen gode Mudder? Sprook he nich god von ehr? Wat måk dat ut, dat se von butenlands kåmen weur un nich god platt snacken kunn? Wat dä dat, dat se ernsthaft weur un nich veel snack? Geef 't nich een Barg Lüüd an den Diek, de nich veel lachen un snacken?

Dat lüttje Huus dor in de Sünn – dor weur se bang in?

Se kreeg dat Lachen. Nee, nu nich mehr! Dat weur jo Görnkråm, se weur doch grot un vernünftig! Weg mit de Kinnergedanken!

Dat sull anners warrn, loof se sick! Se wull fründlich mit ehr snacken, wull ehr wat to Leef doon un wull ok Moder to ehr seggen. Un wenn Paul mit sien Kutter opkeem, denn sull he sick frein, dat se so god mit sien ole Moder stunn.

Jo, jo, se wull dat!

Un se wull al gliek wat doon. Dat Rumsitten un Över-de-Elw-Kieken sull all sien! Se wull helpen! Se bun sick een Plåten um un feeg de Deel, feil de Steen, putz den koppern Ketel un hol Holt un Torf un dä allens, wat se sehn kunn. Dorbi kreeg se rote Backen un sung toletzt free vor sick hen. So weur dat god, so god weur dat nu allens.

Åber – se wuss nich, wat dat keem, un se kunn dor doch nich gegen an: Je wieder de Wiesers gungen, je stiller worr se. Un ehr Arbeit gefull ehr bald ümmer weniger un toletzt gornich mehr. Wenn Trink dat nu nich recht weur, wenn se dat anners ankieken dä. Se drück ehrn Kopp – åber se weurn wedder dor, de sworen Gedanken ...

Se stunn op den Diek un seh ehr komen, – ehr Moder! Ehr Moder? Nee, nee, nich Moder, nich Moder! De dor ankeem, weur Trink, de ol Fischfroo, de griese Hex.

Se harr ehr entgegen gåhn wullt, harr ehr de Hand geben un „Goden Dag, Moder!“ seggen wullt – nu kunn se dat mit eenmål nich mehr ...

„Wedder hier?“ ...

Dat weur allens, wat se rutkriegen kunn, as de Olsch de Dracht von den Puckel nehm un de Fischkörf in de Eck sett. Trink keek sick in de Köök um, as wenn se wat marken dä, denn reep se den Kåter un geef em een Handvull Stint – do kunn Aline dat nich mehr uthollen: Se dreih sick um un leep de Bööntrepp rop, gung in ehr Döns, måk de Döör achter sick to un sleug de Hannen vor't Gesicht! Un se ween, dat se so slecht weur, so eegensinnig, so verrückt in den Kopp.

Unnen åber nehm Trink ehr Koppdook af, keek sick de blanken Steen an un schüddkopp.

Leeg en stark Gewitter op de Elw. Dat Huus zitter un beef un de Ruten klappern, so knall de Dunner.

Aline seet in ehr lüttje Döns. Se harr de Finster dicht tohungen un harr de Lamp hochschroben, dat se de Blitzen nich so sehn kunn – åber se worr jem doch all gewohr un fleug an all de Knåken. De Storm sus um den Gebel, as wenn he em in de Elw smieten wull. Un de Regen goot man so. Seen schümen op de Schallen. Aline harr in ehr Gesangbook lest, harrt åber wegleggen musst. Se kunn dor keen Trost in finnen. Nu seet se dor un schot bi jeden Slag tosåmen.

Se weur krank, so krank, un wuss nich, wat ehr fehl. *Behext* weur se, sään de Lüüd annen Diek, dat harr de Stutenfroo ehr vertellt. Behext, behext!

Krank un alleen bi dat swore Gewitter – Alma op de Au, Paul op See! Un de unner ehr wåhn, de wåk nich mit, de sleep – sleep bi jedes Gewidder, düsse Nacht sogor, nu de Welt vergåhn wull.

Wedder en sworen Slag, dat de Lamp klung! Un de blauen Blitzen keemen ümmer neuger! De Storm reet dat Huus um, wenn dat so wieder gung. Aline wuss nich mehr, wat se doon sull. Se schoof de Gordinen mol trügg – un sack meist um: De ganze Heben weur een Füer un een Flamm: Op de anner Siet von de Elw brenn een Huus!

Se nehm wedder dat Gesangbook in de Hand – åber se kunn dor keen Reeg mehr in hollen. Allens leep dorchenanner! Se kunn nich mehr. Ehr Kraft weur all.

„Alma! Alma! Paul! Paul!“, reep se, so hart se kunn, denn sack se um …

Nå een Tied keem een swarte Froo de Trepp ropsleeken. Trink weurt. Se harr dat Ropen heurt.

„Ståh op, Aline!“, sä se geruhig. As se keen Antwort kreeg, reep se hart un scharp: „Aline!“

Do keem de junge Froo to sick. Se keek op un stütt sick op de Hannen – do seh se Trink, keek ehr mit grote Ogen an un fung an to schreen: „Gåh weg! Gåh weg!“ Se streck beide Hannen ut un schree ümmer harter.

De ole Froo bleef ståhn un keek ehr stief an.

„Gåh weg, *du Hex! Du Hex! Du Hex!* Du büst jo en Hex! Gåh weg, gåh weg!“

Op eenmål wok se op un greep um sick: Se harr Paul sien Moder Hex heeten, se harr dat Word öber de Lippen kregen.

Se stöhn, reug den Mund, as wenn se noch wat seggen wull, denn sunk se sinnig um.

As de Morgen in de Döns keek un dat Gewidder öber Hamborg stunn, hung de ole Trink de Finstern to un deck een Dook öber dat witte Dodengesicht.

füersichtig	= weitsichtig (Leuchtfeuer)	Fäsen	= Fasern, Fusseln
Ness	= Landspitze von Finkenwerder	Schallen	= der Flut ausgesetztes Vorland
Plåten	= Küchenschürze	kurren	= mit Grundnetz fischen
feil	= feudeln	sorr	= seit

Hermann Bossdorf

Spöök

De ole Gottsacker in mien Heimåtdörp leeg achter den Koornspieker von'n Gootshoff; de niege liggt achtern Schåpstall. Op den olen steiht noch hüüt un düssen Dag en scheef Krüüz ünner en groten, breden olen Linnenboom. Sünst vermåhnt hier nix mehr an den Freedhoff, de in verleden Tieden hier legen hett. Un de Lüüd gråvt in'n Harfst sick hier Mieten för de Kantüffeln, de se in'n Huus nich låten köönt. As en Bekannten von mi eens Harfstdågs ok en „Kiete“ – as se dor seggt – op den olen Gottsacker opbuddeln dä un ick as sövenjährig Snappsnuut von Jung dorbi rumspelen dä, flöög mank all den Sand ok en gooterhollen Dodenknåken mit rut. En Böverarmknåken weer't, schön witt un schier.

Ick weer glieks dorachter ran. So'n Dodenknåken, dat weer doch mål wat anners!

„Poi Deibel!“, schreeg mien Möhm, de mit Grootvåder vörbi keem, „wat speelste denn mit den ollen Dodenknåken rum! Schmiet doch weg, Junge!“

„Junge“, sä mien Grootvåder, de övertokeem, „weeste denn nich, dat man keene Knåken von'n Gottsacker nehmen sall, sunst kåmen de Doden un hålen se sick wedder!“

Mien Bekannten, de de „Kiete“ utsmieten dä, keek ut de Kuul rut, as de Twee vörbigåhn weern un grien breet över't ganze Gesicht.

„Låt di man nischt wiesmåken, Männe“, sä he, „de Doden könen di nischt mehr doon; wenn man eerst in de Eer kåmen is, denn hett man siene Roh un quält sick den Deibel dorüm, wat kleene Jungens mit eenen siene Knåken måken! Speel man dormit, dat deit di nischt!“

Wat ick nu eegentlich mit den Dodenknåken wull, dat wuss ick alleen nich. Åver ick nehm em mit nå Huus un versteek em mi achtern in dat Holtschuer, dor kunn em Grootvåder nich finnen. Denn Grootvåder weer instannen west un harr mi mien Speeltüüg wegnåhmen un't wedder nå'n ollen Gottsacker ropbrocht. In dat Holtschuer leeg nu also de Knåken versteken, un blots ganz heemlich kreeg ick em rut un speel dormit rum un måk mi wichtig dormit vör mien Speelkameråden.

Eens Åbends in'n Schummern sä Grootmoder to mi, ick sull mål en Arm vull Holt ut dat Holtschuer hålen, se harr nich mehr noog in de Köök. Ick gung tutig af un råk mi 'n Arm vull Holt in dat Holtschuer op, in dat al swarte Schadden huken dään. Vörher åver harr ick tosehn, wat mien Dodenknåken noch in sien Versteek liggen dä. Dä he åver noch. Wiel dat nu åver al so düüster in dat ool Schuer weer, füng ick an to fleiten. Ick weer överall en grugeligen Jung, un as ick noch lütter weer, harr ick alltiet dat Blarren un Rohren kregen, sodrå dat Schummern in de Stuuv full. Fleit also, pack mi den Arm vull Holt un dreih mi um un will wedder rut. Dor pedd wat achter mi. Ick denk, dat is Grootmoder, de achter mi ranbirsen kummt.

Ha! Wat verfeert ick mi! Steiht dor en olen Buer mit en füünsch Gesicht un wiest jümmer op sien' linken Arm, von den dat böverste Deel leddig weer, dat ünnerst harr he in de Fick steken. Ick smeet dat Holt hen un schreeg op as en steken Farken un sprüng ut dat Schuer rut un rin in de Stuuv un flöög lingelang hen un wuss nix mehr.

As ick wedder ut wööste Feverdrööm to mi keem, leeg ick in mien Bett un Grootmoder seet bi mi un vertell mi, dat dat al twee Dåg her weer. Un dat Grootvåder noch an den sülven Åbend nå Stadt west weer un harr den Dokter hålt. Ick harr blots jümmer schriegt un mit de Hannen umenanner slån un allerhand dumm Tüüg snackt von Dodenknåken un en doden Buer, de an't Bett stunn un mi den Knåken wedder ut dat Holtschuer hålen wull. Un denn weer de Dokter kåmen un de harr meent, ick weer blootarm.

Junge, wat sünd de Dokters doch eenmål klook!, dach ick so bi mi in mien' Jungsverstand, blootarm sall ick sien, un de ganze Kråm kummt blots von den Dodenknåken un den dummerhaftigen olen Buer, de al lang doot is un sien Knåken wedder hebben will. Wat geiht den ol Döösbattel sien olen Knåken noch an! De sall sick man lever üm sien ewige Seligkeit kümmern as üm so'n påår schetterige Knåkens! Un nu wull ick den Knåken erst recht nich rutgeven. Ick weer blots bang, Grootvåder, de keem dorachter un klau em mi weg un bröch em wedder rop nå'n olen Gottsacker. Un dor wull ick em doch en Sticken vörsteken. As mien beste Speelkameråd mi an'n Bett mål besöken dörf, sä ick den Bescheed, un de hål mi mien' Knåken foorts ut dat Schuer un steek em mi in mien Speelkist ünner't Bett. So! Dor söök em nüms, ok de ole doodige Buer nich. Heel stolt weer ick op düssen plietschen Streek.

Eens Åbends, as dat Schummern anfung un sien Schaddens sick all överher as Fleddermüüs sachen un week in de Huken fastsetten dään, weer Moder mål eben nå'n Koopmann röver un leet mi solang alleen in'n Bett. Kuum is se weg, hòör ick de Döör buten opklinken. Ick denk, dat is Grootmoder, de wedderkummt un speel geruhig mit mien Såken, mank de ok noch jümmers de Dodenknåken leeg. Nu gung ok de Stuvendöör op.

„Na, Grootmoder, büst du dat?", fråg ick ut de Slåpkåmer, nå de dree Treed von de Stuuv ropgungen.

Ick krieg keen Antwoort. Un mi löppt wat langs den Rüch as en kole Muus. Swore Schreed kåmt dörch de Stuuv. Ick will schreen un kann dat nich. Ick will ut'n Bett springen un kann mi nich rögen. Trapp! trapp! trapp!, kummt dat de dree Treed nå de Slåpkåmer rop. Un noch en Schritt. Un dor steiht wedder de ole Buer, wiest op sien' linken, leddigen Ärmel un seggt mit en heesche Stimm':

„Giffst du mi nu balle mien Armknåken wedder, du Lusejung, sunst sall di de Düvel hålen!“

Ick weet blots, dat ick mit alle Gewalt opschreet heff. Do full ick beswiemelt trüch in mien Küssens.

Nu harr ick en Trüchfall kregen, as de Dokter sä. Un ick phantaseer wedder eenige Dåg in'n dullst Fever. As dat wedder vörbi weer, dörf ick nich alleen låten warrn. Jümmer seet een in de Neeg oder an mien Bett. So gung dat ok en ganze Tiet goot. De leege ole Buer leet sick nich wedder sehn, un dat weer al meist so wiet mit mi, dat ick den annern Dag dat erste Mål wedder opståhn sull.

Grootvåder seet an mien Bett un vertell mi Geschichten. Dat kunn he goot, ol Grootvåder. De besten weern jümmers de von uns Oorgrootvåder, de 1813 nå de Slacht bi Hagelbarg de Franzosen dörch de bargendüüster Nacht den Weg nå Wittenbarg harr wiesen sullt un den se op en ool Krack von Peerd mit en Lantücht an'n Saddel sett harrn, un ünnerwegens weer he bi't Vöroprieden in so'n groten Nöötboom kladdert un jem so ut de Hannen kåmen. Un denn ok de von de Fro mit den Spegel, in den man allens sehen kunn, wat man weten wull oder ok de von den dreebeenten Håsen in de Bornsche Rummel. Dor weer Grootvåder jüst bi, un ick höör nipp to.

Middewiel is dat åver wedder schummerig worrn. In all de Huken sitt dat swart un lurig. Un miteens höör ick dat dreemål an't Finsterkrüüz kloppen. Un as ick henkiek, steiht dor achter de Finsterruten de ool doode Buer mit den een Arm un måkt en heel dull un wütig Gesicht un drauht mi mit de Fuust un wiest op sien linken Arm, von den jo de Knåken in mien Speelkist liggen dä. „Grootvåder!“, schreeg ick op, „kiek mål den ollen Keerl dor an't Finster!“

As Grootvåder henkeek, weer de Spöök weg. „Ick seh nischt, mien Jung“, sä Grootvåder un streek mi sachen över'n Flasskopp, „du musst woll nu wedder smuck still liggen, sunst kummt dat wedder – du weetst doch!“

Ick lee mi in mien Küssen torüch. Nu een bi mi west weer, harr mi de Spöök nich so böös verfeern kunnt.

Dat wöör heel still in de Slåpkåmer. Blots de ole Kastenklock leet ut de Stuuv ehr langsåm Tacktack hören, un in de Wannen weer de Dodenworm to hören.

„Grootvåder“, sä ick nå'n Wiel, „köönt de Doden wedderkåmen?“

En Tietlang sweeg Grootvåder un söög an sien Piep. Denn so sä he: „Mien Jung, dat sünd so'ne Såken, dorvon verståhn kleene Bengels noch nischt.“

Binå harr ick em verråden, dat ick een sehn harr un dat ick den Dodenknåken ünner'n Bett in mien Kist liggen harr. Åver ick verkneep mi dat Woort, dat mi al op de Tung jöken dä un sleep in.

Nå eenige Dåg weer ick wedder kandidel, as weer nix west. Bots wenn dat Schummern keem, denn heel ick mi bi anner Lüüd in de Neegde, wiel ick doch jümmer noch Bang harr, de dode Buer künn wedderkåmen.

Eenmål nåmiddågs so hen nå Åbend speel ick mit mien' Dodenknåken ganz alleen vör de Döör op den Grasplatz rum. Do keem den Paster sien Söhn vörbi, de *candidatus theologiae*. He bleev ståhn un fråg mi, wat ick nich mit nå Kark wull un em de Bälgen treden, he wull Orgel spelen. Ick süll ok teihn Penn dorför hebben, sett he dorto.

Ick steek mien' Dodenknåken in mien deepe Büxentasch un gung mit em nå Kark, steeg de Toorntrepp rop nå de Döör, de op den Karkböön gung un worneben de Bälgen weern. As dat Klingelteeken von ünnen keem, fung ick an to pedden, jümmer een Balg nå'n annern. Dat harr ick al oftens dån, blots denn weern noch twee, dree anner Jungs dorbi west. Anfangs gung dat jo ganz goot. Åver dat Speel wöör langtöögsch. De Herr *candidatus theologiae* kunn un kunn keen Enn finnen. Un jeedes Mål, wenn ick een von de bütersten Bälgen to fåten harr, smeet ick so'n schuen Blick üm dat Höörn von de Bälgenkamer op den bargendüüstern Karkenböön. Wat kunn in düt Düüster allens versteken wesen! Dood un Düvel un sünst wat!

Mit de Tiet keem ick in Sweet. Wenn so'n verdreihte Balg al wedder in de Hööcht ampelt weer, gung ick as en stöten Bull op em dål. Wull denn de Keerl dor ünnen mit sien Dudelkråm nich ophören? Ut Schåbernack leet ick eenige Mål de hochkåmen Bälgen ståhn un höög mi, wenn he ünnen denn keen' Toon rutkriegen kunn un dull an de Bimmel rieten dä. Achter mi dörch de Toornfinstern keek al de Åbend mit blootrode Ogen. Nich lang mehr un dat Schummern full in Toorn un Bälkenkåmer, und dor harr ick doch so'n Bang vör, wiel ick heel alleen weer.

Dat Düüster op den Karkenböön keek mi jümmer gräsiger an. Dat rode Licht ut 'n Åbend wöör ok jümmer düüsterer as von en groten Brand. „Tack, tack!", sä båben in'n Toorn de groote Toornklock. Un denn so röter dat målins in dat ole Klockenwark, dat ick op'n Dutt scheeten dä as en Hås, wenn de Hund blafft.

Un de speelwütige *candidatus* måk noch jümmer keen Enn. De schien woll ok to glöven, he kunn mi för teihn Penn teihn lange Johrn pedden låten. Ick sweetde al an'n ganzen Liev. Mien Been bevern mi al. Mien Kräften weern op. Ick kunn nich mehr.

Do full mi ok noch mien Dodenknåken ut de Tasch. Ick bück mi un steek em wedder in. Un as ick nu de Ogen hoochkrieg, kummt ut dat Düüster von den Karkenböön de ole Buer mit sien wütig Gesicht op mi to un måkt Mien, mi bi'n Wickel to kriegen.

Ick rünner von de Bälgenbank, rin in'n Toorn, hulterdipulter de Trepp hendål, un de ool Bimmel, de bimmelt, un de ool Orgel, de quarrt as 'n Pogg; åver ick riet ut.

Achter mi rantobüxen kummt de Herr *candidatus theologiae* un schimpt in Bisien von mien Moder un Grootvåder över mi, dat ick eenfach weglopen weer un dat so wat keen Manier weer un wenn ick dat nich wullt harr, denn harr ick't jo man seggen kunnt. Un noch en ganzen Barg mehr. Ick seet sweetig in de Åvenhuuk un rohr. Un mien teihn Penn kreeg ick ok nich.

Un as de Herr *candidatus* ut de Dööör weer, verhöör Grootvåder mi de Bicht. Ick vertell em von allerhand Grünnen, de mööglich un unmööglich weern, sä åver nix von den Spöök.

Miteens kriggt Grootvåder sien Oog op mien Büxentasch.

„Junge, wat heste denn dor in diene Fick?", frågt he, langt to un treckt den Dodenknåken rut.

Grootvåder kickt den Knåken an un kickt mi ut sien scharpe, brune Ogen an, de een dörch un dörch gungen, un seggt:

„Junge, wenn du nich al noog utståhn harrst, denn künn un müss ick di nu mål fest den Mors versåhlen, versteihst!? Heff ick di nich seggt, du sallst den Dodenknåken op'n olen Gottsacker låten, wor he henhöört? Op de Stell geihst wedder nå'n ollen Gottsacker rop un bringst den Knåken wedder hen, wor du'n funnen hest! Åver 'n beten dalli! Låt de Doden ehr Roh, denn låten se di ok in Roh, dat kannst' di man marken!"

Dat hulp nix. Ick müss mit mien Dodenknåken noch in'n sülven Ogenblick losbüxen, un Grootvåder keem achterran. Ich heff em tutig wedder inkleiht, worneem ick em funnen heff. Un as ick mit Grootvåder nå Huus gung, heff ick em de ganze Geschicht bicht.

Do geev dat noch en schöön Lex achterrop. Wat ick nu mien Öllern för Sorgen un Kosten måkt harr, un allens blots, wiel ick nich höört harr, wat oole, klökere Lüüd mi seggt harrn. Ick wöör ganz benaut un verspröök allens un dach so bi mi: wenn doch nu blots de dwatsche dode Buer tofreden is!

Meist harr ick den Spöök al vergeten. Do mutt ick eens Åbends noch mit en Büx för den olen Schäper, de mien Grootvåder as Snieder måkt harr, över den olen Gottsacker nå'n Schåpstall to. De Månd schien so hell, dat dat meist so as bi Dåg weer. Ick fleit mi een un schipper von den Holthoff üm dat Höörn von den olen Koornspieker rum nå'n olen Gottsacker. Bün mi ok nix vermoden un denk an nix. Miteens seh ick den olen Buer wedder anslarpen kåmen von de Kantüffelmiet her, worneem ick sien Knåken wedder inkleit harr. Åver he weer nu ganz fründlich, grien över't ganze Gesicht un wies mi sien linken Arm, den he wedder so goot bewegen kunn as den rechten.

Ick åver de Hacken vör'n Achtersten un in vullen Draff weg nå'n Schåpstall to. Un op'n Nåhuusweg måk ick eegens en Ümweg, blots ut Angst, de leege Keerl künn noch dor ståhn. De süll mit sien' dummerhaftigen Knåken endlich selig warrn. Lang noog harr he al Tiet dorto hatt.

Ick heff åver keen Dodenknåken wedder anröögt. Ick harr de Nääs vull för all Tiet. Bün jo ok mit de Johren grötter un vernünftiger worrn. Bi dat lest seggt åver enkelte Lüüd: „Na, na!“ –

Höörn	= Ecke, Winkel
ampeln	= zappeln, strampeln

Hermann Bossdorf

Spökelmöhl

In't Moor steiht en ole Wåtermöhl
verlåten al lange Tied.
Blot Ulen un Müüs hebbt dor noch jem ehr Speel;
dat Wåter hett sick verlopen,
över't Rad is de Ellhorn kråpen.
Dor spöökt dat, vertellt sick de Lüüd.

Um Middernacht kummt dor en Riedersmann
mit en Peek op en sneewitt Peerd.
Bi den Ellernkluster hollt he an,
un dor hööt man em karmen un janken:
Lütt Hanken! Lütt Hanken! Lütt Hanken!
Bet Klock een to, denn måkt he kehrt.

Un de Uul schriggt em nåh: Uhu! uhu!
nu söök ehr man Möllersknecht!
En groten Hansnarr un Schåpskopp weerst du,
hest hier dien Glück verlåten
un löppst mank de Suldåten,
un keemst doch narns wedder trecht!

Un de Ellern flustert un tuschelt wat
van den Möller sien smätsche Deern:
Ehr blöd um den dullen Bengel dat Hart;
männich Johr hett s' mit Wehdåg hier seten
un kunn em nich vergeten.
Man he bleev wiet un feern.

Un de Nacht fohrt sick nåh't Oog mit de Hand,
un en Steern fallt ehr dål in den Schoot.
Lütt Hanken liggt an de Karkhoffskant:
Se is in den Möhlendiek sprungen,
se hett ehr Leed nich dwungen,
dat würd ehr to swoor un to groot.

Van do an geiht de Möhl nich mehr;
de Möller drunk nåh de Tied,
un allens gung em verdwars un verdweer.
Dat Wåter hett sick verlopen,
över't Rad is de Ellhorn kråpen.
Dor spöökt dat, vertellt sick de Lüüd.

Peek	= Pike, Lanze
karmen	= wehklagen
janken	= 1. wimmern, 2. sich sehnen
smätsch	= schmiegsam, schlank

Hans Ehrke

De dode Möhl

Se reckt as en Krüüz, wuchtig un groot
swart in dat glönige Åbendroot.

Dat Möhlwark slöppt. De Flögel ståht still;
de Wind drifft mit de Stengen sien Spill.

Tobråken de Wänn, tobråken dat Dack.
De ganze Möhl versludert un wrack.

Båb'n op'n Böön sitt de Storm to huuln,
Nachtquarteer för de Katten un Uuln.

De Möllersch, de weer en jungfrisch Bloot.
De Knecht, de weer ehr von Harten goot.

En stickdüüster Nacht mål … En Stoot un en Schrie.
„Möller!" … „Mann!" … Dat is lang vörbi.

Nächtens, denn spalkt un spöökt he dor binn',
de Möller, un kann sien Roh ni finn'.

Nächtens ümmer, vun twölf bet een,
höörst du dat süüfzen, höörst du dat ween' …

Glinstert en Eck? … En Spöök, de dor öögt? …
Dör't Dack en Steernblink. Sünst nicks, wat sick röögt.

In jichens en Luuk en Uul, de dor sitt,
huult un jault: „Kumm mit! Kumm mit!“ …

Stoot = Stoß
spalken = lärmen, toben

Heinrich Erichson
Ne gräsige Nacht

An en’ rusigen Winteråbend, as wi wedder so gemütlich achter ’n warmen Åben seten, un de Schienlamp, de mien Mudder eben up den groten Klappdisch henstellt hadd, so ’n behåglichen Schimmer över uns’ lütt Wåhnstuuv utbreiden däd, säd mien Vadder, as wi em wedder um ’ne Geschicht angüngen: „Ach, Kinner, mi ’s hüüt Åbend gor nich nå Geschichtenvertellen tau Maut. Bidd Bruhns man! Dei ward ’t woll dauhn.“

Bruhns wier nämlich uns Gesell un künn ok wunderschön vertellen, denn hei harr sick wat versöcht un wier lang up Wannerschaft west. Ja, sien Reisen harrn sick sogor von de Gabuscher bet in de Teterowsch’ Gegend utdehnt, un dat will wiss veel seggen. Hei wir indessen man still un swår taun Reden tau bringen. Wenn hei åver würklich mål wat vertellen däd, denn füng hei jedesmål an: „As ick noch dor båben rupper, bi Teterow wier …“ un so wieder.

Blot wenn hei ’s Sünndågsnåmiddags ut ’e Stadt keem, wo hei sick regelmäßig en lütten nüdlichen Swipps köfft hadd un för uns Kinner ’ne groot’ Tüüt voll Bongers, denn wir hei gewöhnlich en beten sihr redselig – so, wat sick am besten mit drönduun beteiken lett – un vertell uns denn ümmer allerhand grugliche Geschichten von Liekentög un Henrichtungen, dei för em up 'e Landstråt ogenschinlich west wiern, åhn dat de annern Dörplüüd, mit de hei tau Gesellschaft gåhn wier, dor wat von markt hadden.

Ja, Schulten Jochen wir sogor mål bi en Krüzweg båben över en Liekentog weg gåhn un hadd mit sien groten Smeersteveln, de ünnen dick mit Pinnen beslåhn west wiern, den Kinnersarg, wo 'ne lütt Prinzessin in legen hadd, tau Graus un Maus pedd't. Em wir ümmer heit un kolt worden, as em dat vor Ogen kåmen wier, un hei hadd dacht, de Nåfolgers würden Schulten Jochen woll ornlich de Jack vull slågen; åver nicks wir passiert. Un as hei dun tau Jochen seggt harr, wo hei einmål över'n Sarg gåhn un den kort un klein pedden künn, harr dei em wat utlacht un seggt: „Ach dröön! Du büst jo woll duun?"

Un as de annern em dunn ok hoch un heilig versekert hadden, sei harrn afslut nicks seihn, dunn wier em irst infollen, dat hei as Sünndagskind – hei wier nämlich an en' Sünndagmiddag twüschen twölf un ein up 'e Welt kåmen – mitunner allerhand tau seihn kreeg, wat anner minschliche Ogen verborgen wier. Natürlich harrn de annern nåhsten gefährlich över em spitåkelt un em för duun un verrückt schullen; åver em süllen sei dat nich utreden, denn geven däd 't so wat, dor künn einer sick hillig up verlåten.

In 'n övrigen wir Bruhn indess en harmlosen, seelensgauden Kierl, de kein Kind wat tau Leden däd. Blot de Frugenslüüd müggt hei nich lieden un wier in'n ganzen nich gaut up dei tau spreken, denn as ick em mål fråg, wat de Baukståven up de Wochentåfel S. M. D. M. D. F. S. – wo dat Datum ümmer mit Kried ünner schreven wier – bedüden süllen, dünn säd hei: „Dat heit, mien Söhn: Süh – Mann – du – möst – dien – Fru – slåhn! Denn de Frugenslüüd dögen in de Wörtel nicks; de möten all Schacht hebben.“

„Mien Mudder ok?“, fråg ick dunn.

„Jung!“, säd Bruhn, indem hei mi ganz verdutzt ankeek, „Jung, wo kümmst du up so ’n Fråg? Nee, dien Mudder nich. Denn dei höllt ehr Wirtschaft ümmer gaut in Ordnung un steiht ok mål in de Smäd mit vör, wenn Not an’n Mann is. Nee, mit dien Mudder, dat is wat anners. Åver wat süs noch in’n Ünnerrock rüm löppt, dat möt all nå de Reig weck up ’t Fell hebben.“

Na, as wi em an den Åbend, an den mien Vadder dat Vertellen aflehnt harr, um ’ne Geschicht bidden däden, schurrte hei ierst ’ne Tietlang up ’n Stauhl hen un her, keek dunn so frågwies nå mien Mudder röver, wat dei dor ok woll inverståhn wier, un as dei dunn mit ’n Kopp nicken däd, füng hei ok richtig nå sien oll Gewohnheit an: As ick noch dor båben rupper bi Teterow in Arbeit stünn, dunn harrn wi en Inspekter up unsen Hoff, dat wier so ’n rechten gnittschääfschen, dreidrätschen Kierl. Wenn hei sick mål vör de Smäd seihn leet, denn güng mi al ümmer ornlich en Grugel an, wiel de Gast an allens, wat wi för den Hoff måken däden, wat tau mäkeln un uttausetten harr; ball wir em dit un ball wir em dat nich gaut naug. Un dorbi harr hei so’n enfamte Manier, einen sien Untaufredenheit ünner de Nääs tau rieven, un sien Redensårten wiern ümmer so utverschåmt spitzfünnig, dat ’n em am leivsten einen mit ’n Handhåmer vör ’n Kopp geven harr. För de Daglöhners, hauptsächlich åver för de Knechts un Hoffgängers wier de Swienegel indessen noch veel leger as för uns, denn mit de sprung hei um, as uns Scheper åbends mit sienen Hund, wenn dei em den Dag över nich pariert hett, dat heit, hei tröck ehr gliek weck mit sienen Handstock över 't Krüz.

Blot gegen sienen Herrn – de früher in 't Preußsch Rittmeister west wier – künn de Hallunk verdeuwelt krupen un kattenfründlich sien; un wenn hei mål mit den tausåmen dröp, denn würd' hei so smiedig as so 'n Eidechs, dei in en Hümpel Stein rümmer wutscht, un sien Gesicht würd denn so säut utseihn, as wenn 't ut luter Honnig un Zucker tausåmen backt wier, un denn güng dat ümmer Herr Rittmeister vörn un Herr Rittmeister hinn'.

Na, nu harrn wi mål tau Micheli en niegen Daglöhner kregen, un twors wier dat en groten, breitschullerigen Kierl mit so'n gesunn' Klür in 't Gesicht, as wenn hei dat ewige Leven vörstellen süll. En poor von uns' Daglöhners – dei em von früher her kennen däden – säden åver, dat em de geringste Arger so in Upregung bringen däd, dat hei brun un blag utseihn würd un vör luter Swindel nich up de Bein ståhn künn. De Mann wir verfriegt un harr en Stücker fief bet söss Kinner. Un dor, wo hei her keem, müggt em dat ok woll gråd nich tau'n besten gåhn sien, denn fehlen däd't em an all Ecken un Enn'. Un as hei sick dunn 'ne Kauh köpen wull, harr hei dat Geld nich dortau un wull dat ut de Daglöhners ehr Kauhkass leihnt hebben. Dei harrn åver sülben man knapp Geld un säden, hei süll man nå 'n Herrn gåhn, dei würd 't em woll geven.

Wulf – so heit de Daglöhner nämlich – geiht denn ok nå 'n Inspektor – denn de Herr Rittmeister kümmer sick um so'n Såken nich – un nå en lang' Predigt gifft dei em ok föfftig Dåler ünner dei Bedingung, dat hei em dat nå un nå von 't Daglohn wedder aftrecken kann.

Na, gaut. De Kauh ward anschafft, un in de iersten poor Monåt geiht dat mit dat Lohnaftrecken ok ganz gaut. As åver dunn de Daglöhner – de woll eklich in de Klemm' sitten müggt, indem hei noch olle Schullen aftaubetåhlen harr – den Inspekter mål 's Sünnåbends bi 't Utlohnen bidden deiht, wat hei em hüüt nich sienen Lohn utbetåhlen un den Aftog bet up 't neegste Mål låten will, denn hei wull sien Kinner, de nicks mihr antautrecken harrn, tau Wiehnachten giern en warm Stück Tüüg up 'n Liev köpen, dunn geiht de Larm los. – De Inspekter toovt as en wild Diert in de Stuuv rüm un seggt: Dat wier 'ne Utverschåmtheit von em, un snackt von Lumpenpack un Snurrerwoor, un mag em jowoll süs noch leeg Würd geven hebben, denn Wulf geiht, åhn sienen Lohn tau nehmen, ganz brun in 't Gesicht ut de Dör ruter, tummelt nå Huus, wo hei sick furtsen tau Bett leggt, indem hei mit so 'n starken Swindel behaft't is, dat hei sick nich mihr över Enn' hollen kann. Un den annern Morgen geiht 't denn ok in'n Dörp rüm: „Wulf is över Nacht doot bleven."

Sien Fru rohrt jo denn nu bi de Nåhwerslüüd ümher: wo dat einmal warden süll – sei seet nu dor mit ehr söss Kinner un harr nicks tau leven. Ja, sei harr jo nich mål en Schilling Geld in'n Huus, dat s' ehren Mann begråven låten künn. Ehr Elend wier doch tau un tau groot.

Un as sei dor noch so rümmer barmt un lamentiert, kümmt en Slachter ut Teterow an tau gåhn un frågt Hus bi Hus, wat nümms Veih tau verköpen hett. Dunn geiht dat de Fru mit 'n mål dörch 'n Kopp: „De Kauh! De Kauh! – Ick kann mi nich anners helpen; mag dor nå kåmen, wat dor will." – Sei geiht denn ok mit den Slachter nå'n Hoff rupper, nå't Veihhuus, wiest em ehr Kauh un ward ok ball över den Pries mit em einig, denn nå Hanneln is ehr gornich tau Maud. De Slachter hännigt ehr dat Geld ut un drifft mit de Kauh af.

Wulfsch geiht nu nå ehr Huus trügg, treckt sick ehr sünndågsch Tüüg an un seggt tau ehr Kinner, de all mit verweinte Ogen in de Stuuv rüm sitten: „Ick gåh nu nå Stadt un will den Sarg bi'n Discher bestellen un en Dodenhemd för Vadding köpen. Nu blievt ok still hier besitten un schickt ju ok gaut!"

Dormit nimmt sei en Deil von dat Geld, wat sei eben von den Slachter kregen hett, an sick, un dat anner leggt sei ünner ehren Mann sien Koppküssen, indem sei tau ehren öllsten Jung seggt: „Wenn hier wen kåmen süll – dat du jå nich seggst, dat ick Geld ünner Vadder sien Koppküssen leggt heff; hürst du?"

Un dunn kickt sei noch lang in dat eben Gesicht von ehren Mann, wischt sick dorup mit ehr Schört de Trånen ut 'e Ogen, seggt adjüs un geiht.

So gegen Middag kümmt de Inspekter ut 'e Kirch trügg – denn hei wier ein von de ganz Frommen – un as hei eben an't Veihhus vörbi is, kümmt de Kauhhirt em nå tau gåhn un seggt: „Gu'n Dag, Herr! Ick wull Sei ok man mellen, dat Wulfsch hüüt Vörmiddag ehr Kauh verköfft hett."

„Wat?", seggt de Inspekter, „wer hett ehr Kauh verköfft?"

„Wulfsch", gifft de Kauhhirt tau Antwurt.

„Is Hei unklauk?", ranzt de Inspekter em dunn an, „wo kann dat Minsch ehr Kauh verköpen? Dei hürt ehr jo gor nich! Worum hett Hei mi nich gliek wen nåschickt un hett mi dat mellen låten?"

„Je, Herr, ick wüsst ok nich, wo Sei hen wier'n, un denn dacht ick ok so …"

„Ach wat!“, snitt de Inspekter em dat Wurt af, „Hei hett hier gor nich tau denken; versteiht Hei mi? So dråd hier so wat passiert, hett Hei mi einfach Orrer tau schicken; wieder nicks.“

Un dunn eselt hei den Kauhhirt dor ganz gruglich ut un smitt em einen Döskopp un Schåpskopp nå ’n annern an ’n Hals un seggt tauletzt: Dat müsst hei natürlich den Herrn Rittmeister mellen, un wat ’e denn nå kåmen däd, dat würd woll nümms vörher weiten könen; åver ’t Wegjågen würd woll noch dat Gelinnste wesen, wat em för sin Nahlässigkeit bedråpen däd; denn dat wir ganz seker, dat hei wedder nich up sienen Deinst passt hadd. Un ein för alle mål wull hei em nu man seggen, dat dat In’n-Huus-Rümliggen un Bramwiensupen uphürn süll; dor künn hei sick hellig up verlåten.

Dormit geiht de Herr Inspekter nå Huus un lett sick dat Middageten prächtig smecken, denn wat Eten un Drinken anbedröppt, wier hei en richtiges Weltküken, un den schönen, saftigen Gausbråden wull hei sick wegen de Wulfsche Angelegenheit doch nich girn ut de Nääs gåhn låten. Un as hei dunn noch en poor Stunn’ up ’n Sofa rüm runkst hett, geiht hei so gegen halvig Nåmiddag nå den Daglöhner Wulf sien Wåhnung dål.

As hei dor rin kümmt, sitten de Kinner all up einen Hümpel an ’e Ird, un de öllst Jung hett en Stummel Talglicht ansteken un beedt in einer Wies dat Vaterunser, wobi em de hellen Trånen ümmer över de Backen lopen. Sien Swestern und Bräuder – mit Utnåhm von den ganz Lütten – rohrn to Gesellschaft mit. Links an de Wand steiht de groot Gedinenbettstäd, wo de dodig Daglöhner in tau slåpen schient, denn sien Klüür hett sick ok nich en beten verännert.

Natürlich ståhn de Kinner bi den Inspekter sien Ankunft all up un seggen: „Gu'n Åbend, Herr!"

De Herr Inspektor höllt dat över nich för nödig, de Lütten tau danken, geiht furts up den öllsten Jung tau un frågt em mit basche Stimm, wo sien Mudder is.

„Dei ist nå Stadt gåhn", seggt de Jung.

„Wennihr?", frågt de Inspekter.

„Hüüt Vörmiddag", gifft de Jung tau Antwurt.

„So?", meint de Inspektor un frågt dunn, indem hei den Jungen scharp in de Ogen kickt: „Wo hett dien Mudder dat Geld låten, wat sei för de Kauh böört hett?"

„Dat weit ick nich", seggt de Jung.

„Dat weißt du nich?", fohrt de Inspekter em an. „Kumm mi hier nich mit Lögen! Ick seih di 't an de Ogen an, dat du mi wat vörlüggst." De Jung åver blifft ümmer bi desülwig Antwurt, un as de Inspekter afslut nicks wieder ut em ruter kriegen kann, ward hei falsch, hålt sick den Bengel över 't Knei, indem hei seggt: „Na, täuw! Ick ward di dienen Verstandskasten mål en beten upknöpen!" un haugt em mit sien Riedpietsch, de hei ümmer in einen von sien Stülpsteveln steken harr, gottsjämmerlich dat Ledder vull. De Jung brüllt natürlich, as wenn't em an 't Leven geiht, un as hei dat tauletzt vör Brennen un Weihdåg gor nich mihr uthollen kann, bringt hei ünner Rohrn un Snucken ruter: „Sei hett 't ünner Vadder sien Koppküssen leggt."

„Na, sühst du woll, du Lümmel! Nu weißt du 't jo doch", seggt de Inspektor, lett den Jungen los, geiht up 't Bedd tau un langt ünner 't Koppküssen, um dat Geld an sick tau nehmen.

Gråd in dissen Ogenblick åver böört de dodig Daglöhner ganz eben sienen rechten Arm in 'e Höcht, un mit einen Ruck packt hei dunn den Inspektor sien Handgelenk un umklammert dat mit sien arbeitsharten Finger so fast, dat de Inspektor vör Schreck un Weihdåg luut upschriggt un in halve Beswimnis up en Stauhl dålsackt, de taufällig an ’t Koppenn von ’t Bett steiht.

Dunn is ’ne Tietlang allens still in de Stuuv.

De Kinner hebben sick so verfiert, dat ehr de Kehl as tausnürt is un ehr binå de Åten utgeiht.

De Daglöhner liggt wedder stiev un starr dor, un de Inspekter bevert an ’n ganzen Liev, gifft åver keinen Luut von sick.

Endlich fangt ein von de Lütten fürchterlich an tau rohrn, un as de annern dunn all mit instimmen, kümmt de Inspekter so wiet wedder tau sick, dat hei sick upricht un mit all Gewalt sienen Arm ut den Daglöhner sien Hand losrieten will, indem hei ümmer luuthals röppt: „Låt Hei mi los! Låt Hei mi los!“

Sien Handgelenk sitt över so fast in Wulf sien Finger, as wenn ’t in en Schruuvstock spannt is, un as allens Trecken un Rieten nicks nützt, föllt de Inspekter wedder up ’n Stauhl trügg un ward utseihn as de Kalk an ’e Wand. As hei jüst wedder dål sackt is, geiht de Dör åpen, un Wulfsch, de eben ut de Stadt trügg kümmt, verfiert sick bi den Anblick so dägten, dat sei dat Poppier, wo ehren Mann sien Dodenhemd inwickelt is, up ’e Ird dål fallen lett un röppt: „Jesus, Christus! Wat is dit?“

Un as sei dunn nå dat Bett ran gåhn will, ward ehr mit ’n mål allens swart vör de Ogen, un sei sleiht lingelang in de Stuuv hen.

De Kinner fangen jo nu noch düller an tau schriegen, un ball dorup kåmen denn ok weck Nåhwerslüüd antaulopen, um nåtauseihn, wat in Wulfsch ehr Wåhnung passiert is. Un as sei dunn dat grugliche Elend tau seihn kriegen, ward dat dor en fürchterlichen Upstand. De Frugenslüüd slåhn de Hänn över 'n Kopp tausåmen un fangen luut an tau krieschen. Un stats antaufåten un tau helpen, geiht dat ümmer: „Ach, du leive Gott!" un: „Jesus, Christus!" un: „Herr Gott in 'n Himmelsthron!" un: „Mein Gott un Vater, so 'n Elend!"

Tau'n Glück is åver de Scheper mit rüm kåmen, un as dei de Daglöhnerfru dor liggen süht, nimmt hei s' ok, åhn sick tau besinnen, furts in de Arm, dröggt sei nå de Kåmer rin un leggt sei up de beiden öllsten Kinner ehr Bett hen. Dorup röppt hei nå Wåter, wat ok gliek von sien Fru bröcht ward, un gifft Wulfsch tau drinken. Na, dei verhålt sick denn ok ball, un de Scheper geiht dunn fix nå de Stuuv' rin, um nåtauseihn, wat denn dor eigentlich mit den Inspektor vörgåhn is. Un as hei dunn ok versöcht, den sien Handgelenk los tau kriegen, wat em åver ebenso wenig glückt as den Inspekter sülben, seggt hei tau ein von de Frugens, de dor ehr Mulåpen verköfft: „Gåh mål furts nå'n Hoff rup un segg den Vågt: hei süll up 'e Städ anspannen un so rasch as möglich den Doktor hålen låten. Hier wir en groot Unglück passiert. Un wenn hei jichtens afkåmen künn, süll hei sülben führ'n, denn up de Knechts wir ünner so 'n Ümstänn' kein Verlåt."

Na, dat geschüht denn ok, un as de Doktor kümmt, versöcht dei natürlich ok allens mögliche, den Inspekter sienen Arm frie tau måken; åver ok ditmål blifft dat bi den Versäuk, denn Wulf sien Finger sitten noch ebenso fast um den Inspekter sien Handgelenk as tau Anfang.

As dat nu ok wedder vergeevs is, bidd de Inspekter, de sick intwüschen wedder en beten verhålt hett, den Dokter:

Hei süll doch den Daglöhner de Hand afnehmen, denn sien Arm wir al so dick answullen, dat hei 't vör Brennen un Weihdåg nich mihr uthollen künn.

Je, säd de Dokter dunn, so giern as hei wull – åver den Mann tau verstümmeln, dat künn hei nich up sien Geweten nehmen, denn nå sien Övertügung hannel sick dat hier um Schiendoot. Un nå minschliche Bereknung müsst de Mann wedder upwåken, wat möglicher Wies ball gescheihn, wat åver ünner Umstänn' ok noch stunnenlang wohrn künn.

Na, dat hülp jo denn nu nicks; de Inspekter müsst' sick in sien Schicksål ergeven.

So sitt hei denn ok dor, kriedwitt in 't Gesicht, un stöhnt ümmer lies' vör sick hen. Un as de Dokter, de vergeevs alle möglichen Mittel anwennt hett, den Daglöhner in 't Leven trügg tau raupen, weg gåhn is, seggt de Stallknecht Warnk – de up den Dokter sien Anordnung dor wachten möt un kein Oog von den Inspekter wennt – ümmer still vör sick hen: „Süh täuw! Nu hest dienen Lohn för dien Minschenschinnerie! Dat schåd't di nicks! Dat schåd't di gor nicks!" — Un denn wedder: „Holl em wiss, Wulf! Holl em jo wiss!"

As åver dunn de Klock eben fief slågen hett, ward de Daglöhner sick rögen, måkt de Ogen so half åpen un seggt mit liese Stimm: „Wo bün ick, Anna?"

Sien Fru, de al siet en poor Stunn' an't Enn von't Bett sitt un den Doden in einer Wies' ankickt, springt mit 'n mål up, föllt ehren Mann um 'n Hals, küsst em un seggt: „Bi mi, Fritz! Un uns Herrgott is bi uns beid."

„Ja, un de Düwel ok!", seggt Warnk bi sick sülben, indem hei scharp nå den Inspekter röver schult. Dorup lösen sick den Daglöhner sien Finger ganz sachten von den Inspekter sien Handgelenk, un dei süfzt luut up, as wenn einer ’ne groot Last von em nåhmen harr un tummelt ut de Dör ruter, åhn wieder en Wurt tau reden. Warnk geiht achter em an, indem hei seggt: „Ick mööt woll man mitgåhn un em en beten över Enn hollen, denn süs föllt hei uns womöglich noch um.“

De Daglöhner verhålt sick denn nu ball so wiet, dat hei reden kann un vertellt dunn sien Fru: hei hadd allens hürt, wat um em vörgåhn wier, över hei wier nich in ’n Stann’ west, en Glied tau rögen. Un as de Inspekter den Jung so slåhn hadd, wier hei in ’ne grugliche Upregung geråden, un dei hadd em jowoll in den Ogenblick so veel Kraft geven, dat hei den Inspekter sienen Arm packen künnt hadd. Åver wat nåhsten noch passiert wier, dat wüsst hei ok nich, denn von den Ogenblick an hadd em de Besinnung verlåten.

Na, en påår Dåg låter wier Wulf denn ok wedder so wiet, dat hei up ’e Arbeit gåhn künn.

Mit den Inspekter güng ’t indessen nich so gaut af, denn de Schreck wir em so in de Knåken fohrt, dat hei över vier Wochen krank liggen däd. Un as hei dünn wedder rut keem, sehg hei höllisch minn’ un smallbackt ut un harr en ganz griesen Kopp kregen. Ok süs harr hei sick verännert, denn von dei Tiet af wier hei verdeuwelt still, un sien Dåg hett hei kein’ wedder pisackt un schuriegelt, Wulf vör allen Dingen nich, denn den güng hei ümmer so wiet as möglich ut ’n Weg.

As ick späder dor frömd würd, wiern sei all beid noch in ’n Dörp. Åver wat nåhsten ut ehr worden is un ob sei noch an’n Leven sünd, dat kann ick jug mit den besten Willen nich seggen, Kinner; denn ick heff siet dei Tiet nicks mihr von ehr hürt.

„Herre Gott!“, säd mien Mudder dunn, „dat ’s jo ’ne grugliche Geschicht, Bruhn! Da ward einen jo ornlich bi gräsen.“

Un mien Vadder: „Na, Bruhn, dor hest du“ – denn tau dei Tiet säd de Meister noch du tau sienen Gesellen – „dor hest du uns woll wedder schön wat vorlågen! So’n Geschichten möst du övrigens de Kinner nich vertellen; dor grugen sei sick jo so, dat s’ de half Nacht nich slåpen könen. – Åver nu ’s ’t woll Tiet tau Bett. Na, denn gu’n Nacht ok!“

Pinnen	= kleine Nägel
Hoffgängers	= Tagelöhner
Snurrer	= Bettler
gnittschääfsch	= missgünstig, boshaft
smiedig	= geschmeidig, weich
dreidrätsch	= grob, stark (dreidrahtig)
Orrer	= Order, Nachricht

Johann D. Bellmann

De Håhnenkutsch

Wat ruschelt un kuschelt, wat brickt dor in'n Busch?
Wat suust dor un bruust, husch husch un husch husch?
Wat sleit dor in'n Dörp de Toornklock för'n Stunn'?
Wat roopt dor de Ulen, wat bellt dor de Hunn'n?
Wat kreiht dor un kriescht, wat schreet dor: Tiri?
Dat frågst du, Wolf Eisten, un dat frågst du mi?
Dat is de Håhnenkutsch, de gruusige Jagd! –
Wat roopt dor de Ulen? Se lacht, se lacht!
Wat huult dor de Hunnen? Dien Dodengesang!
Dat huult se, Wolf Eisten, du büst doch nich bang?
Dor kummt se, Wolf Eisten, dor ünn'n ut de Lunk!
Nu wohr di, Wolf Eisten, nu denk an den Sprung!
Denk an den Sprung, anners nimmt se di mit,
Denn gnåd di, Wolf Eisten, ton Håhnenkutschritt.
De Dwarg is de Kutscher, de Guldsarg de Kutsch;
So lütt as de Sarg is, so groot is de Rutsch;
De Rutsch dörch de Wischen, dörch Dieken un Busch,
Dörch Gråben un Diemen, husch husch un husch husch.
Denn hool di, Wolf Eisten, de Kutsch hett keen Krück,
Un fallst du, Wolf Eisten, denn brickst dat Genick. –
Dat rötert un klötert, dat bellt un dat kreiht,
De Büsch gleiht as Füer, de Stoppelwind weiht.
De Kutsch de jågt los, twee Håhnen vörop.
De Dwarg knallt un kriescht: Galopp, he Galopp!
Se kummt op di to, Wolf, Wolf Eisten, geev acht!
Nu wohr di nå Siet, anners grippt di de Nacht!
Wolf Eisten ward iesig von Kopp bit to Schoh.
Nu fåt he di an! – Un do slöög Wolf to.

Wolf Eisten de steiht, nich koolt un nich warm.
He steiht dor as Steen, noch höllt he den Arm.
Denn sackt de em dål. Mitmål ward em hitt.
De Språk, de is weg. Sien Hoor is sneewitt.

Johann D. Bellmann hat diese Nindorfer Spukgeschichte auch in seinem Hörspiel „Dat Callgirl – oder Scheherezade mutt starven" gestaltet:

„Twüschen uns Dörp un dat Nåverdörp, dor liggt 'n deepe Lunk. Un dörch de Lunk, dor löppt de Reyenbek, un över den Reyenbek geiht de Weg nå Buxtu, dorhin, wo de Hunnen mit den Steert bellt. 's nachts Klock twölf nu, so vertellt de Oolen, 's nachts Klock twölf, wenn de Klock von'n Karktoorn sleit, kummt dor de Håhnenkutsch ut'n Busch. Dat is en Kutsch, mål so lütt as en Kinnersarg, un en Dwarg sitt dorop, de drifft veer Håhnens mit de Pietsch an – op den Klockenslag twölf – Un dat klötert un knackt, un dat knallt un kreiht, un dat brickt un knickt dörch de Håsel un Ries, dörch Fuhren un Dannen, liek op den Weg to un stuuv över weg. Un wenn du dor büst, un de Dwarg kriggt di fåt, denn nimmt he di mit över Stock un Steen, dörch Wischen un Wohld, över Plooglaud un Heid – de ganze Fildmark dörch bit an't anner End, wo de Guldbek in de Iss (Este) löppt ... Hest du di fasthool'n, kannst nå Huus gåhn, fallst du rünner, brickst dat Genick."

Carl Groth

De Fööt in 't Füer

„Dien Fründ Erwin schall in 't Krankenhuus liggen", sä Hanna to mi, „villicht schusst em mål besöken. Sünst ward sick woll nüms um em kümmern."

„Dat magst glöven! Nüms ward sick um em kümmern un ick ok nich! Un mien Fründ is he noch lang nich; is he domåls ok nich ween! Wi sünd woll mit'nanner nå School gåhn un hebbt ok to lieke Tiet studeert un hebbt allerlei Undöög tosåmen måkt, man wi sünd doch nie nich Frünnen ween!"

Ick dach, dormit harr ick dat afwimmelt un fråg ehr noch so blangenbi: „Wat hett he denn? Måkt he dor 'ne Entziehungskuur?"

„Nee", sä se, „ick heff wat von Brandwunnen höört." Un dormit güng se ut de Döör un leet mi mit miene Gedanken alleen.

Ja, Erwin weer dat leven Bispeel dorför, woans een ünner de Rööd kåmen kann, ehr dat he dat sülvst gewohr ward. Bit vor twee Johr'n sehg dat all noch heel normal bi em ut, man denn güng 't Slag op Slag.

Toeerst verloor he siene Arbeit, ohn dat he wat dorför kunn. As he denn dat Supen anfüng, leep em sien Fro weg. Sien Hilke weer woll jüst nich en Fro, mit de een dör dick un dünn lopen kunn. Un denn duer dat nich lang un he wöör ut sien Wåhnung rutklågt: He harr de Miet nich mehr betåhlen kunnt. Erwin weer keen, de op sien Recht besteiht; he güng narmswo gegenan. Un so seet he eens Dågs op de Stråt. Un ut ene Oort verqueren Stolt wull he sick ok vun nüms hölpen låten.

So harr uns Gemeen opeens en' Penner, för den wi uns egentlich all schåmt hebbt. Man he leet sick nix seggen, kapsel sick af un keem jümmers deeper. Sien Geld ut de Sozialkass versööp he ok, un so kunnen wi blots töven, dat he sick jichtenswenn besinnen dä.

Ick heff den Besöök noch en poor Dåg vor mi herschåven. Wat heet hier Brandwunnen, dach ick; hett sick woll an 't Lågerfüer de Finger verbrennt, de Penner! Villicht wull he ok blots mål wedder in en witt Bett slåpen, un wat een sünst all so dör 'n Kopp geiht, wenn een sick ut so 'ne Såk rutholen will. Man oplest güng ick doch hen nå 't Krankenhuus. Ick wull mi nich nåseggen låten, ick harr mi nich um em kümmert – jüst ick nich, wo wi doch mål Schoolkamraden west weern.

He leeg stoppelig in 't Bett. Siene Fööt weern bandageert un keken ut de Bettdeek rut. As ick in dat Zimmer rinkeem, wöör he mi toeerst gor nich recht gewohr. As wenn he sick vun wiet weg eerst torüchfinn'n müss.

Na, dach ick, so 'n beten schaneerlich is dat ja ok för di, un dorüm kickst du ok woll so en beten wunnerlich. He wuss ok nich, wat he sick över mien' Besöök nu freien schull oder nich. Åver nå 'n Tiet füng he doch an to snacken.

Ohn dat ick em dornå frågt harr, sä he unvermodens: „Ick weet nu, wokeen ick bün un woneem mien Seel herkümmt! De frömde Mann hett mi dat wiest.“ Un dorbi kreeg he so'n güntsiedig Plieren in de Ogen.

Ick heff nich verståhn, wat he meen. Ick dach al, he weer en beten konfus worrn, un sä, wenn em dat goot dä, dennso schull he man driest wiedersnacken, ick wöör em geern tolustern. Heel langsåm keem he denn mit sien Vertell'n togangen. He hål deep Luft, keek op siene bandageerten

Fööt, de utsehgen, as hören se to en Mumie, un sä tögerlich: „Ick stünn op uns Båhnhoff, so as ick dat in de lesde Tiet oftens dån heff. Ick weer mit miene Gedanken åver wiet weg. Ick heff an uns Schooltiet dacht, un mi keem wat in'n Sinn, wat du ok woll noch kennst: Düt Gedicht, wat wi dunn in de School lehrt hebbt: „De Fööt in 't Füer" von Meyer, düssen Conrad Fernand.

Ick heff dor vördem nie an denken müsst, un ick heff mi ok domåls nich recht anfrünnen kunnt mit de Geschicht. Heff jümmer minnachtig vun em dacht, de sä ‚de Wråk is mien, seggt Gott'. Worum hett he düssen Keerl, de siene Fro mordet harr, nich ümbröcht? Düsse Håsenpoot! – Nee, ick heff den frommen Hugenott jümmer veracht, de bang um sien Seel weer un den Mörder lopen leet.

Sünnerboor, dat güng mi so dör'n Kopp, as ick dor stünn op den Båhnhoff. Denn keem unverwohrens en Frömden, en witthorigen Mann an mi vörbi – en Herr schull ick beter seggen. Un ehr ick mi versehg, steek de mi en Teihnmarkschien to un keek mi so stier in de Ogen, as wull he wat in mi verbrennen … ! As de Mann denn weg güng, weer mi dat, as würr ick ut en Hypnoos opwåken. Man jümmer noch sehg ick düssen witthorigen Mann vör mi! Ick heff mi för de teihn Mark en Buddel Rum köfft; heff mi dat in Buer Thiessen sien Schüün in Wellmersdörp kommodig måkt. Dor geev 't frisch Stroh, un dröög weer dat dor ok.

In de Rumbuddel leet ick jümmer mehr Luft rin. Ick harr vördem nich veel to eten un weer denn woll sprüttenvull. Versteihst, dat is en schön Geföhl, wenn du mål diene Gedanken utknipsen kannst.

Oplest leeg ick bårfoots in 't Stroh un heff mi vun binnen bekeken. Ick mutt woll wiet weg west sien un so deep slåpen hebben, dat ick vun nix wat markt heff – vun rein gor nix!

Ick bün eerst to Besinnen kåmen, as mi de Nåverslüüd ut dat brennen Stroh ruthålt hebbt. Man do, do weern mien nåkelte Fööt al verbrennt, un do heff ick dat vör miene egen Ogen sehen: Ick, ick weer in Frankriek de Suldåt, de in mien vörig Leven de Fööt vun düsse Fro in't Füer hett verbrennen låten! Ick höör dat noch: ‚Geev em rut', un se swiggt, ‚geev em rut', un se swiggt wedder, un ehre Fööt zierst in 't Füer, in de Gloot. Jå, de Unminsch weer ick, un mien arme Seel mutt nu dormit fardig warrn! Un mit miene verbrennten Fööt sitt ick nu jüst so an as de Fro domals!"

„Na", sä ick, „du wullt doch nich segg'n, wat du an Seelenwannern glöövst? Un överhaupt, dat is doch blots en Gedicht! Du büst woll en beten dör'nanner kåmen bi all dat Malöör!?"

„Segg sowat nich", wöör he füünsch. „Ji möögt glöven, wat ji wüllt; un wat de Christen all so seggt, dat is ja ok man blots Gloven! Würklich weten doot se ja nix, rein gor nix! Åver ick, ick weet, wo dat um mi steiht. Un wat se vun de Arfsünn so snackt un gloovt, dat is doch all man botterweken Kråm.

Ick heff domåls groote Schuld op mi lådt! Is dat en Stigma? Ja, mit miene verbrennten Fööt bün ick stigmatiseert – so seggt een doch dorto?

Nee nee, kumm mi nich mit Himmel un Höll un Jüngst Gericht un so. Miene Seel is siether nich in en Höll ween un in 'n Himmel al gor nich; wat schull se dor ok? Nee, de Höll is jümmers hier op de Eer! – Männicheen markt dat blots nich – åver siet ick dat Vörleven von miene Seel kenn, is se nu in düsse Höll hier! Un dor mutt ick ehr ruthalen. – Ick! – Hier un nu!!

Ick heff en Barg goot to måken in düt Leven“, ståmer he, „un ick mutt de Schangs wohrnehmen. Un ick meen, ick schaff dat. De Chef hier vun't Krankenhuus hett mi dat toseggt: So een as mi kann he jümmer bruken, hett he seggt. För den Goorn un för Reparaturen. Un se köönt mi ok ünnerbringen hier. Villicht kann ick hier ok Minschen hölpen.

Wenn blots eerst mien verbrennte Fööt wedder gesund sünd, åver dat kümmt woll …“

Ja, mit düsse Gedanken leet ick Erwin un sien bandageerten Mumienfööt in 't Krankenhuus trüch.

Annern Dag fröög Hanna mi, wat mit Erwin weer, un of ick em harr hölpen kunnt?

„Jä“, sää ick, „sien Fööt sünd verbrennt un bandageert. He hett duun in 't Stroh legen, as dat dor en Füer geev.“

„Un woher is dat Füer kåmen?“

„Dat weet nüms. De Polizei meent, en Moort kunn nachtens dat Stroomkabel angnabbelt hebben. Åver villicht is dat jo ok ganz anners kåmen. Um Erwin, glööv ick, bruukt wi uns nich mehr veel to sorgen. He ward sick sachs alleen ut 'n Sump ruthålen. De Såk is de: He weet wat ut sien vörig Leven; ick meen: he billdt sick dat in – åver dat is ja eendoon, solang as em dat hölpt.“

Man as dat denn so kümmt: Annerdågs steiht de Paster bi uns vör de Döör. He harr höört, dat ick bi Erwin west weer un wull sick en beten wat vertell'n låten vun mi.

Moort = Marder

Johann D. Bellmann

De Spökenkieker

Mit eenmål schree Harm Willers op.
He stöhn un greep sick nå den Kopp.

„Lüer, hålt de Göörn von'n Diek,
In'n Wåter swümmt en frische Liek!"

De Danzmusik brööк jachen af,
de Sål wöör still as weer't en Graff.

De Froonslüüd krieschen Angst un Weh,
De Mannslüüd bevern bit in't Knee.

„Nå'n Håven, to doch, alle Mann,
Hölpt doch den Jungen, fåt mit an!"

Harm sprüng toeerst rut op de Stråt,
Doch achter em weer keen mit pråt.

Wat he ok rööp, se köömen nich,
All Döörn un Finster slöögen dicht.

De Stråt bleev leer, keen Mågd, keen Knech,
Se wüssen all, wat he jüm bröch.

An'n Håven stünn en Kinnerswarm,
Den jüngsten harr'n se op den Arm.

As se em sehn, sprüng'n se in't Boot:
He weer noch slimmer as de Doot.

En Fro kööm över'n Diek her sprung'n:
„Wo is mien Hans, wo is mien Jung'n?"

En Mudder schree: „Mien eenzig Kind!"
Un Harm de stöhn: „Weer ick doch blind!"

Udo Franken

Wenn de Vullmån schient

He satt up sien Beddstee, so as meesttieds um disse Ühr, de Foten up de Beddskant, de Knejen vör de Bost, de Arms um de Schenen slungen. Dat Kinn up de Knejen, weegde he sük sacht hen un her un süskede, sünner Tosåmenhang, enkelde Delen van en Melodie, de hum nett dör de Kopp gung. He schüddkoppde. Nee, so was dat neet recht. He versöchde dat weer, fung ditmål mit en anner Deel an. Man de kumplete Melodie wull un wull hum neet in de Kopp kåmen, un ok up de Text van dat Leed kunn he sük neet besinnen. Mall, sowat!

He vergatt völ upstünns. Männichmål mankeerde hum dat sogår al an Woorden. Man he harr ja ok – de Verhören to Anfang neet mitrekent – siet twee Månd mit nüms mehr langer as en poor Minuten pråten kunnt. Kien Wunner also, dat he fåk neetmål up de eenfachste Begrepen kwamm.

Of lagg dat an de Tabletten, de se hum hier elke Dag, mörgens, middågs un åvends gaffen? Much ok wall; alleen de brochen hum ok Free, Stillte in sien Kopp, Rüst för de Nacht, Schuul vör de quade Drömen. – Man neet elke Nacht hulpen de Tabletten. Verleden Månd, bi Vullmån, harr de quade Dröm hum doch weer råkt.

En kolle Schuur leep hum over 't Levend, as he nå båven, nå dat lüttje Fenster keek. Groot un geel, un bit up en heel lüttjen Dålte an de linke Sied al håst rund, griende de Mån hum an. Mörgen sull dat wall weer sowied wesen. Mörgen Nacht was weer Vullmån. Dat kolle, bleke Lücht van buten smeet en schüne Scharr van de Trallen båven hum an de Wand, dor, wor dat bedrövt swacke Lücht van de Lamp neet henråkde. He truck de Arms faster um de Schenen un fung weer an to wepeln, ditmål wat gauer.

Sull neet båld dat Lücht utgåhn? He hull weer up to wepeln, tillde de linke Arm up un keek up sien Handwrist. Kien Klock. De harren s' hum ofnåhmen, ok dat vergatt he alltied weer; wall hunnertmål elke Dag keek he up de lege Stee an sien Arm. – Man he harr ok so sien Henwiesen, nå de he seggen kunn, wennehr dat Lücht utgung. Neet mehr lang, denn sullen de Stappen van een van de Wårders to hören wesen, dat sachte Schrabben van de Decksel van dat Kiekgatt in sien Dör, denn weer de Stappen. Båld dornå kwamm de Dunkelheid, wenn de Wårder mit de Hauptschalter dat Lücht in all Kåmers up disse Floor utmåk.

De Stappen van de Wårder gungen blot nå sien Döör un denn weer um, he keek blot dör sien Kiekgatt. Anners gaff dat hier upstünns nüms to bekieken. De anner fiev Backjes up disse Gang stunnen leeg, de Dören wied open, dat de Gestank van de billige Farv oftrecken kunn. De, de dor inseten harren, wassen för twee Week in anner Ofdelens verleggt worden. Dor satten s' nu mit dree of veer Mann in een Kastje. Overall gaff dat upstünns grote Drang wegen de Renoveren; de Handwarkers leten sük Tied un de Farv drögde slecht.

Årig egentlik, dat se hum hier allennig sitten leten, he harr doch sogår noch en Bedd freei. He kunn blot schüddkoppen over disse Beamten un hör Maneer, de Såk to regeln. – Man nå en bietje Overleggen kwamm he de Såk up de Grund. Morgen kwamm dat Backje tegen hum an de Rieg, de Farvemmers un Ledders stunnen al paråt – dat harr he vandåg up de Weg nå d' Hoffgang sehn – un in een of twee Dåg sull he wall ok umtrecken mutten. Seker, dat was de Grund för sien „exklusive“ Unnerbrengen.

So was he upstünns de eenzig „Gast“ up disse Floor. „Gast“! Disse Beteken was een van de Spijöken, de se hier mit de inspeert Lü dreven. För de Dokter was he Patient un wurr mit „Heer ...“ anpråt. Man de kwamm nu lang neet mehr so fåk as to Begünn. Un för de Kommissar was he – ja, wat was he egentlik för de Kommissar west? Heel to Anfang harr he hum ok frünnelk mit „Heer ...“ anpråt, låter harr he „du“ an hum seggt un blot noch rumbölkt; uplesd, nu al siet over een Månd, was he heel un dall neet mehr kåmen, neetmål an de Morgen nå sien lesde Dröm, as he in hoogste Nood nå hum ropen harr.

He keek, för 't hunnerteerste Mål an disse Dag, up sien lege Handwrist, schüddkoppde verdretelk un richtde denn sien Ogen up de Lamp. De Wårder was bi lüttjen overfällig. So lang bleev dat Lücht anners noit an. – Nee, dat was neet heel recht. En poormål was dat doch geböhrt. As de Kommissar noch låt bi hum kåmen wull, harren s' dat Lücht ok so lang brannen låten. Un as 't hum leeg gung un de Dokter noch kåmen sull ok. Man vanåvend? Harren s' hum blot eenfach vergeten, sull d'r noch wat geböhren – of versach he sük so mit de Tied? Was dat noch neet teihn Uhr?

He schruck mitmål ut sien Gedachten. De Stappen up de Gang harren hum egentlik bedårt up dat sachte Schrabben an de Dör wachten laten sullt, man mit disse Stappen was wat neet in Rieg. He kennde de Geluden in dit Huus nipp un nau, dat Slån van elke Döör, dat Klötern van de Slötels, de Stappen van elke Wårder, de hier arbeidde. Nu lunkohrde he nochmål up dat, wat dor nåhder kwamm. Dat Geföhl, dat dor wat neet stimmde, wurr starker. Seker, dat wassen de körte, harde Stappen van de lüttje, dicke Wårder – wo heetde de noch? Ok dat kunn he sük neet marken – un dor was ok de Weergalm van de Gang. Man dor was noch en twede Weergalm to hören, swacker un en bietje versett to de eerste.

As he dat Klötern hörde, satt he binnen een Sekünn pielliek up sien Beddstee un schoot mit de Föten in sien Slappen. De Wårder harr de Slötels van de Håk an sien Lievreem nåhmen. Dat kunn blot heten, dat he sük vanåvend neet mit dat Kiekgatt begnögen wull. – Of nee, dat was 't neet allennig. Nu, as de Wårder vor sien Dör ståhnbleven was, hörde he dat düdelk: De tweede Weergalm was kien Weergalm, dat was dat Slören van Föten in Slappen. De Dicke was neet allennig! He broch well mit!

He starde vull Verwachtens, man ok en bietje bang, up de Döör. Sull he en Inligger in sien Backje kriegen? De dor mit de Wårder kwamm was kien Dokter of Kommissar. De lepen neet in Slappen. Nee, dat kunn blot bedüden, dat he recht harr mit sien Vermoden over de Inligger. – Wenn dat man blot kien ruge Fent was.

He murk neet, wo sük sien Hannen um de Beddskant krammden, as de Slötel sük in 't Slött dreihde. De Döör wurr openreten un sloog an de Råhm.

„So, nu man immer rin in de gode Stuuv!“, reep de dicke Uniförmdråger, nettso kumpelsant as alltied. Man disse Ton was en Bedreger. Wenn 't de Doodssträf noch geven harr, denn harr he mit desülvige Frünnelkheid in de Stimm ok seggen kunnt: „So, mien Keerlke, gliek worst du uphangen!“

Seker, dat gaff ok anner Wårders in disse Bedriev, de hör Båhntje neet blot as Kastjesluters verstunnen, un de sük ok up de Minsken inleten, de se to versorgen harren. Dat wassen de, de neet van „Gasten“ pråtden un dor hör Spijök mit dreven; de hör Ton neet blot frünnelk klung. Man disse hier hörde to de anner Soort. En Spierke to ruug schoov he sien neje „Gast“ an sük vörbi dör de Döör, just so, as wull he hum recht düdelk wiesen, well hier dat Seggen harr.

„Dat hier“ – he wees mit de Hand grootårdig in de Runn – „is nu för de nåhste Tied dien Kösthuus.“ Sien Stimm kreeg wat van Oolkheid, as he sä: „Of sull ick lever Hunnehütt seggen? Hunnehütt!“ Dat lesde Woord reep he, as wenn dat de grootste Witz west harr, de he in sien Leven hört harr; denn burst he schier vör lachen. Luudhals grålend smeet he de Dör dicht, dreihde de Slötel un pulterde immer noch lachend de Gang andål.

De neje „Gast“ stunn mit d' Rüch nå de lüttje Kåmer un keek de Döör an, as wenn he van dor noch wat verwachten was. As dat Lachen van de Wårder verklungen was, dreihde he sük um, gung en poor Stappen up de freje Beddstee an un smeet de Dekens d'r up, de he bit nu unner d' Arm hatt harr. In de anner Hand hüll he noch sien Wasktüg.

Unreselveert keek he eerst de Reev un denn sien „Gastgever“ an.

De harr dat hele Spill bit nu beoogt, sünner ok blot een Finger to rögen. „Dor!“, sä he nu un wees up dat Waskbecken in de Hook bi d’ Döör.

„Mhm“, nickkoppde de Neje, gung hen un stellde sien Såken dor of. Denn dreihde he sük weer um un keek ofwachtend up de anner.

„Ick bün Heinz“, sä de mit en andüddt Grientjen, blied, dat he nu ennelk well harr, mit de he pråten kunn. Mit scheevhollen Kopp wees he nå de Döör hen. „Wat hett he dormit meent: ‚Hunnehütt‘? Wull sük ja wall schier doodlachen!“

„Ick bün Harald“, sä de Neje un truck denn mit de Schullers. „Ach, dat is so ’n Såk. Vertell ick di villicht mål bi Gelegenheit. Man du büst al langer hier. Vertell du toeerst. Wårum büst du hier?“ He gung up sien Beddstee sitten un keek Heinz luursk an.

„Wårum ick hier bün? ‚*Zur Beobachtung*‘ hebben s’ seggt. ‚*Bloß für ein paar Tage.*‘“ He snoov minnachtig. „Twee Månd is dat nu her! Pass blot up, dat se di neet ok so rinleggen. Un du?“

„Nee, nee“, wehrde Harald de Fråg of, „vertell du eerst wieder. Wat wullen se denn beobachten?“

Heinz keek en Settje vor sük up de Grund. He was sük neet so heel seker, of he sien neje Måt van sien Geheemst berichten kunn. Man de Twiefel hüll neet lang an; so lang, as he up een wacht harr, mit de he pråten kunn, so groot was sien Verlangen, dat nu ok to doon.

„Och, dat is heel eenfach“, sä he un schruck over de Kracht van sien Stimm tosåmen. He keek nå de Döör, as wenn he bang was, dat van dor well lüstern kunn. „Ick hebb de Vörloop", settde he gewichtig, man düdelk sachter, weer an. „Weetst wall, dat tweede Gesicht. Elke Månd, wenn Vullmån is, hebb ick en Dröm van en Verbreken, wat eerst een of twee Dåg låter in de Dagblåden steiht." He nickkoppde en poormål, as wenn he – in Vertreden van sien Tohörer – sük sülven rechtgeven wull, un leet sük denn tofree weer an de Wand achter sük torüggsacken. „Un wegen wat büst du hier?"

„So, so!", meen Harald halvluud, mehr so, as wenn he mit sük sülfst pråtde. „Denn bün ick hier akkråt an de rechte Stee!"

„Wat hest du för 'n Stee?" Heinz verstunn neet, wor dat um gung. Eerst recht neet, as he sien neje Inligger stickum flöken hörde. En Stee?, hörde he de Weergalm in sien Kopp, un: Wat hett de Keerl up mien Fråg hen to flöken?

„Och, nix!", sä Harald in frünnelke Ton båvenhen. „Du hest dat twede Gesicht? Dat is jå interessant. Vertell!"

Man Heinz vertellde neet. „Du hest hier – 'n Stee?", fråg he blot nochmål; in sien Stimm swung en good Happke Wantroen mit. Wenn de Keerl hier en Stee harr – kunn dat angåhn, dat se hum en Luus in 't Fell setten wullen? De Kommissar, de Dokter – of well?

„Nee, nee, dat hest du verkehrt verståhn", betüssde Harald hum. „Ick hebb blot meent, dat ick hier wall an de rechte Stee kåmen bün. Du hest 'n interessante Geschicht to vertellen, un de will ick geern hören. Leep geern sogår!"

„So?" Heinz was immer noch neet overtügt, he oogde de anner ofwachtend an.

„Na kåm, vertell!", drung Harald wieder, man sien Ton un sien Gesicht bleven – anners as bi de Kommissar un sien

Lü – åpen un kumpelsant. „Ick will doch geern weten, wo dat kåmen is, mit dien ‚tweede Gesicht'. Du kannst also Såken vörutsehn?"

„Hm", måk Heinz, alltied noch wat unseker, man he settde sük weer liekup; dat Verlangen, sien Geschicht an de Mann to brengen, wunn de Båvenhand. „Jå, also, dat eerste Mål murken hebb ick dat vör söss Månd. In 't Dagbladd stunn van en Moord, van de ick al twee Nachten vördeem drömt harr. Ick hebb neet gliek wusst, wat ick dormit anfangen sull. Man as ick dat darde Mål in 't Bladd lesen kunn, dat de ‚*Vollmondwürger*' weer umgåhn was, un ick harr weer vördeem dorvan drömt, do wuss ick, wat ik to doon harr!" He nickkoppde weer, måk en Kunstpaus un keek Harald an, as wenn he mit wunnerwat för 'n gode Idee torüchhull.

„Du büst nå d' Polizei gåhn", namm Harald hum de Wind ut de Seils.

Dat genögelke Grientjen up Heinz sien Gesicht klappde binanner. Dat leet so, as wenn de Keerl sien Geschicht al kennde. – Man nu he al mål anfangen harr, was d'r kien Hollen mehr.

„Gliek nå de Kommissar, de de Såk unner sük harr", pråtde he ieverg wieder. „De Nåm harr ja ok in 't Bladd ståhn. De Mann was heel frünnelk, as ick sä, dat ick hum villicht helpen kunn. He hett mi 'n Stohl anbåden un 'n Koffje. Denn hett he mi frågt, of ick d'r wat tegen harr, wenn mien Utseggen gliek mitschreven wurr un hett noch 'n Kolleeg hålt för't Protokoll."

Sien Vertellen kwamm för en Ogenblick in 't Stuken, as he sük besunn, wat denn geböhrt was. As he weer ansettde, swung in sien Stimm Vergrelltheit mit, de van Woord to

Woord answull. „Man denn, as ick anfung, van mien Drömen to vertellen, do hett he mi gliek anbölkt, of ick hum wall vernarrbruken wull, un dat ick dat alls ut de Zeitung wuss un dat ick sehn sull, dat ick gau rutkwamm un – un dat bi so'n Fall as disse elke Mål sükse – sükse Rappelkoppen as ick an to quarken kwammen! Rappelkopp hett he an mi seggt!"

He füng weer an to wiggeln un jöselde sachtjes vor sük hen. „Rappelkopp …", sä he nå en Settje nochmål, denn füll he heel un dall in Swiegen. Sien Ogen wassen up Harald richt, man he keek dör hum dör; in sien Binnerst leep de Film van dat wieder, wat d'r noch geböhrt was.

„Jaja …", hörde he Harald van wiedher seggen. Sien Ogen sachen ok, wo sien neje Kumpån unbehulpen mit de Hannen wepelde, man in sien Verstand kwamm dat neet an.

„Naja, ick meen, dat hest du seker neet verdeent …", versöchde Harald dat nochmål, man ok dat kwamm neet an.

„Ha!", burst Heinz so unverwachts rut, dat Harald verfehrt binannerschoot. „Ick un 'n Rappelkopp! De Keerl hebb ick dat wesen!"

Wat sachter, man heel van sien Woorden overtügt, pråtde he wieder: „Een Månd låter, as ick weer mien Dröm hatt harr, bün ick gliek annermörgens hengåhn. Van unnerwegens hebb ick noch 'n Dagbladd mitnåhmen. De hebb ick hum denn up sien' Schrievdisk knallt" – bi disse Woorden sloog he mit de Handrüch up sien Beddstee – „un hebb seggt: Hier, Heer Kommissar, steiht noch nix in! Ut dat Bladdje kann ick dat ditmål also neet hebben! Un denn hebb ick eerst so recht losleggt. Ick hebb hum genau vertellt, wo dat passeert is, mit de junge, roothåårige Frau in mien Dröm. – Dat se keen Tied mehr hatt harr, sük to wehren un, keen Lücht to galpen.“ – He streckde sien’ Kopp vör un kwamm recht wat in bliede Råsje, pråtde håst glückselig. – „Wo se spartelt hett un uplesd blot noch tuckt ... Un ick kunn akkråt angeven, wat se anhatt harr un wor se to finnen was. Nu mutten se mi löven, Herr Kommissar, hebb ick seggt, ick weet ’t alls so genau, as wenn ick sülven d’r mit bi west harr! – Ja, so hebb ick seggt“, sloot he sien Vertellen un wurr weer wat sachter, kwamm van Woord to Woord mehr in ’t Stuken. „As wenn ... ick sülven ... ja ...“

Bi de bildachtige Beschrieven van de Moord harr Harald de Åm anhollen, sien Hannen harren sük in de Ståpel van Wulldekens tegen hum krammt. Nu stöttde he de anhollen Lücht ut un sä mit en lüttjet Trillen in de Stimm: „Un he hett di de Såk mit Ellen ... – Ick meen: de Såk mit de roothåårige Frau – dat hett de Kommissar di lövt.“

Stappfoots funn Heinz de Weg torüch ut sien bedwelmde Gedachten. Dat lüttje Utsetten van Harald, as he de Nåm van dat Wicht nömde, drung neet bit in sien Weten vor. Anners harr he sük frågen musst, wor de Mann de Nåm her harr – de harr in kieneen van de Dagblåden ståhn, umdat hör Familie dat neet wullt harr. Man alleen de lesde Woorden kreeg he mit.

„Lövt ... de Kommissar ...“, hålde he Harald sien Woorden nochmål weer up un besunn sük. „Ja. He hett seggt, dat dat alls heel genau unnersöcht worden muss. Un dorum hebben s’ mi hierher brocht. Eerst hebben s’ mi elke Dag in ’t Präsidium hålt un Frågen stellt. Alltied weer desülvige Frågen. Wor ick west hebb in disse Nachten un wat ik dån hebb un of ick dat bewiesen kunn. Alltied desülvige Frågen ...“

„Un wat hest du antwoordt?“, fråg Harald luursk.

„Dat ick slåpen hebb. Allennig.“ Heinz truck mit de Schullers. „Segg sülven: Wo anners harr ick denn disse Drömen hebben kunnt? De hebben villicht Ideen. Nu sitt ick hier al – jå, ik löv, morgen sünd dat genau twee Månd. – Man wat bün ick blied, dat ick nu ennelk een hebb, mit den ick over de Såk pråten kann!“

„So?“, måk Harald blot; he leet kien Oog van Heinz.

„Ja, stell di vor, verleden Månd hebb ick weer een van mien Drömen hatt. – De Vullmånwürger!“ Heinz reet de Ogen åpen, as wenn hum de Dröm vandåg noch verfehrde, sprung up, wees mit beid Hannen um sük un gung de poor Stappen nå de Döör hen. „He was hier, in disse Kåmer!“

In sien Iever sach he neet, dat Harald ok van sien Beddstee hochkwamm, sachtjes, duuknackt, so as wull he up hum dål.

„He kwamm van hier, van de Döör, gung up dat Bedd an …“, vertellde Heinz wieder un måk dat vör: He slörde mit stieve Been up Harald sien Beddstee an un streckde de Hannen nå vörn. „ … greep to, greep nochmål un nochmål", hiemde he mit sük overslånde Stimm un greep mit vulle Kracht in Harald sien Wulldekens, as wenn he hör wringen wull. „Man dat Bedd was leeg!“, sä he uplesd, un dat klung håst bedrövt.

Wieldes Heinz mit utstreckt Arms up hum dål kwamm, was Harald en poor Stappen torüchweken, so wied, dat he nu mit de Rüch an de Wand stunn; he åmde flack un gluupde up dat Spill, dat hum båden wurr. As Heinz in de Dekens greep, leet dat, as wenn he ’t neet mehr lang vullhollen kunn. „Un denn …“ – Heinz richtde sük so unverwachts up, dat Harald mit de Achterkopp tegen de Wand sloog –

„… un denn is he de hele Nacht lang up un dål gåhn in mien Dröm. As en Tiger achter sien Trallen. Un stennt hett he un de Fuusten up un to måkt. As ick morgens upwåkt bün, was ick natt van Sweet! Dat wull ick ok geern de Kommissar vertellen. Man se hebben blot de Dokter stürt, un de hett mi ’n Sprütz geven.“

Schoon of gung he weer up sien Beddstee sitten, neet alleen van ’t Vertellen, man dorvan, dat he dat alls nett even in sien Kopp nochmål beleven musst harr. As wenn ick dat sülven beleevt harr, doch he, as wenn ick dat sülven DAAN harr. – Nee, Jung, beriegde he sien Gedachten, du hest blot drömt!

„Man wat bün ick blied, dat ick nu ennelk een hebb, mit de ick pråten kann! – Vannacht is weer Vullmånd. Wat meenst du, wenn ick nu weer so ’n Dröm hebb, dür ick di dat denn gliek mörgen froh vertellen?“ För ’t eerste Mål siet Minuten keek he Harald weer mit Verstand an.

„Mörgen froh? Seker, seker“, nickkoppde Harald un dreihde hum de Rüch to. Mit en fileinig Grienen un so sacht, dat blot he sülfst dat hören kunn, settde he d’r noch bi: „Wenn du dat noch beleevst …“

„Man nu vertell mi doch eerstmål“, fråg Heinz, „wat måkst du hier?“

„Ick?“, sä Harald slicht, gung ok weer sitten un keek versunnen nå de Lamp. „Ick wacht, dat se ennelk dat Lücht utmåken.“

„Nee, nee“, wunk Heinz ungedürig of, „ick meen, worum du hier büst.“

„Och so!“, meen Harald lichthen, „Ick hebb blot ’n poor Fensterschieven insmeten.“

„Ach wat!“, Heinz wunk weer of. „Wegen sowat kummt doch nüms hierher!“

„Dor magst du wall Recht mit hebben", antwoorde Harald sinnig. „Ok wenn dat de Schieven van 't Kommissariat wassen. Dat eerste Mål hebben se mi weer nå Huus hen stürt. Man dat was mi neet genoog. Un dorum hebb ick denn bi 't tweede Mål noch de Kommissar in de Hand beten un hebb hum vertellt, ick harr drömt, dat ick de Hund van de Vullmånwürger was. Dorum hett wall ok een van de snåkske Keerls hier de Idee hatt, uns beid tosåmen to stoppen."

„Wat hest du måkt? Du büst ja mall! – Se hebben mi mit 'n Mallbregen tosamenstoppt!" Heinz streckde de Kopp vör, sien Hannen krammden sük um de Beddskant. „Weet de Kommissar denn neet – weten de Lü hier denn neet, dat du verrückt büst?" De blanke Noot stunn in sien Ogen. Sien Kopp dreihde sük nå de Döör, man de was up Slött – un nüms was in 't hele Stockwark, de hum hören kunn.

Harald griende breed. Dat is wiss 'n gode Witz!, doch he bi sük. De Mallbregen sitt hier siet Månden in de Klapsmöhlen un hollt mi för mall, blot umdat ick en bietje verrückt spölt hebb. Un dat hett sien' Grund. Word Tied, dat he dorover upklårt word. He stunn up un stellde sük so, dat he tüsken Heinz un de Döör to ståhn kwamm. – Dat harr hum nett noch fehlt, dat de Keerl womögelk Schandål måk un een van de Wårders kwamm! „Wat de weten, is mi nettgliek", sä he nå buten hen sachtsinnig, man binnen hum kookde de Håt. He bruukde all sien Kracht för dat, wat nu noch to seggen was; elkeen Woord en Pietskenslag. „Man wat se neet weten is, dat Ellen, de roothåårige Frau, de du umbrocht hest, mien Bruud west hett." Klock teihn; dat Lücht gung ut! Heinz satt up sien Beddstee as ankleevt, he kunn sük neet rögen. De Gedachten jågen dör sien' Kopp.

De Nåm van de roothåårige Frau! Nüms harr de wuss, ok de Vullmånwürger neet. De Kommissar, seker, hör Familie, en poor Frünnen, un – un hör Brügam. Hör Brügam, he is hör Brügam!, håmerde dat in sien Kopp. Un du hest dat neet drömt, du hest … – Nee, dat was to grieselk, dat kunn he sük neet ingeståhn, neetmål in sien Gedachten! In 't Tweedunkern, dat de beiden nu umsloot, sach Heinz en Scharr up sük to kåmen. Wenn he vördeem al bang west harr, denn wurr dat nu noch leper. De Angst snörde hum de Hals in. Of wassen dat Hannen, twee Hannen, de sük mit alle Kracht um sien Hals sloten?

årig	= eigenartig
bedåren	= beruhigen
bedwelmen	= betäuben
betüssen	= beruhigen
blied	= froh, heiter
Dålte	= Delle
düren	= dürfen
fåk	= fåken, oft
galpen	= laut schreien
gebøhren	= geschehen
Geluden	= Laute
Håt	= Hass
håst	= fast
hiemen	= keuchen
jöseln	= klagen, winseln, zetern
Kiekgatt	= Guckloch
kumpelsant	= höflich
leeg	= leer, schlecht
leep	= sehr, böse, schwer
Levend	= Körper, Leib
löven	= glauben
mall	= absurd, verrückt
Mallbregen	= Verrückter
mankeeren	= mangeln
neet	= nicht
nett	= gerade, jüst
of	= oder
Oolkheid	= Bosheit
quåd	= böse, übel
Råsje	= Raserei
Reev	= Kram, Zeug, Sachen
Scharr	= Schatten
schon of	= übermüdet
schoon of	= völlig erschöpft
schün	= abschüssig,diagonal
starde	= guckte,glotzte
stennen	= stöhnen
tillen	= heben, bewegen
vullhollen	= ertragen
Wantroen	= Misstrauen
weer	= wieder
Weergalm	= Widerhall
Wicht	= Mädchen

Dora Affegünt

Libera op Sylt

Kott klappt de Autodöör, kott un knapp as'n Schuss. Un nu … keen Luut. He steiht dicht bi sien Auto, Schullern verklåmt hochtrocken. Kickt rundüm. Nix röögt sick in't håle Licht. Dünen, Gras, Sand. Un keen Wind vunmorgen, jümmers noch keen Wind. Sand gnarscht ünner sien Fööt, de Slötels klingt an'nanner. Sünst nix … Ümkehrn …?

… in't Auto jumpen, Slötel rin, Döör to, wumm … to. Rest blifft buten … Gang, Gas … Motor kümmt, huult, huult … un afjågen, wow …, speed … nix anners … wegbeamen …

Güstern weer't möglich, güstern noch …

Nu kann'n al wat sehn in Diesen. De Schåp – drusige Wulken, fastbannt op den Blomenteppich nå List to.

Kjesten Rimlings Riek, sä se güstern, güstern nåmiddag. Wat leet ehr vossrootes Hoor snåksch tomerrn de Millionen rosa Strandnelken. De beven güstern, wippern in Sünnschien un Wind.

Man nu ståht se bleek un still – – as doot.

Nüms dor, wat hett he ok dacht? He löppt över de Soden un wat möhsamer dörch den weken Sand nå de Wattsied. Eerst mank de flachen Dünen Sicht op See. Stracks blifft he ståhn un kickt liekut. Wischt sick mit Hannen un Wristen över de Ogen un kickt un kickt. Allens grau in gries, nich Dag, nich Nacht, keen Festland, keen Wåter, nix. Uthörn gifft't nich. Nevel. To fröh noch.

Åver Wåter löppt af – un keen verrådtschen Hümpel kann'n utmåken, allens glatt un even ümlandsher, wat hett he ok dacht …

Wo hüüt nacht blots Wåter schwapp, slööksch un swatt un ölig, dor liggt nu helliges Watt. Glatt, even un lerrig sowiet, – wat hett he ok anners dacht? Wedderstreevsch huukt he dål bisiet an'n Bült, Ogen jümmers nå See, fohrwarkt unrüstig mit de Hannen dörch klammklewigen Sand, sleit een an'nanner, dat de Sand afrieselt. Wischt ehr langtöögsch af an sien Jeans. Rifft un rifft …, un al wedder gråvt un wöhlt se egenköppsch nerrn in'n Grund. Miteens hett he den Tampen to fåt. Ja, dat isse, mit all sien viegeliensch Steken un Knütt ünner'n dicke Sandköst. Deep inbuddelt hett he em hier in Duustern, jüst påår Stünns Tied vördem.

Natt un vulltrocken swalk he do nachts in't Licht vun de Taschenlamp, krümm sick smeetsch vör sien Fööt as'n glipschigen Åål. Ruutfischt un inscharrt hett he em, kunn nich anners. Allens vergeten, wenn't doch bloots angüng …

He schüddelt, kloppt un püstert den Sand ut Rillen un Buchten. Afsünnerlich süht dat ut. Swatte Kunst …, kunn se dat? Windknütt, Hexenknütt … Kann'n den Wind in Steken inknütten? Meen se dat? Ward doch 'n normålen Minsch hüüt nich glöven. Man dor is keen Wind, afsluut keen Wind. Weer ok keen nachts …

Woans is dat mit Kjesten Rimling Wedderwickersch …? He weet nix, rein går nix mehr. Föhlt vörsichtig mit den Wiesfinger ünner sien Halsdook an den seeren Striemen. Se harr vull dråpen mit dat dore Reep …

De Sünn kümmt höger rop nu. 'n fahlen Schien lücht dörch den Nevel, mål wat mehr, mål weniger. Man Holl-Ebb hett noch Tied. Gifft nix as töven. He fingert sachen an sien Hals un stöhnt. Beter nich an råken, brennt jümmers noch as Füer.

Klor keem he nich bitiets to'n Wachdeenst nå den leegen Nåmiddag güstern. Müss sick eerst noch ümtrecken un'n Dook över den Striemen tüdern to Huus, – gediegen to de Uniform. De Båß keek scheef, un so vertell he gau wat vun verköhlt un Wehdåg. Op de Wach leeg nix an. Wat harr he ok dacht? Anzeige, Bericht, Meldung schull he öven an'n Computer. Keem nich trech. Kunn nix anners denken as dat, jümmers blots dat. Bi Klock ölven denn Telefon. Vermisstenmeldung.

Dat mehrste kunn he mithöörn, den Rest kreeg he achterran to weeten: Vun'n Mitschnitt weer glieks 'n Bericht to schrieven, dat öv je wunnerbor, meen de Chef.

Name: Isa Hansen; Haarfarbe: rot; Augenfarbe: grün; Alter: 16 –. Eerst sössteihn … Anropen dä ehr Tant vun „Huus Uthörn" ganz båben den bütersten Alembog. De Deern harr mål wedder Krach hatt mit ehr'n Vadder vun wegen Football. Dörf nich speelen. So weer se utneiht vun to Huus, Flensborg, för'n Speel in Niebüll. Ehr Speelmåten harr se vertellt, se wull'n Besöök op Sylt måken achterran. Dat weer Sünndagmorgen. Afgängig in Flensborg is se al siet Sünnåvendnacht un in „Uthörn" nich ankåmen opstünns – un nu is dat Måndag un al duuster.

De Chef begöösch de Fru. Keen Unfall un ok süst nix vermellt, junge Lüüd weern mål so, – aftöven. Man de Tante kunn sick nich finnen. Harr al lang wusst, dat güng to Malöör mit den sturen Vadder. Unmööglich is he mit dat Kind, ehr Påt. Will't pattu an de Keed leggen, dat gifft je Schören bi so'n Füerkopp. Kümmt nå ehr Moder, de weer jüst so. Man de hett se nich mehr, is al lang doot, mit de niege Fru versteiht se sick nich. Keen een kümmt noch ran an de Deern – un weer ehrmåls so totrulich un liekut. Sünn un Schann …, de Tante ween.

He höör dat Band bet an't Enn. Föhl sick ton Starven elennig. Wat schull he blots doon?

Sühst wohraftig krank ut, Jung, sä de Chef miteens, Fieråvend för di!

So dråd weer he nie nich råst mit dat niege Auto. He müss opsteed hooch nå'n Alembog, Kjestens Rimling. Un dor: Düsternis un Floot – un disse verhexte Tampen, anners nix. Jümmer und jümmer wedder anslogen swatt Wåter, kunn't nich mehr utholen, nee, bloots weg. Denn Stünn üm Stünn wåk liggen to Huus … buten dootstill … In'n Kopp dreiht sick dat, üm un üm, as Rööd in Sand … dreiht, måhlt … fritt sick fast, kümmt nich los … un he mutt doch weg, üm't Leven weg … denn oplest 'n åsige Swall swatt Wåter vun båben, vun allerwegens … un he inspunnt in sien Auto … versacken, versupen mutt he.

Verbåst finndt he sick in sien Bett. To'n Sticken hitt binnen, Finster op … buten dootstill, … buten … Al wedder fangt de Rööd an un dreiht, måhlt …

Hooch mit 'n eersten Schimmer Daglicht un wedder los nå Kjestens Rimling.

He ritt un prökelt an den lesten Knütt. Fast sitt he, bombenfast, tosåmenquillt in't Wåter. Hett se den Wind fastsett dor binnen, un kunn he em sachs wedder frie kriegen? He tarrt mit Finger un Tähnen.

Wind deit not för den Nevel, 'n lütte Bries Wind … Is he al översnappt? Ton Verbiestern alleen hier … Achter sien Rüch höört he de Schåp Gras rupsen, un nu Schriegen un Fleuten vun See … verlorne Seeln, klågt de so, wo güng de Geschicht noch … nee, dat mutt 'n Enn hebben. 'n Trupp Austernfischer kümmt ansuust, gråd vun Uthörn in'n Nevel. Un noch welk. Kunn wat heeten villicht, villicht ok nich. Töven. He sleit mit den Tampen op'n Sand.

Weer he doch vörbifohrt güstern middag, ja, weer he man. Dat verdammte niege Auto … dickdoon wull he sick mit sien Auto, so weer dat. Polizeianwärter in Uniform, 18, nieges Auto, nu wies he doch echt wat vör!

Jüst vörn an de Stråt löhn se an'n Schild mit ehr Packelåsch un eet 'n Stück Broot. 'n eerstklassigen Stop hett he henleggt, se verfehr sick örnlich.

Mitfohrn, Lady?, sä he pråhlsch un grien.

Se plier em an mit smalle grööne Ogen, Mundhuuks dål. Dor wüss he al, he weer an de Verkehrte kåmen. Lange Been in griese Bermudas un 'n feine Figur, dat harr he sehn vun wieder weg, man nich dat vossrode Hoor, wild un kringelig üm 'n Kopp un denn noch in Afrozöpp drellt. Minnachtig keek se em an, em, sien Uniform un sien Auto … un de Sünnsprütten op ehr Nääs sprungen em meist an.

Nee, dor weer he falsch. Man he kunn nich foorts torüchsetten vun wegen den Verkehr. Do överlegg se sick dat. Nå List rop wull se, sä se vörsichtig, weer dat sien Tour? Wat schull he seggen, jüst dor wull he hen, to Middag nå Huus. Bi't Instiegen arger he sick al düchtig: Schietig weer se ok noch, un nich blots an ehr Basketballstebeln, nee, man ok an Jack un Büx.

Un dat in sien nieges Auto. Veel Pack ünnerwegens op de Insel, nådem dat jedeen för'n Appel un Ei röver kåmen kann. Richtig leeg ward't eerst in Sommer, seggt sien Chef. Un he fangt an un kutscheert de noch över Land … Se arrangeer sick mit ehr Gepäck mank de Been, Slåpsack un Isomatt harr se ok dorbi … un den Tampen båben an'n Rucksack knütt … He keem flott in Gang – nu eerst recht! Se – sweeg. So fråg he denn oplest: Jüst ankåmen mit 'n Toog?

Nee, sä se, al leste Nacht, un denn wat steersch: To Foot.

To Foot, fråg he dämlich.

Ja, övern Damm.

He keek in ehr bleek Gesicht, sogår vun't Ohr nå't Kinn güng 'n Slammspoor. Dor harr he wat opgåvelt … Man he müss beter op de Stråt passen, weer meist in'n Laster fohrt.

Dat is åver verbåden, övern Damm, sä he wichtig. Dien Glück, ick bün nich in Deenst un noch bi un lehr!

Se trock ehr rosterige Ogenbroen hoch, fladder kott so mit de Leed – wat lange dichte Wimpern! –, tuckschuller un sweeg. Grien se?

Gau wenn he sick wedder nå de Stråt. Se harrn Kampen passeert, do worr se mitmål lebennig. Böög sick vör un keek liek an em lank westwarts nå de Heid.

De Krockhooger, sä he.

Ja, meen se, nu ganz kregel un spreeksch, sünd de Ünnereerdschen to Huus! Mien Åhnen, heff ick jümmers glöövt fröher: Isa heet ehr Königin, un nå ehr hett mien Moder mi nöömt!

So sühst ok ut, dach he, gråd ut so'n Hoog rutkråpen!

Nu eerst wöör he den Verband an ehr Knee wies, ok al rech schmuddelig.

Wat hest di dor dån?, fråg he.

Se trock ehr Been an'n Rucksack ran, wull eerst nich so recht ruut.

Och, ... dat weer 'n Foul bi'n Football güstern.

Football?!, echo he al wedder. Un denn meen he: Kannst mål sehn, schullst woll beter dien Fööt vun låten, keen Sport för Fruunslüüd, passt sick doch nich för Deerns!

Nee? Se steil sik op. Nee?! Un woso nich?! Weer Bezirksliga Flensborg – Niebüll güstern, un ick speel as Libera!

Dat weer to veel. *Libera*! Gifft sowat! He gnicker eerst, un denn wull he sick dootlachen. He lach un lach, sloog op dat Lenkrad, reep een üm't annere: Libera! un pruusch jümmers noch mål los.

Se worr ganz root in't Gesicht mit blitzgrööne Ogen, man se sä keen Piep. Reet an den ollen Tampen båben den Rucksack un sä nix. He harr sick gråd wedder inkregen, do weern se al in List, un he fråg, woneem se denn nu akråt nå to wull.

Kjesten Rimling, anter se mank de Tähnen, åver ganz düütlich.

Wat? Weer dat 'n Stråat or wat? He schull sick woll nagråd utkennen.

Dat is 'n annere Verwandte vun mi an'n Alembog, sä se wedder so eegen, Gesicht glatt as Marmelsteen. Åver Königshåven weer okay.

Na denn. Se kreeg ehr Packelåsch bi'n Wickel. – Dank ok, Bulle, sä se un weer al buten. He sä går nix, dreih mit Karacho üm un suus af. Wüss nich, wo he sick för argern dä. Totål verrückt, de Fru!

Meen he güstern. Süht allens anners ut hüüt. He schuddert. Minsch, is dor ’n liesen Wind? Buten lichten Dunstswaden op. As wenn en Floren vun Diesen un Dåk båbento treckt … wegbeamt …

Uthörn kann ’n meist utmåken. Wind bruukt se, Wind! Kannst licht afkåmen bi Seenevel. Ward Tiet nu, Holl-Ebb hett noch wat teihn Minuten. Töven, höpen, denken … Gräsig.

To Huus eerst sehg he den „Syltführer“ op’n Sitt. Hett se ut de Büxentasch verlorn. Nå Middag bläder he’n beten in rüm. Denghoog weer anstreken, alle Hooger. Op wat ’n Trip is de denn woll.

Un kiek, dor findt he ok Kjesten Rimling, dick anmålt. Schall ’n Stormhex ween, båben an’n Alembog. ’n Hex!

So’n snåksche Fru hett he sien Dåg nich bemött! Wat harr se seggt: en Verwandte vun mi … Will se partout mit Hexenpack versippt sien?! He fråg sien Moder wat bilöpig nå Kjesten Rimling, un se besunn sick un wüss denn je rejell Bescheed: Sünd de Strandwischen güntsiet den Königshåven an’n Alembog: Kjestens Rimling heet dat dor vun ole Tieden an. Na, wat denn, keen Spijökenkråm bi.

Wat kunn he dat lütte Book nich eenfach wegsmieten, wat güng em de roote Hex an?! Åver nee, he wull ehr dat Book bringen. Mutt allens sien Richtigkeit hebben. Un een schull ehr woll mål wiesen, wat vågelig se weer un ehr Bescheed seggen, wo’t lang güng!

Buten schien de Sünn un he harr frie den Nåmiddag. So trock he sick üm in Freizeitlook un bruus hoch nå Kjestens Rimling.

Nee, he will nich wiederdenken, he will nich …

Man, se seet merrn in't rosa Blomenmeer as'n Scheepersfru mank de Schåp un weer togang mit ehr Hannen. Strick se? Dünk em, ehr Fingern danzen. Nee, se weer bi mit den Tampen un knütt un tüder un snack för sick alleen. Verrückte Krott! De Schåp rönnen weg, un se öög hoch, kenn em eerst går nich in sien Klamotten, weer wiet af.

Dien Book, sä he, hest verlorn in't Auto.

Ach nee, Bulle, dat dä nich nödig. Liekers Dank ok!

He wies op den Tampen: Seiln?

Nee, egentlich nich. Ick pröv jüst wat.

Se keem to Fööt wieldess un pack den Rucksack op.

Is in'n Årt mediteern, … villicht ok mehr.

Se güng to'n Strand, un he leep bito as'n orrigen Hund. Miteens schuul se em so nipp an vun de Siet, wat viegeliensch, dünk em. Taxeer em jichtenswo lurig un wies oplest den Tampen vör: Heff gråd wat versöcht. Sünd Windknütt, de lesten op de Reeg. Fröher hebbt se Wind un Storm so infungen un fastbunnen. Dor weer so'n ool Book in mien Opa sien Seekist, heff ick funnen to Huus op'n Böön, echt oolt, noch vun mien' Oorgrootvadder her or noch wat öller. Geiht üm Seefohrt. Steken un Knütt, Föfftes Book Mose – hest mål vun höört? – Ick bün dor wat wies worrn.

Mank Dang un Kruut stünn se dor breetbeent un reed un reed op em dål mit stråhlen Ogen – Wimpern hett de Fru – , un allens an ehr in Gang, kunnst denken, se glöös vun binnen. De Wind weih ehr roote Hoorkringels vun achtern nå vörn. Dat flacker un danz rings üm't helle Gesicht as lütte Flammen.

Magie …, sä se, de kunnen dat, de Wedderwickerschen, de Ünnereerdschen un Feen, ok de swatte Greet, de Sylter Hexen …

… un Kjesten Rimling!, unverwohrens hett he 't rutseggt, wull he går nich. De kunn woll noch Stillen un Böten, sachs weer se sülben so een. Wiss un wohrhaftig hett se 'n Schruuv loos!

Aha, Bulle, hest wat lehrt in dat Book?, grien se.

Allens dumm Tüch, reep he vergrellt.

Se tuckschuller un güng gauer, den Tampen üm ehr Hand wickelt.

Wo wull se op to, fråg he sick. Alembögspünt? Nix as Sand un Gras. To'n neegsten Hoog woll un rinkrupen, ha, ha, – man dat güng de anner Siet lang.

Gifft mehr twüschen Heven un Eer, as 'n lütt' Putz sick vörstelln kann!, meen se do snippsch rüchlangs.

He föhr meist tohoop. Harr he al wedder luut dacht? 'n Ogenblick un he weer torecht: Blöödsinn, reep he, is man blots de Wisch lank den Alembog hier, de heet Kjestens Rimling, seggt mien Moder, wieder nix!

Se bleev ståhn: Ja, vun Kjesten Rimlings Riek her doch! Gråd de Nåm, de is noch nå; se sülben vågelfrie, verjågt, an de Siet måkt, vergeten …, jüst as de Ünnereerdschen …, nådenkern keem dat, deepsinnig, un denn glieks wat spietsch achterran: So, hett de lütt' Putz sien Moder frågt!

He lach noch, man he arger sick liekers: „Lütte Putz" – wat full ehr in! Villicht weer he twee, dree Fingers breet kötter as se, villicht. Åver sien Schruven seten all hübsch fast! Wies doch her, wenn dat kannst, den Wind binnen, man to! Denn kannst je ok noch to Foot röver na Uthörn! Se wenn sick nå See un de Tampen in ehr Hand swung hen un her. Vörn leeg Uthörn in' Sünnschien, jüst 'n Kattensprung weg nu bi siet Wåter.

Keen Probleem, sä se, kunn se ok so. Al wedder mank de Tähnen mit smalle Ogen.

Nee, höhn he fuchtig, nich bi den Wind! Is 'n Priel vör, un bi Wind kümmst' nich dörch! Un verbåden is't ok noch!

Wedder trock se blots kott ehr Schullern hoch. Keek as fastbannt nå Uthörn röver, swung den Tampen wat duller.

He keem nagråd in Råsch nu. Wat se em höört hett: Verbåden weer dat!

De Tampen swung höger, noch höger un denn fix ründüm.

He dreih dörch: Wat se wüss, wat dat heet: *verbåden*?! Wat se meen, se bruuk sick an nix to scheern? Denk se, se kunn doon, wat se wull?! Halsstarrsch weer se un totål meschugge. Inlocht höör sowat, jawoll! Inlocht!! Hexen harrn se alltohoop verbrennt dunntomålen, un recht harrn se dån! Weg mit dat ganze Gelichter! Schull se doch gåhn, schull se doch versupen dor buten, man to ..., sülben 'n roothoorige afårdige Hex! As he dat al höört hett: Footballspeelen, ... gåh mi af! Fruens, de Football speelt, höört all versåpen!!! *Libera* ... – to'n dootlachen!

He geifer, he schüüm.

Miteens güng se los in't Watt, – gråd op Uthörn to.

Un dor hett he Schuld to ... hett he Schuld to, hett he ... Hett he dor Schuld to ...?

De ganze lange Nacht ... un nu in't helle Licht ... He kenn sick sülben nich mehr güstern, so füünsch ... wokeen weer dat, disse fiese Kerl? Üm sien Leven wull he, dat weer nich scheen, weer nich wohr – üm't Leven nich wohr!

Man wokeen weer denn *se*?

Sien Rüch sweetnatt. He früst unbannig in de eersten Sünnstrahlen. Klåre Sicht na Uthörn in bruddeln Vågelwulken. Allens åhn Bedüden. Töven vergeevs. Holl-Ebb vörbi. Opgeven.

Dat Enn noch. As he sick wedder begreep amenn, güstern, weer se al 'n Stück weg. He leep achterran, pack ehr an'n Rucksack un schreeg … Gottdank, jå, dat hett he doch ok dån. Man dat weer to låt …

Minsch, schreeg he, låt dat nå, is echt gefährlich dor buten!

Se dreih sick jach üm, blots Ogen, Ogen meist swatt in't bleeke Gesicht

… dat leegste sünd disse Ogen, gråd as de Floot nachts, to'n Versupen …

– un do, do sloog se em mit den Tampen. Un güng.
Sülben schuld, se wull dat ja, so weer dat doch. Låt ehr doch gåhn … Brenn as Füer, dat dore Reep … Un wokeen weer *se* … güng se oplest nich liekto över sied Water, sweev se nich as'n Vågel wietaf!? Verhext hett se em, verhext vun Anfang an, Kjesten Rimling Wedderwickersch!

… bloots de Ogen in't bleeke Gesicht … kümmt 'n nich los vun … Ogen so duuster, un de Wimpern swatt … kiek hen, kiek nau hen… Marmelsteen natt vun Trånen … hett he nich sehn … se ween … wat hett he dat nich sehn …

Se güng, un dor is he schuld to, so is dat … Wat schall he

doon … weggåhn … blieven … fastsett op Kjestens Rimling … Sand warrn, 'n Hupen Sand … Gras, 'n Bloom …

Un dor buten is woll wat los. 'n Minsch is dor, kümmt jüst vörtüüch de Vågelswarms … nix anners, 'n Minsch!

Sien Kopp fallt dål op de Kneen. Knuttfüüst haut he in'n Sand, flennt … un kickt bang wedder hoch. Is jümmers noch dor, kannst al 'n Huckepack utmåken. Se is dat …, ja doch, se is dat! Kümmt fix un evenweg ran.

Man dor is jichenswo noch de Priel. Nu … se steiht, geiht tögerig 'n Stück bisiet … höllt still, bückt sick … to wiet af allens … Nu is se weg.

He springt tohööcht. De Tampen flüggt nå achtern weg, he rönnt los.

Se ward't tostannen bringen, de Libera!

Stillen un Böten	= hier: zum Stillstand bringen, heilen, büßen,besprechen
Holl-Ebb	= besonders niedrige Ebbe (Gegensatz zu Springflut)

Frenz Bertram

De veerte Tass

Dat weer en Beerdigen, as dat sunst bloots för de groten Buern in dat lüttje Dörp Begäng is. Dorbi weer Thome, de tietslevens Eenspänner bleven weer, man en eenfache Arbeitsmann. He harr nie veel Weeswark um sick måkt, man he weer fliedig, heel de Groschens bi'nanner un geev sick mit allns tofreden. Weer em doch mål wat nich nå de Mütz, måk he sick dat topass. Stöhnen geev dat bi em nich – nich mål över dat Wedder.

De Minschen achter sien' Sarg lepen mit hochslågen Krågen un opspannte Schirms. En lange swarte Slang wunn se sick över den Karkhoff. Thome harr an de griesen Regenkutschen, de de Wind af un an ut'nanner dreev un denn de Sünn döörplier'n leet, sien' Freud hatt. Man dat Överraschen, de dat Wedder noch för em paråt heel, harr em doch de Språk verslågen. Just as de Dräger em dålleten, schoot ut de düsteren Wulken en enkelten Blitz. Bi den luden Slag achternå rück de swarte Minschendruuv noch enger tosåmen.

„Thome is ankåmen! He hett sick mellt“, sä de Kantor, de mit de Singkinner dicht bi de Kuhl stunn un wies nå båben. He lä de Finger tosåmen un sloog de Ogen dål.

„Dat he dor nu al so en grote Nummer hett!“, wunner sick de Karkendener, drück sien' Zylinner fast an de Bost, sloog ok de Ogen dål, un beweeg sien' Lippen, man to hören weer nix.

An dat Enn vun den swarten Tog gung'n Thome sien' Frünn'n. Se lepen mit bloten Kopp un weern al ganz verklåmt.

„Ick heff Iesbeen“, piessel Adde den langen Georg in't Ohr un sloog de Fööt an'nanner. Georg vertell dat wieder nå Klaas. Nå den Segen renn'n de dree in Hündjeldraff ton Krog, de blangen den Karkhoff stunn. Hier, in de „Doppeleiche“, wull'n se sick opwarmen, as Georg sä, un sick op Thome besinn'n, as Adde meen.

„Wat doch en Unwedder“, schimp Adde, sett sick bi de annern dål, reev sick sien' Hannen un bestell en Punsch.

„Ick ok!“

„Ick ok!“

De Kröger broch veer Tassen mit flauen Tee, stell dat Zuckernapp op den Disch un de Köömbuddel dorbi.

„För di harr ick keen bestellt“, schüddel Georg den Kopp, as he nåtellt harr.

„Thome hett Geld för ju fastsett. Ji sull’n noch mål mit em anstöten“, sä de Kröger un schoov de veerte Tass in de Medden vun den Disch. Adde, Georg un Klaas leten Zucker in den hitten Tee fallen, rögen um, bör’n de Köömbuddel achtern fix hoch un stötten mit de veerte Tass an. Dat duer nich lang un Adde mell, dat he sien’ Iesbeen los weer.

De Tiet renn. Klock fief leet de Regen nå, um söben reten de Wulken op, Klock negen sleep de Wind in un um ölven blinkern Steerns över dat lüttje Dörp. Klaas harr al lang en swore Tung, Adde en hochroden Kopp un Georg glasige Ogen. De Köömbuddel åver truck immer noch sien’ Runn’n.

„Dat is nu de letzte Runn vun Thome sien’ Geld“, künnig de Kröger an, as he wedder frischen Tee broch. De dree stötten as immer mit de veerte Tass an.

„Betttiet?“, Adde sien’ Stimm översloog sick.

„Die Nacht ist noch jung!“, kåkel Klaas un fohrwark mit de Arms in de Luft.

„Weest wat?“, kreih Georg, „ick gåh nå den Karkhoff un fråg Thome, of he noch en spendeert. Wer kummt mit?“

„Ick.“

„Ick ok.“

De dree kemen in de Been dingeln ut den Kroog. As se bi Thome sien Graff ankåmen weern, klung Adde sien Stimm wiet över den stillen Karkhoff:

„Thome, allerbeste Fründ, wo is dat, giffst du noch een ut?“

As wöör de Blitz noch mål inschlågen, so verbåst weern de dree, as dat düütlich över den Karkhoff hall: „Jooo … segg den Kröööger man Bescheeeeeed!“

Adde, Georg un Klaas stunn'n stief as en Påhl. Erst as dat Leven wedder in se torüchkeem, renn'n se as de Spitzboven lang den smallen Stieg dål nå de iesern Poort. Op de Stråt müssen se sick erst mål verhålen. Denn trullen se sick langsåm nå den Kroog. De Kröger stunn achter de Toonbank un poleer Glös, as de dree rinkemen.

„Na, hett Thome wat seggt?“, fråg he.

„Ick bin mööd“, sä Adde un drunk de Polack ut sien' Punschtass.

„Is låt worrn“, mell Klaas sick un hål sick en Stück Zucker ut't Zuckernapp.

„Ick mag nich mehr“, klåg Georg, as he ok mit bloten Kopp nå buten dingel.

Polack = Neige im Glas

De Bås

Paul Schurek

De Bås

Båben op'n Barg liggt de Dodengoorn. In lange Reeg ståht de Krüzen un breed de Arms ut. Jem to Föten wasst veel Blomen, rode, geele, witte, de snackt liesen ünnernanner un måkt heel fründliche Gesichter. Midden in'n Goorn sitt en lütt Kark un dröömt. Machannelbööm ståht in'n Krink üm ehr rüm. De Wind flüggt her as en möden Vågel un sett sick de Kark op't Dack. He mag sick gor nich rögen.

De Sünn lacht sinnig, eit de Krüzen un de Blomen un ok de eernsten Machannelbööm. Is heel schön, düsse Goorn! Man nix för Minschen.

An de Poort sitt de Doot.

He hett en Osterbloom in de Hand un rüükt dor an. De kickt em an mit ehr blank Geeloog un strickt sneewitt Hoor torüch un seggt: „Bün ick nich schön, Vadder?"

De Doot kickt an ehr vörbi un kickt in de Welt dål.

Wat beestert de Minschen dor dörchenanner! Wat rackert se sick af un quäst!

Un jümmers höger den Barg rop, jümmer höger rop. Un markt nich, woneem dat se henlopen doot.

Wenn se båben sünd, denn pedd se lieser op. Denn sliekt se an de Muer lang, as kunnen se de Döör nich finnen.

Un wenn se den Doot seht, denn bevert se vör Angst un ståmert: „Leeve Herr Doot, låt mi noch mål dål! Ick wull noch düt un dat! Man noch en poor Weken!"

Åver de röögt sick nich un seggt nix.

Ünnen süht he en Wisch liggen.

Wat lacht de Wisch! Kiek, dor steiht en jungen Minsch. Sien Hoor lücht as Guld. Nu röögt he sick. Kiek, dat sünd twee! En Deern hangt em in'n Arm. Wat is dat en lütt fiene Deern!

Se hebbt sick fast umfåt un gåht nu langsåm över de Wisch, sachen, dat se keen Bloom nich dootpedden doot.

De Wind süht jem ok, springt op un flüggt dål. Un geiht denn achter jem un fleit un stråkt jem.

De Doot sitt dor un kickt lang to.

He stütt den Kopp, as kunn he em nich mehr dreegen.

Denn steiht he op un geiht den Barg dål.

He kummt in de swarten Stråten. De Minschen kruupt an em vörbi – nüms süht em.

Hallo, ji! Guldraffer, Lüüdbedräger mit schulen Blick, Lastsleper mit krummen Rüch, Arbeitsmaschinen mit krampen Fingers, ji Ruffer un Knuffer un Schråper. – Seht ji nich, wokeen dor lang geiht?

Hallo!, ji Rümdrievers mit jappen Muul, Dågdeev un Nachtlurers, Muursliekers un Döörnknackers, lichtschu Gesinnel – seht ji nich, wokeen dor lang kummt?

Hallo, ji dor achter't Finster! Muuskanten mit bim un trara, Weertslüüd mit grienen Oog, Wiensupers, week in't Sofa, Deerns in'n Schoot, seht ji nich, wokeen dor lang geiht?

He geiht vörbi un deit jem nix.

He kummt dörch 'n duuster Stråt. Hollbackig Fro is tosåmenbråken vör Hunger un Jammer. „Ick kann nich mehr!", stöhnt se, „o kumm, Doot!"

He geiht vörbi un deit ehr nix.

Mann steiht an de Stråt, krummböögten Mann, dat flackert in sien swarten Ogen. „Ick will nich mehr!", schreet he op, „ick will di nich mehr, Leven!"

He geiht vörbi un deit em nix.

An'n Huus kummt he, dor liggt 'n ool Wiev in't Bett. Hunnert Johr oolt, mööd un süük. „Ick mag nich mehr", stöhnt se.

He geiht vörbi un deit ehr nix.

Dor ståht de beiden Minschen op de Wisch!

Week hangt de Deern den Mann in'n Arm – do seht se den Doot. -

Wat kiekt de Ogen em an! As blaue Veilken achtern Knick, de 'n afrieten will.

„Ick kann't nich helpen", seggt de Doot ganz liesen un nimmt de Deern ehrn Leevsten weg. –

De Doot sitt wedder an de Poort, kickt in de Welt dål.

He röögt sick nich, un sien Kopp liggt swoor in de Knåkenhand.

Dor ünnen, merrn op de Wisch, dor sitt de lütt Deern un weent. Blomen küsst ehr de Fööt. Sünn stråkt ehr sach över't Hoor.

Minschen suust de Stråten lang, schimpt un quäst un rufft un grient – vondåg as güstern, morgen as vondåg.

Blots en olen Schoster, he sitt gråd bi Disch, de nimmt den Finger hoch un seggt to sien Froo: „Wüllt sinnig eeten, Trina, de Doot kann in jeden Klüten binnen sitten – wüllt sinnig leven – nich Trina?"

Hermann Bossdorf

Nobiskrog

Wor Tied un Ewigkeit sick scheed't
wiet achter Dag un Düüster
un slåpen geiht so Lust as Leed
un nüms mehr wandert biester,
liggt deep in' Dåk de Nobiskrog,
nå buten gluupt geelgröön sien Oog
un binnen kriescht en Fiedel:
Kandidel – didel – didel!

Dor binnen in halvdüüstre Döns
kåmt snåksche Gäst tosåmen,
de suupt sick eens un speelt sick eens
un acht' nich Rang nich Nåmen;
mit bleeke Backen sitt' se dor
un kiekt ut Ogen düüsterklor
un singt heesch to de Fiedel:
Kandidel – didel – didel!

De Tied smitt hierher jedereen,
den Gier un Drift leet danzen;
to'n lesten Mål sitt s' hier bi'neen
un slåt sick vull de Panzen.
Wat weent de Wind? Wat schriggt de Uul?
„Suup! Piek is Truff! Ol See, holl't Muul!
Un heescher kriescht de Fiedel:
Kandidel – didel – didel!

Blot he, de Gier un Drift bedwung,
de ward hier nicks vertehren,
em föhrt vörbi sien Wanderung,
he bruukt nich intokehren.
Du frågst, wo fåken dat mag schehn?
Mank dusend is dat höögst mål een.
Un höhnschen kriescht de Fiedel:
Kandidel – didel – didel!

Kummt nieg een to ut Licht un Lust,
denn giffť Gefråg un Gröhlen:
Wat du't hest wullt, wat du't hest musst,
dat låt di man nich quälen!
Kumm, sett di dål an unsen Disch
un suup di Seel un Lebber frisch
un sing mit to de Fidel:
Kandidel – didel – didel!

Speel ut! Batz! Dor liggt Harten-Ass!
Wat weer nu blot dat Leven?
Wat Geld un Macht? Wat Leev un Hass?
Hier ward dor nicks för geven;
de Försten- un de Pracherlüüd
sitt hier eenmödig Sied an Sied
un kriescht mit de ool Fiedel:
Kandidel – didel – didel!

Nu sing un suup! In'n Pappelboom
wat will den Wind sien Ruschen?
Dat Leven weer en Dreck un Droom,
nu mööt wi dat vertuschen.

Mit wat? Ool Seel, wat frågst du so!
Tööv af, båld hett dien Frågen Roh!
Un heescher kriescht de Fiedel:
Kandidel – didel – didel!

Wat west is, blifft jem puttegål,
dor lacht se luuthals över,
man wat för jem noch kummt eenmål,
dorför krieg s' all den Bever.
Denn, wat de Wind dor buten weiht,
dat Dunnerwoort heet Ewigkeit,
dat kriescht nich doot de Fiedel
mit ehr Kandidel – didel!

Wenn mål alleen een wieder mutt,
denn swiggt dat lude Larmen,
denn kruupt se all up eenen Dutt
un beevt to'n Gotterbarmen:
O, Süsterseel! O, Broderhart,
wat denn woll ward? Wat denn woll ward?
Veniensch blot kriescht de Fiedel:
Kandidel – didel – didel!

Wor Tied un Ewigkeit sick scheed't
wiet achter Dag un Düüster
un slåpen geiht so Lust as Leed
un nüms mehr wandert biester,
liggt deep in' Dåk de Nobiskrog,
nå buten gluupt geelgröön sien Oog,
un binnen kriescht en Fiedel:
Kandidel – didel – didel!

Hermann Claudius

In' Nobiskroog

In' Nobiskroog bi'n Wieserpåhl,
ool Seel, dor dråpt wi uns noch mål.

De Kreihn de sitt so swatt in' Snee.
Gau rin in' Kroog! O Jeminee!

Dorbinn' in' Kroog dor op de Deel
dor stööt wi düchtig an, ool Seel!

De Plicht is suur un sööt de Sünn'.
Du dröffst di nich mehr lang besinn'.

Den vullen Kroos den schasst du böör'n!
Mi eenmal noch mien Backen klöör'n!

Mi eenmal noch de Backen klöör'n,
den vullen Kroos denn wedder böör'n,

den vullen Kroos …! Wi lacht wull blied
un weet nich mehr üm Stünn un Tiet.

Sööt is de Sünn un suur de Plicht.
Mien Tung ward swöör –. Dat Leed dat swiggt -

Op eenmal geiht de Döör – – –

Kroos = Krug (bes. Bierkrug mit Deckel)

Hermann Claudius

Swart Maleen

In'n Dörperkroog bi Peter Bull
dor danzt de Knechten dull un vull,
as wenn de Danzböhn breken schull,
de Deern in jüm ehrn Arm!

Musik: Musik! – Un Klarinett
un Geig un Trummel un Trumpett
de speelt, as gell dat hüüt de Wett,
de ganze Welt to dreihn!

Man buten ünner'n Boom alleen
in't witte Hemd, up barfte Been
in'n Månschien – un steiht dor een?
Dat is de swart Maleen!

De höllt dat nich in't Krankenbett,
dor repen Geig un Klarinett,
un Trummel, Trummel un Trumpett!
Se müss to Danz, to Danz!

Keen kümmt dor op ehr to so licht,
den swatten Hoot deep in't Gesicht?
He kickt hendål un grött ehr nich.
Maleen, de steiht un beevt.

„Du kickst so liekenbleek, lütt Deern.
Dat is mien Farv, de heff ick geern!
Dien Hemd, dat schall mi nich scheneern!
Nu fåt mi üm un danz!"

Musik! Musik! He grippt ehr fast.
He böört in'n Enn de lichte Last.
He dreiht ehr rüm in wille Hast.
Musik! Musik! – Se danzt!

Musik! Musik! – se much sick wehrn,
alleen se danzt so geern, so geern.
He sleit den Arm so fast üm ehrn.
Musik! Musik! – Se danzt!

He böögt sick dål un snackt vun Bruut
un danzt mit ehr ut't Duuster rut
un midden rin in't Tamm un Tuut
vun Trummel un Trumpett!

Musik! – – Musik? – wat is denn dat?
De ganze Såål is duusterswatt,
un liesen is't, du kannst en Katt
op Poten slieken höörn.

Een Schrie op eenmål, schrill un luut,
as föhr en Seel ut't Lief herut!
Un deep un dump: Adjüüs, lütt Bruut!
Un ielig klappt en Döör.

In'n Dörperkroog bi Peter Bull –
dat heet, dat dat dor spöken schull.
De swart Maleen, de danz as dull
dor in de duuster Nacht.

Paul Schurek

Scheun un gediegen

„Na, denn prost!“, seggt Peter. Erst kreeg he ’n Schreck, as de vun’n Doden anfüng, ober he verhål sick båld wedder. „Quassel wieder. Seemann büst du?“

„Jo. In’n Seemannshuus heff ick mien Stuuv. Fein! Slott vör un allens! Weet ick ümmer, woneem ick henhöör, wenn ick trüchkåm. Heff mi nu beten Geld spoort, för twee Monåt langt dat. Gåh nu ’n beten in de Natuur. Jümmer op Wåter is ok nicks. Afwesslung mutt de Minsch hebben! Jo. Denn is dat Leben scheun. Jo.“

„Noch en Grock!“, röppt Peter.

„Jo, scheun is dat Leben würklich: Blots gediegen is dat – ick meen, dat’n mål starven mutt! He he he he! Dat is to gediegen is dat! Wi gåht, un annere kåmt. Dor leevt nu son Minsch, måkt Dummheiten, lehrt dorvon, ward ümmer kleuker – un wenn he ganz klook is, denn leggt he sick op’t Ohr, un denn smiet se em in’t Lock un denn kåmt de Wörmer un freet all sien Klookheit op – he he he he! Wenn een Kinner hett, denn seggt he to jem: ‚Kiek‘, seggt he, ‚so musst du dat måken!‘ un verklort jem dat – nützt ober allens nix, de mookt desülben Dummheiten as ehr Vadder – villicht noch en poor dorto – he he he! Jo, gediegen is dat. Mien Vadder hett mi dat ok seggt: ‚Eduard!‘ hett he seggt, ‚wohr di vör den Branntwien – dor sitt de Düvel binnen!‘ Heff ick dat dån? Schiet heff ick! Müss erst mål ornlich mit de Nääs anhaun, jo!“

„Na, denn prost!“, seggt Peter, „noch en Grock!“

„Weetst du, Kamråd – ick heff al männichmål dacht: Wenn ick de leebe Gott weer, denn wöör ick mål eenen

Minschen ümmerto leben låten, un denn, wenn he oolt is as Methusalem, denn wöör ick seggen: So, dat is nu de Keunig! Denn mööt ji allens frågen. De weet Bescheed. Åber denn fallt mi ümmer in – so ole Keerls – he he he – de måkt männichmål de allergröttsten Dummheiten – he he he – is also wedder nix! Nee. Gediegen is dat, jo. Un denn, Kamråd – also goot, wi starvt – åber wat denn? Du sittst dor un ittst vergneugt dienen Schellfisch, drinkst dienen Grock, denkst ‚O du scheune Welt' – un morgen fallst du villicht um, – will dat nich höpen, he he he! – un denn sargt se di in, un de Måden freet di so sachen op! Weetst du, wenn ick dor so an denk – dorbi kann en gruuglich warrn! De Paster seggt: *Die Seele geht ein zu Gott!* – Goot seggt, jo. Åber kannst du di dor wat bi denken? Ick nich, nee. Na låt, Schiet, is en snåkschen Kråm – he he he! Mutt woll allens so wesen! Scheun is dat doch, verdammi jo! De Natur un de See un de Heben un de Minschen – un dat Gruveln – he he he – scheun un gediegen, jo!"

Paul Schurek

Dat Füer

Schönen Summerdag weer dat. De Sünn harr't goot meent. To goot meist, ganz matt un slapp is dat Dörp, as'n fuul Deert huckt dat dor, blinzt mit möde Ogen, snuppert in de bruttige Luft. Åver nu geiht de glönig Dag to Bett, nu kummt de Åvend dor lank, un de hett weeke Hannen.
De Eekenhoffbuer kummt rut, sett sick vör sien Huus hen mit dampen Piep.

„Süso“, seggt he, „Fieråvend! Den Roggen heff ick nu binnen. Vull is de Schüün bit båven hen, brekenvull! Nu kummt de Håver un de Bookweeten – meist kann ick ’t nich mehr låten. Un nåsten kåmt de Tüften un de Röben. Leeve Sünn, du meenst dat goot mit uns!“

So sitt de Eekenhoffbuer vör sien Huus, snackt un gruvelt un smöökt. Lang sitt he so. Denn steiht he op, måkt noch ’n lütten Gang. Kickt in’n Stall – affuttert is, allens in de Reeg. Kickt in de Schüün – dor hebbt de Döschers to doon.

Denn kloppt he sien Piep ut un geiht to Bett.

Nu geiht de Nacht üm, ganz liesen – dat Dörp hett sick henkuschelt – de Hüüs sünd an de Bööm rankropen, un de Bööm böögt sick mööd över jem dål. Beten afsiet steiht de Eekenhoff. Un beten hoch steiht he – wenn he ok den Kopp introcken hett, vun wieden lett dat so, as reck he sick stolt: „Ick bin de Bås, ick, de Eekenhoff!“

Dor slickt een lank in’n Duustern – wokeen is dat? Slickt an den Eekenhoff ran as ’n Deef – „de hett sien Schüün vull, dammi“, gnurrt he, schuult to de Finstern rop. – Man do blafft de Hund, rasselt an sien Keed, füünsch blafft he un stemmt sick op de Been, un do slickt de Keerl gau weg, drückt sick in’t Duuster un måkt de Been lang. Un de Buer binnen stickt den Kopp hoch, grient: „Jejå, Landstriekers hebbt nix to söken hier“, un leggt sick op de anner Siet.

Liesen geiht de Nacht üm, dat se nüms nich stöört – åver dat is ok, as kunn se nich recht, as leeg ehr dat swoor in de Been. Un de groote Hund, as he sick heesch blafft hett, do steiht he, lett den Kopp hangen un snuppert mit de Nääs – un de Bööm weegt jemehr dröge Poll vull Unroh.

Un de Buer binnen in’t Bett, de kummt wedder hoch mit ’n Kopp, leggt sick dat Küssen höger rop, stött sick de

Deek nå ünnen hen un stöhnt, „dat schull vunnacht noch kåmen!“ Un slarpt an't åpen Finster, suggt de Nachtluft in, horkt nå buten – un dat is allens so matt un still un dröög – un leggt sick wedder hen un kann nich slåpen.

Un buten Dörp pedd sick de Stromer lank, de hett sick dat Hemd över de Bost opreten. He kummt nu an de Au, dor leggt he sick op'n Buuk, stickt de Arms in't köhle Wåter, den Kopp, un denn suppt he. Un as he nu wedder hoch kummt un denkt, „so, ünner welken Boom kruup ick nu?“, do markt he, wat em warm de Luft de Backen stråkt. Un dat weer doch eben noch ganz still! Un do reckt he den Kopp, kickt nå'n Heben rop un süht, wat dor günt in Nord de Steerns versuupt in Swart, dat sick dor ropschufft – swoor un sacht. Un de warme Luft, de ward em wat gauer stråken, un jümmers gauer! De schüfft vörbi, as müss se Platz måken – un achtern, dor höört he nu wat susen, ganz liesen – åver dat mutt 'n marken! Un all de Bööm, de markt dat je – kiek, se hebbt nich slåpen! Bevern röögt se jemehr drögen Blääd – och, geiht't nu los?

Un hork, nu kummt de Wind al an! Hui, de jågt dor günt över de Wischen un brickt dörch't Holt, dat' kracht! Un so suust he in't Dörp rin, kloppt an de Hüüs, ritt an de åpen Finstern, krault de Bööm in de Pull un knackt de drögen Telgen. Un an'n Heben, kiek, jümmer mehr Steerns kruupt dor weg, un nu rutscht ok de Månd weg – allens versuppt in't Swarte! Heel dull ward de Wind, krüselt sick in't Dörp rüm, schreet: „Hoo Lüüd, wåkt!“ Un do slarpt dat in de Hüüs, Döörn klappt un Finstern, un de Hunnen kniept den Steert in un verkruupt sick. Op de Wisch steiht de Stromer, lett sick de Hoor tusen un röppt: „Jo, nu man los!“ Un nu lücht dat op – ganz wiet weg is't, un so lapprig is't, as much dat noch nich recht. De Eekhoffbuer rifft sick de Ogen un denkt, „na, dat is nix“. Un ganz lang achteran rullert de Dunner hen, matt, as wull he’t al opgeven.

Man do fangt de Wind an, springt hoch as’n füünsches Deert, grippt in’t Swarte rin, jågt weg, jågt trüch, wöhlt hen un her, måkt allens lebennig un huult – wat huult he gruglich!

Un kiek, nu lücht dat wedder op – o, dat is beter! Un gauer rullt de Dunner achteran! Do ward de Storm ganz dull vör Freid, nu hett he wunnen! Nu nimmt he dat Muul vull un gröhlt, as sull de Höll opbreken! Un Blitzen ritt he rut ut de swarten Wulken, blaugröne Blitzen, un jümmer heller springt se båben hen in langen Bogen. Un jümmer wuchtiger larmt de Storm, ümmer dumper ward sien Wåhrschuun – do – gröön de ganze Nacht – un krach! De eerste Slag to Eer! Do beevt de Bööm bit in de Wötteln, do krümmt de Hüüs sick bang tosåmen – un ’t huucht en Süfzen över de swarte Eer. Un nu is’t Wedder los. Nu geiht dor Blitz op Blitz, nu fallt dor Slag op Slag, un allens nå ünnen. Nu platzt de Wulken. Swoor rönnt dat Wåter dål, un dor binnen wöhlt de Storm sick rüm un plantscht un sprütt un kriescht! Un jümmer gruglicher grellt dat Licht op, ümmer karniger knallt de Slääg – deep böögt de Bööm sick, låt sick rieten, låt sick duschen. Un de Köh ståht op de Wisch un låt de Köpp hangen. Un de Stromer liggt op’n Rüch, kickt in den lüchen Heben un klatscht sick den natten Buuk vör Höög. Un jümmers noch scharper tuckt dat gröne Metz! Jümmers noch kantiger kracht de Dunner! De Eekenhoffbuer sitt achter’t Finster, mit bevern Hannen treckt he sick de Büxen an – föhlt sick to Döör, will opmåken – och, ward doch noch allens in de Reeg sien buten?

Dull krallt de Wind sick buten an. Do drückt de Buer ut vulle Kraft un stemmt de Been. „Wat, is dat narrsch vunnacht?“ Un kriggt de Döör ok sachen op – to rechte Tiet, dat he den Blitz noch süht, denn liggt he op de Nääs. Dat weer de dullste Slag, „dråp!“, schreeg he. Un „dråpen“ brüllt de Storm, „dråpen hett he, Buer!“, un rönnt üm’t Huus rüm, dull, un lacht! Un richt sick denn op un pietscht dat Weder hoch un rut ut’t Dörp.

Un as de Buer nu sien Knåkens hett tosåmen, un rappelt sick op – do süht he al dat gröne Lüchen günt in’ Süden. Mööd slickt de Dunner achteran – de Bööm schütt sick, sprütt de dicken Druppens af, de Wulken sünd leddig, Döörn gnarrt in’t Dörp vull Höög un Freden. – Un do denkt de Buer, „dat güng noch goot!“, rifft sick de Beens un slarpt nå buten – do springt em Gräsen an – och, root springt em dat in’t Gesicht!

De Steerns kruupt wedder vör, un de Månd gütt sien weekes Licht ut – åver dor ünnen achtern Eekenhoff, dor stiggt dat qualmig op, dicken Rook quält sick rut – vull Unroh drückt un drängt dat – de Schüün is’t! Dor schütt en geele Flamm hoch! Eers is’t, as kunn se de Feut nich fast kriegen, as rutsch se jümmer ut – åver nu steiht se, reckt sick un lacht: „Goden Åbend, Buer!“

„Füer!“, schreet de Buer, „Füüüüüer!“

Sachen ward’t in’t Dörp lebennig, Lampen blinkt op.

„Ruuuut!“, röppt dat Füerhorn, „rut! Rut!“

Dat röögt sick op de Stråt, ut de Hüüs kruppt dat rut, tappt in Iel nå’t Sprüttenhuus. „Füer!“ weiht dat von Huus to Huus.

Un de Buer löppt rüm, is ganz verdwars un weet nich wo un weet nich wat! Ritt de Köh ut’n Stall rut, åver de böögt den Hals, as se den roden Füerschien seht, loopt wedder rin un brüllt! Un de Knechten un Deerns maracht sick af, griept, wat jem in de Fingers kummt, sleept rut ut't Huus, man rut ut't Huus! Un denn kummt de Sprütt an un de Buern achteran.

„Naa?", grient dat Füer, „sünd ji dor?" Un reckt sick hoch un breed sick ut. Dat leckt un sleckt un ritt un fritt! Dat schiere Stroh, wat smeckt dat goot!

Nu ståht de Buern an'n Diek un pumpt, de Sweet rönnt jem raf, un de dünne Wåterstråhl sprütt in de Gloot as lütt Minschenpuust in'n Storm. Dat Füer schütt tohöcht un kriescht: „Dat kettelt mi den Buuk – ji Minschen, wat sall dat!" Un krümmt sick as 'n Slang un dükert den Kopp, ritt op dat Muul un suppt dat köhle Wåter, as smeck't em goot. Nich lang, denn hett' den lütten Diek leddig såpen un richt sick wedder op un schreet: „Mehr her!"

„Mien Huus!", jammert de Buer.

„Wonehm is't, dien Huus?" Hungrig reckt dat Füer sien glönig Köpp ut, jümmer mehr wasst em ut'n Buuk. – De Schüün hett' nu freeten, nu krallt' sick an't Huus an, treck sick röver. Över't dröge Dack kruppt' hen, ton Finster rin.

„Mien Geld!", schreet de Buer, „mien Påpiern!" Un slarpt dörch't Huus, kricht sien Been nich mit, un dat Füer langt em achteran un jågt den Buern, dat he nich weet, woneem he sien Geld hett. Un denn snitt en Schrie dörch de Nacht, un dor steiht as 'n witten Spöök en Wief! De Fro steiht dor, „mien Kind!" schreet se un löppt nå båben.

„Woneem is dat Geld? Woneem is dat Kind?" Jümmers grötter ward dat Füer un rönnt achteran un söcht – „Dat mag ick ok!" Un kiek, nu hett' dat ganze Huus. Ut all de Finstern langt sien glönig Tungen rut. Dörch't Dack brickt' dörch un dreiht sick röhrig üm un üm un söcht un fritt un ward nich satt. Jümmers hungriger, jümmers duller – krach, nu schüfft' dat ganze Dack rünner, böört sienen slanken Lief tohööcht un funkelt de Buern an.

Horkt – Buern – höört ji dat nich?

„Wat ståht ji, Minschen? Muul riet ji op un Ogen – Bevern schütt ju – Lustig bün ick! Ick sliek nich ran as Mett un Snick! Ick räkel mi nich as Summernacht! Sitt nich vör Döör un smöök mien Piep!

Ick breek as Dunner vör – ut ole Muern, ut stövige Kisten, ut schimmelig Ecken, ut drömig Schapp – to lang de mulmig Roh! To lang heff ick luert in stickig Holt – nu bün ick frie!

Ick mutt mi recken – dat drifft dor ünnen! Kann nich ståhn un kieken un pulen un klein – blitzen mutt dat un krachen! Ick fråg ju nich, wat ji mi möögt – wenn ick kåm, bün ick dor!

Wat is en Huus? Wat is en Minsch? Kiekt, wat mien Funken sprütt! Kiekt, wat mien Flammen blinkert geel un gröön un blau un root – jo, root as Bloot! Ick bün dat Leven, lütte Minschen, böögt ju, böögt – achter mi kummt de Doot!"

Höört se dat nich, de Buern?

Dor günt op de Wisch sitt en in duuster Nacht un kickt. „To schöön", seggt he, „so'n lütt Füer! Un kost mi nix – de Eekenhoffbuer, de mutt' betåhlen! Woneem wullt du nu slåpen vunnacht, Buer? Güstern hest du mi ut'n Huus jågt – ick bün nich so, kumm her, mien Bett is groot!"

Un't reckt sick hoch, dat Füer, rin in de swarte Nacht – un lacht.

Un ståht as Steen, de Buern, un kiekt.

Poll = Baumkrone, Haarschopf

Hermann Bossdorf
De dode Möller

De Möller weer doot. De Fossmöhl stunn meist op'n Kopp vör Verbåstheit. Keen Minsch wull dat glöven. Gistern Åvend harr de starke Keerl noch en Krach in't Huus mit sien Fro måkt, dat man dat en halve Miel wiet hören kunn. Un nu harr he morgens stief un koolt in'n Bett legen.

De ool Dokter meen, he harr sick woll to dull opreegt, un nu weer em en Åder in'n Kopp sprungen, un he harr en Slag kregen. Blots Doden-Lena, de em wuschen un antrocken harr, de meen, he weer nich doot. Un se keem ok mehrmåls un keek to un wull nich von ehr Meenen afgåhn. Åver se lachen ehr all wat ut un sään, Doden-Lena wöör al wat tüderig. Un morgen in'n Dag sull de Fossmöller begråven warrn; sien Kuhl op'n Karkhoff reet al wiet ehr Muul op, üm em wegtohappsen.

De Discher weer op'n Nåmiddag dor west un harr de Liek to Sarg brocht. Nu stunn de dode Möller opbåhrt in de Döns, un dat stunk bannig nå Dodenkränz in de Fossmöhl.

As dat gegen Åbend gung, keem de Knecht mit de Möllersch nå Stuuv rin; he wull sick den Doden mål in'n Sarg bekieken.

„Jä", meen de Knecht un stunn breetbeent vör den Sarg, „nu is he doot, dat Grootmuul, nu kann he di nich mehr argern, Möllersch!"

„Jau", jaul dat Wiev un wisch sick de Krokodilstrånen af, „wat heff ick üm den Keerl utståhn musst! Du leeve Gott!"

„Nu ween man nich!", sä de Knecht un fåt ehr üm de Schuller, „wenn wi över't Jåhr tosåmenkåmt, sallst' dat beter hebben!"

„Och, Franz, wenn ick di nich hatt harr“, snucker dat Wiev, „denn weer ick em al lang weglopen!“

„Jo, jo, jo!“, begöösch ehr de Knecht un streek ehr an de runden, vullen Arms dål.

„Möllersch!“, rööp buten een von de Deerns. De beiden flögen uteneen, un de Fro gung nå de Deel rut.

De Knecht bleev bi den Doden alleen. He keek sick em noch mål orntlich an.

„Sühst woll, Möller“, sä he, „dat hest’ nu von dien Grölen un Schimpen, nu hest’ di dootspektåkelt, un nu warr ick över’t Johr hier de Fossmöller. Jä, so geiht dat in’n Leven; dat’s en dull Bedriev. Åver weetst wat, Möller? Ick glööv, du liggst nich macklich noog in de Kist. De ool Schrökel, de Discher, hett di dor bannig dwatsch henpackt. Wenn du so bit in de Ewigkeit liggen sallst, künn di op’t Enn dat Krüüz wehdoon. Ick will di man en beeten bequemer henpacken; den Gefallen kann ick di jo ok noch doon!“

He also bi un kriggt den doden Möller ut den Sarg un stellt den stieven Keerl gegen de Döör, de nå de Slåpkåmer geiht, mit dat Gesicht nå de Döör. „Tokieken bruukst’ ok jüst nich“, meen de Knecht, „nu kiek man so lang an de Döör!“

Miteens fung buten een an to ropen: „Franz! Franz! Kumm mål gau rut, dat Roggenschütt is leddig lopen!“

„Dammi!“, sä de Knecht un lööp rut un leet den doden Möller gegen de Döör ståhn.

As de Möllersch in de Köök mit de Deern fardig weer, gung se von de Deel in de Slåpkåmer un wull von dor nå de Döns rin. As se nu åver de Döör von de Slåpkåmer nå de Döns opmåken dä, full ehr de Dode – batz! – vör de Bost.

Dat Wiev schreeg op, as harr se op en Seeß peddt un sprung torüch, dat de dode Möller – quatsch! – op dat

Muul to fallen keem, dat he in'n Leven so fåken veel to wiet opreten harr. Ohn sick wieder nå em umtokieken lööp de Möllersch nå de Deel rut. De Ogen stünnen ehr rein ut'n Kopp vör Verfeertheit. Se harr meist den Knecht ümlopen, de ut de Möhl wedder torüchkeem.

„Hallo, Möllersch, wat is di denn?", fröög he.

„De – de – dode – Möller –" ståmer dat Wiev un suus ut de Döör nå buten.

„Och, du grote Grüttworst!", lach de Knecht, „nu is de mitdewiel nå de Döns ringåhn, un dorbi is ehr de dode Möller in de Mööt fullen."

He also rin un kriggt den Doden wedder op un leggt em torüch in den Sarg.

„So, Möller", sä he, nu ligg man to un verfeer keen Lüüd nich – höörst?!"

Åver miteens – de Knecht meen, em luus de Deuster – miteens hett de dode Möller de Ogen åpen, langt mit de Hand ut un haut em een an't Muul, dat he binåh op den Achtersten fullen weer.

He bölk op, as sull he afslacht warrn, sehg blots noch, dat de dode Möller över End keem, dunn sprung he rut nå de Deel un – jüst as vörher de Möllersch – rut ut de Grootdöör nå buten.

De Möller åver weer wohrhaftig wedder leevig worrn. Doden-Lena harr doch recht behollen. He weer nich doot west. Un as he so – batz! – op dat Muul fullen weer, müss em jo woll de Besinnung wedder kåmen sien. He jump ut den Sarg rut un keek sick den Optogg in de Döns mit grote Ogen an.

„So, also inkuhlen hebbt s' mi wullt!", gnurr he un måk en Fuust, „na tööv! Ick will jo …!"

Dormit schööv he nå de Deel rut, denn he föhl de leddige Måg. As he rutkeem, lööp em de öllst Deenstdeern in de Mööt. As de em to sehn kreeg, schreeg se op as en Farken, dat afsteken warrn sall, un lööp mit verfeerte Ogen nå buten. De Möller stüer op de Köök to. In de Köök stunn de jüngste Deern mit en Putt vull Melk. As de Mann, de eegentlich in'n Sarg liggen müss, so unverwohrens dörch de Döör rintostappen keem, smeet se den Putt midden in de Köök hen un sprung ut'n Finster. De Möller quääl sick üm nix; he reet sick en Knast Swartbroot un Speck af un slöög sick erstmål en orntlichen Happen to Bost mit en düchtigen Kööm achterran. Denn so gung he nå de Möhl röver.

In de Möhl weer de Jung jüst bi't Oprümen tokehr. As de Möller in de Döör keem, full he platt op'n Achtersten un keek den Mann ut grote, verfeerte Jungsogen an. Seggen dä he nix, keen Luut keem em ut de Kehl.

„Fieråvend!", sä de Möller un leet de Möhl ståhn. „Jung, måk nich so'n döömlich Gesicht, du sühst jo, dat ick nich doot bün."

„O – o – o – Möller", sä de Jung un keem wedder in de Been, „o – o – Möller."

„Holl't Muul un wasch di, dumme Bengel!", sä de Möller, trock sien Holtschen an, güng nå de Döns torüch, nehm den Sarg op de Nack un trock dormit to Dörp hen nå den Discher. Göörn, de em bemöten dään, löpen vör em weg rin in de Hüüs. Dat füng al an to schummern, as he bi den Discher in de Warkstäd rintrapp. „'n Abend ok, Discher", grööl he, „hier hest' dien' Sarg wedder!"

De Discher måk jüst de Warkstäd schier. As he den Möller richtig in't Oog fåt, krööp he ünner de Hövelbank achter en' Ståpel Breed un bölk: „To Hölp! to Hölp! Moder! Moder! to Hölp!"

De Möller sett sick op den Sarg as en Rieder un lach, dat de Finsterruten an to klötern fungen.

As de Discherfro op dat Schriegen von den Mann rin to fegen keem un den Möller op sien' Sarg rieden sehg, baller se – batz! – de Döör wedder to un rönn ut'n Huus. De Discher weer still worrn; he leeg beswiemelt achter sien' Hümpel Breed ünner de Hövelbank un sweeg rein still as en Doden.

De Möller åver kreeg den lütten Discher bi de Been achter sien Schanz rut, legg em in sien' Sarg un gung wedder rin in't Dörp nå den Paster.

De Paster harr jüst sien Åvendköst to Liev un seet in sien Studeerstuuv un wull sick de Liekenreed för den Fossmöller överleggen, do stunn miteens desülve Mann in de Döör un sä mit sien lude, ruge Stimm: „'n Åvend, Herr Paster!"

De Paster leet sien Piep fallen un bever bit in de Ünnerbüx. „*Alle – alle – alle – guten – Gei – Geister*", ståmer he mit bleeke Lippen.

„*– loben Gott den Herrn – und ich auch!*", rööp de Möller un lach, „jawoll, Herr Paster, ick bün wedder leevig, un ick wull Se man Bescheed seggen, dat Se mi morgen keen Liekenreed to hollen bruukt."

De Paster gung rüchwarts nå de Siedendöör un wutsch rut ut de Stuuv.

„Na, is goot", sä de Möller, „denn tööv ick solang, bit he wedder kummt." He nehm de Piep op un sett sick op'n Stohl un smöök förföötsch drop los.

De Paster åver lööp nå'n Köster röver. „*Mein Lieber*", sä he mit beverige Kinnlåden, „*kommen Sie doch mal mit in mein Studierzimmer, ich – ich – weiß nicht, ob ich eine Halluzination hatte oder – oder – ich – ich weiß nicht –.*“

De Köster also mit den Paster tosåmen torüch in't Pasterhuus. De Paster leet den Köster vöropgåhn: „*Kucken Sie doch mal in mein Studierzimmer, ob Sie dort jemand sehen, mein Lieber!*“

De Köster måkt de Döör op, kickt rin, un – dor sitt de dode Fossmöller un smöökt den Paster sien Piep. Rumtsch! smitt de Köster de Döör wedder to, dreiht sick mit en bleek Gesicht nå den Paster rum un seggt: „Herr – Herr – Paster – ick – ick – ick – ick –.“

Do ritt de Möller åver de Döör wedder op un seggt: „Köster, wat kummst denn nich rin? Ick heff den Paster sien Piep solang ...“

Rut ut de Döör springt de Paster, håkt an de Footmatt fast, fallt lingelang hen, un de Köster springt as en Windhund över em weg un suust ut dat Pasterhuus rut, as weer em de Deuster op de Hacken.

De Möller wull sick dootlachen över dat Blickspeel. De Paster kunn mit sien' lütten Smeerbuuk nich wedder so håst in de Been kåmen, as he wull. As em nu åver de Möller ünner de Arms fåten dä, schööt he miteens tohööcht as Männeken ut'n Kasten, drück sick gau nå sien Stuuv rin un slööt de Döör achter sick dicht.

„Jä, Herr Paster“, sä de Möller achter de Döör, „ick segg Se dat nu nochmål, dat ick nich doot bün – ick meen wegen de Liekenreed morgen.“ Dormit gung he nå Huus, wor Doden-Lena al mitdewiel ankåmen weer, de den Kråm wedder inrenken dä. De Möllersch åver un de Knecht sünd nich wedder in de Fossmöhl torüchkåmen. „Denn nehm ick mi en annern Knecht un en anner Fro!“, sä de Möller.

Un dat dä he denn ok. Un he leevt hüüt noch. Blots mit de tweete Fro måkt he nich soveel Larm as mit de eerst. He is sach bang, em kunn dat noch mål so gåhn, un bi't tweete Mål wöör he dat Opwåken vergeten.

förföötsch = gleichmäßig (Fuß für Fuß)
håst = hastig

Hans-Joachim Meyer
Bloots för twee Stünnen

De Jung binnt sick den breden Neerngurt üm sien Lief, treckt de swatte Ledderjack an un hålt sien' Helm ut dat Schapp. „Na?", frågt de Mann. „Wullt du noch weg? Bi düt Schietwedder?"

„Bestimmt höört de Regen bald op. Bloots 'n lütte Flåg", antert de Jung.

„Wullt du denn lang wegblieven?"

„Nee, gleuv ick nich. Üm un bi twee Stünnen, mehr nich." He steiht al in de Döör.

„Teuv doch mål", röppt de Mann. „Woneem wullt du överhaupt hen? Spazeernfohrn?"

„Weet ick nich. Villicht nå Wenningstedt an'n Strand, wenn't dreug is. Oder wieder nå List rop bit kott vör'n Ellbågen." – „Denn veel Spåß. Un denk doran: Klock söss wüllt wi eten. Man denn büst förwiss lang trüch."

„Klor", seggt de Jung. Sien Snuut dreiht he bloots half un heel kott nå den Mann hen. „Denn tschüs ok." He slütt de Döör un löppt de Trepp hendål. De Mann geiht röver nå dat Finster vun sien Köök, blifft achter de Gardien ståhn un kickt op de Stråt rünner. De Jung sett sick op sien Suzuki un föhrt mit een luud Knattern los. De Mann smuustert. Jümmer noch is de Jung so åsig stolt op sien Motorrad, denkt he. As wenn he partout nich öller warrn müch. Dorbi bruust he al so'n Johrer fief op sien' Füürstohl över uns Insel un is köttens söbenuntwintig worrn. Liekers blifft he för mi de Jung, de he ok meist noch weer, as ick em kennen lehr.

Dat is nu Klock twee an'n Nåmiddag. De Mann sett sick an sien' Schrievdisch. In een Week schall sien Geschicht, över de he sitt, klor ween. Harr ick vundåg an'n Sünndag nich ok rut nå buten gåhn kunnt, jüst so as de Jung, frågt he sick. Morgen fangt op'n Kalenner dat Freuhjohr an. Na, denn ward dat förwiss bald warmer. Över Ostern wüllt de Jung un ick för een poor Dåg röver nå Dänmark. Ick hööp, dat is denn nich so koolt as verleden Johr.

Männichmål verståh ick em nich, denkt de Mann. Worüm hett de Jung mi vörhen gor nich richtig Tschüs seggt? Hett mi meist gor nich ankeken. Hett he sick över mi argert? Na, villicht bün ick to övelnehmsch.

De Klock geiht op veer to. Nu mutt de Jung egenlich bald trüch ween, denkt de Mann. He steiht vun sien' Schrievdisch op. He freit sick, dat de Jung wedder ganz good toweeg is, schoonst sien Fründin vör twee Månd mit em Sluss måkt hett. Dat weer en heel sworen Slag för em, denn se hebbt al an Hochtied dacht un sick förwiss ok op en lütt Göör freit. Mit de anner Deern, de he vör düsse Fründin harr, weer dat veel leger, as de em weglopen dä. Twee Johr liggt dat trüch. De Jung is domåls richtig krank worrn un hett sogor vun Sülfstmoord snackt. Ick kann bi Froons nich lannen, weer he jümmer bi to jammern. Ick bün to small un spillerig, un de Wiever wüllt all op't leefst en richtigen Macker as Fründ.

Klock fief is de Jung jümmer noch nich trüch. De Mann geiht nå de Köök. Tied, dat Eten optosetten, denkt he. He schellt Kantüffeln un putzt de Breekbohnen. Denn hackt he de Zippeln lütt un smitt jüm to dat Smolt in'n groten Putt. Beern, Bohnen un Speck schall dat vunåbend geven.

Is mit den Jung doch wat nich in de Reeg? He denkt an hüüt Morgen, as he mit em bi't Freuhstück sitten dä. Wat hett he dor bloots mit meent, as he vun'n Disch opstünn un sä: „Ja, ick heff gode Frünnen hatt." Dorbi hett he mi so snåksch ankeken. „Ick heff Frünnen hatt" – woso denn „hatt"? Wi sünd doch jümmer noch Frünnen, oder ligg ick dor ganz un gor verkehrt? Ick heff mi dat bloots anhöört, heff nix frågt. Worüm måk ick Döösbattel nich glieks mien Muul op, wenn mi sowat opfallt? Na, villicht hett he dor nich groot över nådacht, wat he dor tünen dä. Dat is nu Klock söss dör, dat Eten is meist klor. Woneem blifft de Jung bloots? De Mann argert sick, grippt nå de Buddel Wodka in't Keuhlschapp un neiht een Glas weg. Is jå nich dat eerste Mål, dat he nich nå Huus kummt. Verleden Week an'n Freedag ton Bispill. Dat weer merrn in de Nacht, Klock dree, as he buten op de Stråt den Jung sien Suzuki höör. He harr wat drunken, hett he mi vertellt. Harr denn dat Motorrad ståhn låten, sick in Westerland in en Kroog sett un is denn dor an'n Disch inslåpen. Nå en dannige Tass Kaffee weer sien Dunas nich mehr so dull. Na good, dat kunn ick em gleuven, sä em gode Nacht un heff nich wieder frågen wullt. Liekers keum mi dat allens so vör, as wenn he mi nich de Wohrheit seggen dä.

Villicht mutt ick mi doch mehr um em kümmern, denkt de Mann. Oder seh ick dat allens to swatt? Amenn hett he jå in Wenningstedt de Deern bemött, de he in sien Fotokurs kennenlehrn dä. De wåhnt dor, hett he mi köttens vertellt. Kann angåhn, dat se nåhsten sien nee Fründin ward. Schull he sick nich mehr Tied låten, ehrder he sick en anner Fro anlacht?

Klock acht is de Wodkabuddel half utsåpen. De Mann ward füünsch. Harr de Jung mi nich anropen kunnt, schimpt he bi sick. Oder is wat malöört mit em? Aftiet hett de Mann nich, de Putt steiht op'n Heerd un ward bilütten koolt.

Wenn ick so an de letzten Dåg trüchdenk, warr ick af un an nich klook ut em, kümmt de Mann in't Gruveln. An'n Middeweken güng he heel alleen in en China-Restaurant, wat he annertieds nie nich måken dä. Wokeen föhrt sick sodennig op? Un an'n Dunnersdag weer he in Westerland in en Bar an de Standstråt un is dor mit en Deern mitgåhn, hett he mi vertellt. Hett dor en ganzen Barg Geld låten. Ick wunnerwark bloots. As wenn he so richtig op'n Putz hauen, den Mann vun Welt spelen wull. Scheun wat spiesen, en Deern opsammeln un mit ehr glieks in de Puuch jumpen. Wat stickt bloots dorachter?

De Mann mutt sick trüchholen un stellt de Buddel weg in't Keuhlschapp. Dat ward låter un låter. De Mann ward bang. Kann em villicht doch wat tostött ween? Worüm heff ick in de letzte Tied nich mehr mit em snackt? Heff mi in mien Arbeit inbuddelt as unklook. Liekers bün ick wiesworrn, dat he sick en beten gediegen opföhrn un sick männichmål alleen feuhlen dä. Man ick heff dor nich groot op achtgeven. Ok verleden Sünndag, as wi tohoop bi'n Italiener en Pizza eten dän. Dor hett mi de Jung frågt, worüm ick jümmer mit düssen Jan ut mien' Vereen to'n Swömmen gåh un nich mehr so veel mit em op de Been stellen do. Dat leet meist, as weer he ieversüchtig op Jan. Villicht weer he bang, dat ick keen Vermåk mehr an em hebben kunn? Toeerst will sien Deern nix mehr vun em weten, denn ick ok noch, de beste Fründ. Ick heff blots antert, dat he dumm Tüüg snacken deit, wieder nix. Harr ick em villicht beten klorer wiesen schullt, wat he mi jümmer noch bedüden deit?

Mag he mi amenn doch mehr, as ick bitherto gleuv? Negen Johr wåhnt wi nu tosåmen. Sien Öllern harrn sick al lang vertöörnt, güngen uteneen un leten sick jichenswenn scheden. He leev denn en poor Johr bi sien Mudder. As he achteihn weer, lehr he mi kennen, as Fründ un ok as en Oort tweten Vadder, un låter tröck he nå mi hen. Achternå weer he al dreemål mit en Deern tosåmen, man dor is jümmer nix ut worrn. Man wi leevt jümmer noch tohoop. Stickt dor doch wat mehr achter, as ick åhnt heff? Man egens kann dat nich angåhn. Ick weet ja, wo leef he de letzte Deern harr. Un nutieds geiht em dat doch gor nich so leeg. Villicht is dor jå wat an mit düsse Fro vun'n Foto-Kurs, mag ween, dat he sick opstünns sogor bi ehr opholen deit.

Klock halvig teihn geiht de Mann nå sien Kaffeemaschien. Nå so veel Wodka mutt ick wedder nüchtern warrn, denkt he un gütt sick en Tass starken Kaffee in. Denn treckt he sick den Mantel över un geiht nå buten.

De Weg nå de Polizei duurt en Viddelstünn. De Mann stellt sick vör un vertellt den Schandarm, dat de Jung op sien Motorrad wegföhrt is, Klock veer wedder trüch ween wull, man so låt an'n Abend jümmer noch nich bihuus is. Kann 't angåhn, dat mit em wat malöört is? Unfall oder sowat? De Mann seggt noch den Nåm, Adress un dat Öller vun den Jung.

De Schandarm geiht röver nå twee Kollegen, de an'n Disch vör'n Computer sitt. He fluustert mit jüm. Denn kümmt he wedder trüch.

„Wat weer dat noch för'n Motorrad? Kawasaki?"

„Nee, een Suzuki, de Nummer weet ick gor nich nipp un nau. NF, D, un denn kümmt een Dree. Un achternå en Söss oder ok Acht."

„Also Suzuki, NF, D un denn en Dree? Se sünd sick ganz säker? Un de Jung weer söbenuntwintig?"

De Mann nickköppt. „Dreug he een swatte Ledderjack? Un op den Helm weer een blaue Duuv opbackt. Weer dat sien?"

„Klor, dat sünd de Såken vun mien' Jung. Wat is denn mit em?"

De Schandarm snackt wedder liesen mit sien' Kolleeg. Denn frågt he den Mann: „Se sünd doch nich de Vadder? Man villicht en Unkel oder en annern Verwandten?"

De Mann seggt, dat se nich verwandt sünd, man negen Johr lang tosåmen wåhnen doot.

„Dat deit mi leed", seggt de Schandarm. „Dat Motorrad hebbt wi an de Båhn bi Nösse funnen. De Jung hett sick dat Leven nåhmen. Kott nå Klock söben hett he sick dor vör'n Tog smeten."

Hans Much

Ut „En nedderdüütschen Doodendanz“

Fiedelmann

Hüüt kümmt de Dood as Fiedelmann
Un stimmt mål basch sien Stückchen an.
De Luft, de geiht so kolt.
Hei fiedelt just so, as hei will,
Mål schier un sacht, mål ruug un schrill.
De Welt is hatt as Holt.

Up'n Pluds, dor föhrt hei jach in't Enn
Un leggt de Fiedel ut de Hänn,
Un horkt mål nipp un glau.
En Bläumken reckt sick em tau Fäut:
„Du weckst mi ut den Slåp so säut!
Scheun' Dank! un speel man tau!“

up'n Pluds = auf der Stelle
glau = klug, liebenswürdig

Wessel

De Dood hett sick tau Nacht verfiehrt,
Hett sick mål sülvsten överhüürt.
Dunn hett hei sick vermeten,
Hei wull de Welt vergeten.

Rut wull hei, rute ut de Welt.
Hei stappst un stampt dörch't Weitenfeld.
Hier helpt kein Klåg un Bidden,
Hei stampt bet in de Midden.

Dunn kickt hei üm – dunn lacht hei luut
Un – sachting geiht hei wedder rut.
Böört up de knickten Åhren
Un stråkt s' un stoppt dat Rooren.

Machandelboom

Dor steiht en swatten Machandelboom
Woll in de roode Heid.
Steiht piel un fast åhn Plack un Stoom,
As wenn ein Schildwach steiht.

Dat sien leev Heid in'n rooden Droom
Em nich vergeeten deit -
De Dood plant den Machandelboom
Woll in de roode Heid.

Stoom = Dunst, Staub

Swatt vör Geel

De Welt is rein so klor un still,
Swatt steiht de Boom vör'n geelen Häwen,
As geev dat nix mehr, wat ein will,
As geev dat nix mehr tau beläwen.

De Dood steiht groot in't platte Land,
Swatt vör den geelen Häwenstrich.
Hei steiht un böört tau Höcht sien Hand,
Piel as en Boom – un röögt sick nich.

Sünndagsmorgens seggt de Dood:

„Jeejå, ji Jungen un ji Ollen,
Ick künn ju woll ne Predigt hollen,
De passt för jeedwerein.
Ick weit, wat allens sall bedüden,
Heff lang al naug dat Läwen seihn,
Weit, wat de Klocken lüden.

Markt ju: ick bün keen Fründ von't Drönen.
Wi willn verklorn un willn nich klönen!
Markt ju: ick bün nich ööt.
Sallst mi nich schellen un nich priesen:
Wat ick upstunns verswiegen mööt,
Will ick di nåhsten wiesen.

ööt = schnell, bald

Karl Wagenfeld

De Unnergang von de Welt

Möd weltert de Sunn un de Maohne de Tit,
Möd fuormt se den Dag un de Stunn,
Wo jeder vör biewert, we jeder wünskt wit,
Wo nümmes dat Wietten von funn,
Nich Engel, nich Düwel! De Härguod s' bloß kennt:
Den Dag un de Stunn von dat End von de Welt.

Drei Engel vör den Härguod staoht,
Posaunen in de Hand.
De Härguod wenkt, un ernst se gaoht
Bis an den Hiemmelsrand,
To schicken den Posaunenschall
Op Guods Befiäll int Weltenall.

Rundüm de Hillgen, Engel kneit,
Verhüllt bang iähr Gesicht,
Dao se in Guod sin' Augen seiht:
Nu kümp dat Weltgericht. –
Still is de Hiemmel, nix sick reggt,
Äs Goud to'n ersten Engel seggt:

'Sunn un Maohn, dat Hiemmelstelt,
All' Waters, Wind', de ganze Welt,
Dat Menskenvolk, so klein, so graut,
Segg an dat End, segg an den Daud!
Alls sall vergaohn,
Nix sall bestaohn,
Wann Füer düör dat Weltall geiht,
Äs ewige Gerechtigkeit.'

De Engel de sett't de Posaun an den Mund
Un schickt iähren Schall düör dat Weltall rund,
Dat biewert de Sunn un de Maohn un de Erd',
Von Angst de Mensken to Lieken baoll wärd.
Vull Grusen dat Stiärben düört Liäben läöpp.
Äs lut nao sin Blaosen de Engel dann röpp:

'Raude runne goldne Sunne,
Härguodsklock so schön, so graut,
Slagen hät din' leste Stunne!
Staoh nu still! – Din Lecht si daud!'

De Sunne biewt, verlüss iähr Pracht,
Wärd swatt un swatter. – Düst're Nacht
Bliwwt üöwer den Hiemmel, de Erde staohn.
Dao wennt de Engel sick giegen de Maohn:

'Bliw staohen Maohn! Bliw staohen Maohn!
Wärd swatt! Verswinn! Din Wiärks is daohn!
Wäörs lang genog de Erd iähr Knecht;
Din Tit is üm; 't kümp 't ew'ge Lecht!'

Dao dreiht sick de Maohn äs von innere Pin,
Wärd rauder äs Blot nao, verlüss iähren Schin –
Pieckdüstere Nacht sinkt üöwer de Welt.
Dao röpp de Engel nao't Hiemmelstelt:

‚Stähn, ji gold'nen Hiemmelsfunken,
Sunn un Maohne sind versunken;
Ut sall sien auk jue Pracht!
Fallt nu! Stüött't in ew'ge Nacht.'

Äs Funken von den Amboss sprützt,
Wann swaor de Hamer fäöllt,
So fleigt de Stähn. – Et löcht't, et blitzt,
Un Rauk un Füer quellt;
Un Hagel, dick, äs Pundsteen swaor,
Un Swiäwel stüött ohn' End,

As sick de Engelstemm so klaor
An Wind un Water wennt:

‚Water un Wind,
Härguod sin Kind,
Göngen daohiär,
Möken dat Wiär –
Nu staoht still!
Guod et will!'

In Stiärben, Verdiärben wild op brüllt de See,
Ritt Schiepp un ritt Inseln int Graff.
De Ström' gaoht ut't Öwer. Met wösten Bohee
Knickt Eekbaim de Sturm äs en Staff.
Met Angst düör dat Brüllen un Brusen dao hört
De Welt, wat de Engel nu segg to de Erd:

‚Erd, o Erd, en Sünnennest
Büss von Anfang an du west!
Met din Isen, Gold un Win
Bröchst de Menskheit Naut un Pin.
Weckst met Gold de wilde Gier,
Weckst met Win dat Menskendier,
Brüöckst met Isen Ehr un Recht,
Bröchst den Daud för Här un Knecht;
Wäörs ün bleews en Jaomerdahl –
Erd vergaoh! – Din Tit is al!‘

Dao bögg sick de Erd, dat de Steene lut schreit;
Ut Gleew un ut Spaolt springt de Flot.
De Büsk de versinkt. Jed’ Plant de vergeiht.
Ut Felsen un Baime drüppt Blot.
Un düör den Weltenruum swieckelt un swankt
De Erd äs en drunken Geschöpp –
Stäött Maohn an un Sunn, dat de Biärge so wankt
Un smelt’t, äs en Waßstück verläöpp.
Dat krisket de Mensken un schreiet vör Naut:
’t bütt Rettung nich Wüst iähr, nich Biärg –
‚O Härguod in’n Hiemmel! O giff us den Daud,
Düss’ Straof is to graut, is to iärg!‘

Den twedden Engel Guod befällt:
‚Sett de Posaune an
Un künnige in alle Welt
Den Daud von jedermann.

Posaunenklang, so lang, so bang,
Schallt rund nao Guod sin' Will.
De Menksheit geiht den lesten Gang – – –
Dann deipe, deipe Still – – –
Stumm büöhrt de Härguod sine Hand:
De Welt versinkt in Rauk un Brand – – –
Kuum hät de grellste Schin sick leggt,
Met Donnerstemm de Härguod seggt
To'n twedden Engel:
‚Segg mi an:
Liäwt nao en Wiw, en Kind, en Mann?'

Dao sinkt de Engel opt Gesicht:
‚O Här, din Macht is graut!
Du häöllst en hatt un streng Gericht:
Wat liäwde, fratt de Daud.
Bloß, wat all äömt int ew'ge Lecht,
Weil't was din Egendom, din Knecht,
Dat liäwt un din' Gerechtigkeit
Un du, o Här, in Ewigkeit.'

Moritz Jahn

Gärd Onken

Gärd Onken liggt int Graff so blied:
Nu hett he ok mål ’n anner Tied.
He wåkt, he slöppt – Wat hett he’t goot!
Gifft heel nix Beters as de Doot.
Sien Nåbers kåmt elk Nacht to Been,
Se sitt’t bi’nanner up hör Steen,
De een weet dat, de anner dit:
„Gärd Onken, to, ståh up, holl mit!
Dor’s Reent un Meent, dor’s Tjark un Staas –
Oll Mesteroom måkt nett weer Spåß,
He meent: Dat’s nix dor in de Grund –
Harrn s’ mi mien Piep nich mitdoon kunnt?!
Un hier ’s Katrien, un dor ’s Kenuntj –
De prüünt oll Claasoom ’n nee Busruuntj,
Sien oll, dat weer hum half verrött,
(Leep tovöl Wåter dör de Pött) –
Un – Gärd, Minsk, kumm! – dor’s sieden M’rie!
Mi ducht, dat weer doch wat för di,
Hest hör doch ehrtiets geern mål stråkt –
Wat meenst, mit de harrst’t beter råkt –
Gärd Onken, to! Gärd, kannst nich höörn?!“ –
Gärd Onken lett sück heel nich stöörn,
Gärd Onken lacht: „Proot ji man to!
Ick bün nu klook un weet, wa’k do.
Ick hebb mien Frä, haut jo in’n Hoot,
Ick slåp. Geiht nix nich över de Doot!“ –
Gärd Onken slöppt al männich Johr.
He schütt tosåm: „Herr Gott bewåhr,

Wat's dår, dicht bi – ? Hebbt s' weer een brocht?"
Och Gärd, oll Broer, dat harrst nich docht,
Dat's se, dien Ahltj! Nu hett s' di weer!
Un kiffken kann s', nett as wollehr …
Gärd Onken hollt sien Ohren beid dicht;
He weet al, wat förn Lex he kriggt;
He weet't noch all, 't geiht moi nå d' Rieg:
Kien Keerl, un lei –
Minsk, swieg doch, swieg!
Büst nu doch doot!"
Dat's hör en Wix;
Glieks hett s' weer van hör Leven nix!
Se drammt, se wrantert – Se's de Fro,
He blot de Keerl; dat höört sick so …
Oll Gärd, de gnuurt: „Dit holl'k nich vull;
Wenn 'k blot man wuss, wa'k måken sull –
Mien Leefdag hebb 'k kien Minsk wat dån!
Nu mu'k verdoomt noch spöken gåhn!
Düvel un Kråm!!" He stennt, he flöökt,
Man ewig, dat's to lang – He spöökt,
Bi Nacht ümt Loog, bi Dag dör't Moor
In sien verschåten Rokkeloor –
Jan Minssen Meents ut Lammertsfehn,
De weet Bescheed. De hett hum sehn.

blied	= froh	lei	= träge
nett	= gerade	hör en Wix	= ihr einerlei
råken	= ergreifen, treffen	verdoomt	= verdammt
		stennen	= stöhnen
haut jo in'n Hoot	= macht, was ihr wollt	Loog	= Dorf
		Rokkelor	= Regenmantel
kiffken	= keifen		

En garstig Leed

Eduard Janssen

O Sankta Maria

Wat treckt dor mit Fackeln un Füerschien hendål
nå'n Heidwall to öber de Heide;
wat drievt se de Jungdeern so bleek un so fåhl,
wer weer't, de ehr't Hexenhemd neihte? –
Deep böögt se den Kopp nå de blödige Heid,
Sacht flustert ehr Mund, wat in't Harte ehr bleiht:
„O, Sankta Maria ..."

So geisterhaft klingt dör de Heidnacht en Leed,
de Påp singt den Heiland to Ehren,
de Mönke un Knechte snackt luut in'n Gebeet.
De Mågd sall de Füerbrand verteren.
Kiek an, wo de Chorjungs ehr Weihwåter swingt,
de Påp un de Mönke un Knechte singt:
„O, Sankta Maria."

Bi'n Heidwall is Kienholt un Struukwark al schicht,
en Påhl wiest inmidden nå'n Heven.
De Richter to'n Doot steiht mit bleekes Gesicht,
dör't Hart treckt so bang em en Beben;
sien Lippen de flustert: „Nu brenn ick to Doot
mien eenzige Swester. O Gott, stüer mien Noot!
„O, Sankta Maria!"

Dor stööt se de Deern vör den Henker an'n Grund:
„Dor nimm ehr un låt ehr brennen!"
Sien Swester druckt hastig sien Hand an ehrn Mund:
„Mien Broder, du schullst mi doch kennen;

du kennst doch mien Hart un mien unschuldig Bloot!“
De Henker, de schüttkoppt un beedt in sien Noot:
„O, Sankta Maria!“

Dor fåt em de Deern mit ehr Arms um sien Kneen:
„O, denk an us Våder un Moder –
se geben us ’t Leben un lehrden us bäen,
us beiden … O helpt mi, mien Broder!“
In’t Heidkruut ehr Trånen, de blänkt un de blinkt;
de Henker, de snuckt … un de Chorjungs de singt:
„O, Sankta Maria.“

„Dat is keen Hexe! De Deern, de is rein!
Gåht trügge, ji Mönke un Knechte.
Schall hoch in de Heide dat Hexenfüer gleihn,
denn bringt mi to’n Brand erst de rechte!“
De Henker hett språken. – Wer weet, wat nu ward?
De Deern druckt sick an em, so week bäed ehr Hart:
„O, Sankta Maria …“

Dor föhrt mit sien Krüüzståb de Påp dör de Lucht.
„Wat bruukt wi den Henker to’n brennen;
An’n Påhl mit de Hexe, ji Knechte, mi ducht,
de Arbeit, de schulln wi doch kennen!“
Se griept ehr un sleept ehr up’t letzte Gericht –
De Füerbrand, de flüggt – un en Deernsmund, de schricht:
„O, Sankta Maria!“

Dor reckt sick de Henker, dor bevert sien Mund:
„Gott stråf jo, sien Flöök schall jo bannen,
fast schüllt ji hier wuddeln in Heidwall un Grund,

as Fuhrn, as Machangels un Dannen;
schüllt ståhn hier, bit Heide un Heidwall vergeiht!"
Denn springt he in'n Füerbrand. – Ganz week snuckt de Heid:
„O, Sankta Maria …"

Dat Füer is versackt, – un keen Minsch up de Neegt –
Machangel blot weegt sick un lustert;
se reckt ehr düstern Telgen to Höcht,
ehr Blattwarks dat röögt sick un flustert.
Wenn sachte de Wind öber't Heidekruut weiht,
denn singt se noch jümmer ganz bang dör de Heid:
„O, Sankta Maria …"

Roald Dahl

Genesis un Katastrooph
En wohre Geschicht

„Allens löppt, as dat schall", sä de Dokter. „Leggt Se sick trüch un rauht Se sick ut." Sien Stimm weer wiet, wiet weg un ehr keem dat vör, as wenn he schreen dä. „Se hebbt en Söhn."

„Wat?"

„Se hebbt en feinen Jung. Verståht Se mi? En feinen Jung. Hebbt Se em schreen höört?"

„Is allens in de Reeg?"

„Klor, is allens op't best."

„Kann ick em sehn?"

„En Ogenblick noch, denn ward Se em sehn."
„Sünd Se seeker, dat allens in Ordnung is?"
„Ganz seeker."
„Schreet he jümmer noch?"
„Rauht Se sick ut. Dor is nix, woröver Se sick Gedanken måken mööt."
„Worüm hett he ophöört to schreen, Dokter? Wat is passeert?"
„Reegt Se sick nich op, bidde. Allens is normal."
„Ick will em sehn. Bidde, låt Se mi em sehn."
„Mien leeve Fro", sä de Dokter un stråkel ehr de Hand, Se hebbt en feinen Jung, stark un gesund. Glöövt Se mi nich, wenn ick Se dat vertell?"
„Wat deit de Fro op de anner Siet mit em?"
„Ehr Jung ward hübsch måkt för Se", sä de Dokter. „Wi wascht em, dat is allens. Dorför mööt Se uns en Ogenblick Tiet låten oder ok twee."
„Swöört Se, dat allens op de Reeg is?"
„Ick geev Se mien Woort. So, un nu leggt Se sick hen un entspannt sick. Måkt Se de Ogen dicht. Man to, måkt Se de Ogen to. So is dat richtig. So is dat beeter, Se sünd en gode Deern ..."
„Ick heff beedt un beedt, dat he leven ward, Dokter."
„Natürlich ward he leven. Wat snackt Se dor blots jümmer?"
„De annern hebbt dat nich dån."
„Wat?"
„Keen een von miene annern leevt, Dokter."
De Dokter stünn blangen dat Bett un keek op dat bleeke Gesicht von de junge Fro. He harr ehr vörher nie nich sehn. Se un ehr Mann weern erst kortens in de Lüttstadt

kåmen. De Fro von den Kröger hett em bi de Geburt hulpen; un se hett em seggt, dat de Mann von de junge Fro bi'n Toll arbeit un dat de beiden vör dree Månden unvermodens vör den Kroog ståhn harrn mit een Kist un een Kuffer.

De Keerl weer en Suupkopp, hett se ok seggt, driest un hochkröppsch; doch de Fro weer fründlich un fromm. Un se weer trurig; se lach nich. In de poor Weken, de se hier weer, harrn se ehr nie nich smuustern sehn. Un de Lüüd sään, dit weer de drütte Eh för den Mann. Een Fro weer em dootbleven; de anner harr Grünnen hatt, sick von em scheden to låten. Åver dat weer blots Sluderkråm.

De Dokter böög sick en beten vörnöver un trock dat Låken wat höger över de Bost von de Patientin. „Se mööt sick keen Sorgen måken", sä he fründlich. „Bi dit Kind is allens normål."

„Dat is jüst dat, wat se mi to de annern ok seggt hebbt. Doch ick heff se all verloren, Dokter. In de lesden achteihn Månden heff ick dree Kinner verlorn; dorüm mööt Se mi dat nich vörsmieten, dat ick banghaftig bün."

„Dree?"

„Dit is dat veerte … in veer Johrn."

De Dokter schööv sien Fööt unruhig op den glatten Bodden hen un her.

„Ick glööv nich, Dokter, dat Se weet, wat dat heet: all verleern, langsåm, een nå den annern. Ick heff se jümmer vör mien Ogen. Ick seh Gustav sien Gesicht just so düütlich, as wenn he hier bi mi in't Bett leeg. Gustav weer en feinen Jung, doch jümmer krank. Dat is gräsig, wenn de krank sünd un nix dor is, wat hölpt."

„Ick weet."

De Fro måk ehr Ogen op, keek en poor Sekunnen op den Dokter, måk se denn wedder to.

„Mien lütte Deern hebbt wi Ida ropen. Se bleev en poor Dåg vör Wiehnachten doot. Dat weer vör veer Månden. Wenn Se doch blots Ida sehn kunnt harrn, Dokter."

„Se hebbt nu en anner Kind."

„Aver Ida weer so wunnerschön."

„Jo", anter de Dokter, „ick weet."

„Woans köönt Se dat weten?!", schreeg de Fro.

„Ick bün seeker, dat weer en wunnerbor Kind. Doch dit hier is jüst so." De Dokter dreih sick af von dat Bett, güng en poor Schreed un keek ut dat Finster. Dat weer en nadden Nåmiddag in'n April. Un op de anner Siet von de Stråt kunn he de roden Dackpannen von de Hüüs sehen un de dicken Regendrüppen uteneensprütten.

„Ida weer twee Johr oolt, Dokter … un se weer so schön. Von den Morgen, wenn ick ehr dat Kleed antrock, kunn ick mien Ogen nich ehrder von ehr aflåten, bit se seeker wedder in ehr Bett weer för de Nacht. Ick weer jümmer in Unroh, dor kunn wat mit dat Kind passeern. Gustav weer von uns gåhn un mien lütt Otto ok un se weer allens, wat mi bleven weer. Männichmål bün ick nachtens opståhn un heff mi to de Weeg dålböögt un mien Ohr an ehrn Mund leggt, dat ick wüss, ehr Åten güng noch."

„Versöökt Se to slåpen", sä de Dokter un güng to dat Bett trüch, „bidde, versöökt Se to slåpen." Dat Gesicht von de Fro weer bleek un um de Nääslöcker un den Mund leeg in blaugriesen Schemer. Strelen von ehr Hoor hungen över ehrn Vörkopp dål un backten an de Huut fast.

„As se dootbleev … weer dit Kind al ünnerwegens, Dokter, al veer Månden, as Ida sturv. ‚Ick will dat nich!', heff ick bi dat Gräffnis schreet. ‚Ick will't nich! Ick heff al noog Kinner ünner de Eer brocht!' Un mien Mann … de leep mank de annern Lüüd rum mit en groot Glas Beer in sien Hand … un he dreih sick gau rum to mi un sä: ‚Ick heff gode Nårichten för di, Klara, ick heff gode Nårichten.' Köönt Se sick dat vörstellen, Dokter? Wi hebbt jüst uns drütt Kind ünner de Eer brocht, un he steiht dor mit en Glas Beer un vertellt, he harr gode Nårichten. ‚Hüüt heff ick en Stell in Braunau kregen', sä he, ‚dorüm kannst du foors anfangen to packen. Dat ward en neen Anfang för di, Klara', sä he, ‚wi leevt in en anner Stadt un du kriggst en neen Dokter …'"

„Bidde, snackt Se nich mehr."

„Se sünd de neeje Dokter, nich wohr?"

„Dat is woll richtig."

„Un hier sünd wi in Braunau."

„Jo."

„Ick bün bang, Dokter."

„Versöökt Se, nich bang to ween."

„Wat för Utsichten ward dat veerte Kind nu hebben?"

„Se mööt ophören un dor nich över nådenken."

„Ick kann dat nich ännern. Ick bün seker, dor verarvt sick wat, wat de Kinner starven lett. Dor mutt wat ween."

„Dat is Unsinn."

„Weet Se, wat mien Mann sä, as Gustav born weer, Dokter? He keem in den Ruum, keek in de Weeg, wo Otto leeg un sä: ‚Worum mööt all mien Kinner so lütt un swack ween?!'"

„So wat ward he nich seggt hebben."

„He legg sienen Kopp in Otto sien Weeg rin, as wenn he en lütt Insekt ünnersöken wull un sä:

‚Ick fråg mi blots, worum de nich beter Exemplore ween köönt. Mehr segg ick gor nich.' Un dree Dåg låter weer Otto doot. Wi hebbt em noch gau an'n drütten Dag döfft un an densülvigen Åbend noch weer he doot. Un denn bleev Gustav doot. Un denn Ida. All sünd se dootbleven, Dokter … un miteens weer dat ganz Huus leddig …"

„Se mööt dor nu nich an denken."

„Is dit Kind bannig lütt?"

„*He is* jüst so as all de annern, de gråd op de Welt kåmen sünd."

„Åver lütt?"

„He is villicht en beten lütt. Åver de Lütten sünd fåken bannig tåg, mehr as de groden. Stellt Se sick dat vör, Fro Hitler, tokåmen Johr um disse Tiet ward he al anfangen un lopen. Is dat nich en goden Gedanken?"

Se sä nix.

„Un twee Johr von nu an, denn ward he Se de Hoor von'n Kopp frågen un Se nervöös måken mit sien Sabbelee. Hebbt Se al en Nåm för em fastleggt?"

„En Nåm?"

„Jo."

„Ick weet nich. Ick bün nich seker. Ick denk, mien Mann sä, wenn dat en Jung wöör, wull he em Adolfus nennen."

„Dat meent, he ward Adolf ropen."

Mien Mann mag den Nåm Adolf. Dat klingt doch ungefähr so as Alois. Un dat is de Nåm von mienen Mann."

„Bestens."

„Oh nee!", schreeg se un keem von ehr Kissen hoch. „Dat is jo desülvige Fråg, de se mi bi Otto sien Geburt stellt hebbt! Dat bedüüdt, dat he starven ward! Se mööt em foors döpen!"

„Nu, nu", sä de Dokter un fåt ehr sacht an de Schuller, „Se sünd heel un deel op'n verkehrten Damper. Dat kann ick Se verspreken: dat is allens dumm Tüch. Ick bün blots en beeten neeschierig ween, dat is allens. Ick snack geern över Nåms. Ick denk, Adolfus is'n besünners feinen Nåm. Dat is een von de Nåms, de mi op't best gefallt. Un nu kiekt se mål – hier kummt he."

Den Kröger sien Fro harr dat Baby båben op ehr gewaltige Bost. Se seil dwars dör den Ruum to dat Bedd. „Hier is de lütte Schönheit!", reep se un stråhl över dat ganze Gesicht. „Möögt Se dat in'n Arm nehmen, miene Leeve? Schall ick em blangen Se henleggen?"

„Is he goot inwickelt?", fråg de Dokter. „Dat is bannig koolt hier binnen."

„Klor is he goot wickelt."

Dat Kind weer fast inwickelt in en wullen Dook; blots de lütte rosa Kopp keek dor rut. De Fro von den Kröger lee dat Baby sacht an de Sied von de Mudder. „Dor büst du nu", sä se, „un Se köönt liggen un so veel nå dat Kind kieken, as Se möögt".

„Se ward dat Kind leev hebben", sä de Dokter un smuuster, „dat is würklich en fein Kind."

„He hett wunnerbore Hannen", reep de Fro von den Kröger, „so schöne lange Finger!"

De Mudder beweeg sick nich. Se dreih nich mål ehrn Kopp to dat Kind.

„Nu man los!", reep de Fro von den Kröger. „He ward Se nich bieten!"

„Ick bün to bang ton Kieken. Ick wåg nich to glöven, dat ick en anner Kind heff un dat' in Ordnung is.

„Weest Se nich mall."

Suutje dreih de Mudder ehrn Kopp un keek op dat lütte, verwunnerlich eernsthaftige Gesicht op dat Kissen blangen ehr.

„Is dat mien Kind?“

„Natürlich.“

„Oh … oh …, åver dat is jo schön.“

De Dokter dreih sick af un güng nå den Disch, sammel sien Instrumenten tosåmen un lee de in sien Tasch. De Mudder leeg op dat Bett un keek op dat Kind un smuuster un stråkel un wisper: „Hallo, Adolfus, hallo, mien lütte Adolf.“

„Schschsch!“, sä de Fro von den Kröger. „Höört Se mål, ick glööv. Ehr Mann kummt.“

De Dokter güng nå de Döör, måk åpen un keek in den Korridor.

„Herr Hitler?“

„Jo.“

„Bidde, kåmt Se rin.“

En lütten Mann in en dunkel-grööne Uniform keem langsåm in den Ruum un keek um sick to.

„Mienen Glückwunsch“, sä de Dokter, „Se hebbt ’n Söhn.“

De Mann harr en gewaltigen Backenbort nå de Oort von den Kaiser Franz Josef. He röök stark nå Beer. „En Söhn?“

„Jo.“

„Wo geiht’ em?“

„Em geiht dat goot. Un ehr Fro ok.“

„Goot.“ De Vadder dreih sick um un stolzeer mit snåksche lütte Schreed to dat Bett von sien Fro. „Nu, Klara“, sä he un smuuster dör sienen Backenbort, „wo is’t gåhn?“ He böög sick dål un keek op dat Kind. Denn böög he sick noch mehr dål, ruckwies deeper un deeper, bit he blots foffteihn

Zentimeter von dat Kind weg weer. Sien Fro leeg op ehr Siet, keek ehrn Mann stief an, as wull se em um wat bidden.

„He hett gewaltige Lungen", sä de Fro von den Kröger. „Se schullen em höört hebben, as he schreeg, jüst as he op de Welt kåmen weer."

„Åver ..., mien Gott, Klara ..."

„Wat is, Mann?"

„Disse Jung is jo noch lütter, as Otto weer!"

De Dokter güng en poor gaue Schreed vörwarts. „Mit dat Kind is allens op't best", sä he.

Suutje keem de Mann wedder in de Höchte, dreih sick von dat Bett weg un keek den Dokter an. He leet verbåst un dålduukt. „Dor hölpt ok gode Lögen nich, Dokter", sä he, „ick weet, wat dat bedüüdt. Dat ward datsülvige as jümmer."

„Nu höört Se mål to", sä de Dokter.

„Åver weet Se, Dokter, wat mit uns anner Kinner passeert is?"

„Se mööt de annern vergeten, Herr Hitler. Geevt Se dit Kind en Schangs."

„Man so lütt un swåck!"

„Mien leeve Mann, dat is doch jüst erst op de Welt kåmen."

„Liekers ..."

„Wat schall dat denn hier warrn?", schreeg de Fro von den Kröger, „wüllt se em in't Graff snacken?"

„Dat langt nu!", sä de Dokter scharp.

De Mudder ween. Ehr Lief wöör von dat Wenen schüddelt. De Dokter güng to den Mann un lee em en Hand op de Schuller: „Weest Se goot to ehr", wisper he, „bidde! Dat is bannig wichtig." Denn drück he de Schuller von den

Mann, drück em stillkens vörwarts to de Eck von dat Bett. De Ehmann töger. De Dokter drück harder, drück em dål to sien Fro. Tolest, tögerlich, böög de Mann sick dål, geev sien Fro licht en Söten.

„In Ordnung, Klara", sä he. „Hö̈ör op to wenen."

„Ick heff so veel beedt, Alois, dat he leven will."

„Jo."

„Veele Månden bün ick Dag för Dag to Kark gåhn un heff op mien Kneen beedt, dat dit Kind leven dörf, Alois."

„Jo, Klara, ick weet."

„Dree dode Kinner, dat is all, wat ick utholen kann. Versteihst du?"

„Natürlich."

„He mutt leven, Alois. He mutt, he mutt … Oh Gott, bliev du em gnädig."

Wolfgang Sieg

Eremit

Wenn ünnen in'e Stråt de Autos ansprüngen, füngen in sien Wåhnung de Schieven an to klötern. Poor hunnert Meter wieder weer de Båhnhoff.

Wi höört dat al gorne mehr, wenn dor 'n Tog tuut', hiemst odder pruuscht bi't Anhooln, oder wenn dor 'n Express langshuult, harrn sien Nåvers al männichmål to em seggt. Åverst he harr sien Ohrn dor nich an wenn' kunnt. Un de Tiern köönt dat ok nich af, sä he to sick sülven; denn de Guldfisch harr güstern up't Wåter legen, witt un upswullen. Un up sien' Liev harr 'n Fleeg seten un sick de Flünken putzt.

Dor weer em dat in' Kopp kåmen, hier uttotrecken ut de Wåhnung in' drüdden Stock, allens liggen to låten, un denn hen nå de lütt Insel merrn in den groten Fluss. As Jung weer he dor fåken west mit sien Öllern, se weern mit 'n Faltboot henföhrt un harrn dor in den sumpigen Bodden nå Möweneier söcht. Nu geef dat dor al lang keen Möwen mehr, nå de grote Ölpest vun vör teihn Johr, un 't weer ok verbåden, mit 'n Faltboot övern Fluss to schippern, vun wegen den Schippsverkehr.

Man he hööl sick dor nich an, pack sick wat to Eten in, dat Zelt, de Luffmatratz, Deken, Rietsteken – un denn los; dat Faltboot harr he ümmer goot in Stand hooln.

He harr Glück, wrangel sick dör de Scheep dör, keen Loots harr em bemött.

Un denn seet he up'n Slick, fleit dör de Tähn' un prüün dat Zelt hoch. Dornå puust he de Luffmatratz up, deck sick mit'e Deken to un dach: Nu bün'k en Eremit. Un em füll in, dat de Eremiten de Tiern wat vörpredigt harrn. Dat wull he ok, gråd so as de Hillige Franziskus. Åverst dor weer je nix, Möwen geev't je al lang nich mehr hier un Fisch ok nich; de weern all stickt in dat ölige Wåter, dat de groten Scheep vergifft' harrn, un de Stadt, de dor achtern in'n Düüstern leeg. Nich mål Mücken geev't hier.

Un mit'nmål höör he wat, dor platsch wat in't Wåter, he keek, måk 'n lütten swatten Liev ut, de dor swömm, spaddel, sick schüddel. 'n lütten Hund oder 'n Katt, dach he, is verlåten vun'e Minschen, hett Angs, hett mi denn åverst råken – Tiern hebbt je fiene Näsen – is in't kole, ölige Wåter sprungen, röverkåm' nå mi … He müss översluken.

Ick bün je würklich ’n Eremit, dach he, un: Mag wesen, dor kåmt noch mehr!

Ja, he harr rech: dor weer al wedder wat in’n Wåter, wedder so’n ool lütt verlåten Seel, sprüng an’t Land, schüddel sick un weer al nich mehr uttomåken up den swatten Bodden. Verkrööp sick, harr woll noch Bang. „Kumm!“, reep he, „kumm ran! Ick heff noch ’n Brootköst för ju! Kåmt! Ick heff ok noch’n warme Deek över!“ De Trånen lepen em längs de Backen, he wüss, Gott harr em, den Eremiten, dat arm verlåten Veehtüüch schickt, harr jem in’e Ohrn suustert: „Dor is een, de jågt ju nich weg! Dor is een, de töövt up ju mit Broot un warme Deken! He luurt!“

Nu bruddel dat in’t Wåter: dree, veer vun’e Tiern sprüngen ümmer toglieks an’t Land. Ja, se schulln all to em kåmen, un wenn dat Telt to lütt wöör, wull he rutgåhn un sick buten henleggen. Un denn wull he mit jem snacken un jem över dat kole, natte Fell stråken. Ton eersten Mål föhl he, dat sien arm ool schietig Leven ’n Sinn harr, he füll up’e Knee, sien’ Herrn to danken, måk de Ogen to, he beed, beed mit ’n heete, heesche Stimm un luster dorbi nå’t Wåter. Dat bruddel un snööv dor ünnen, un denn höör he ’n Årt Fiepen un fien Puusten, höör, wo fiene Poten up’en Bodden slögen, de Eer upkleien.

Nu sünd se dor, wüss he, nu sitt se all um mi rüm, mien lütten griesen Kinner.

He föhl den dicken Wall ut Liever, höör de lütten Harten slån, spöör, wo de Wall dicker un enger wöör, up em to keem, nu mark he al de Warms vun’e dampen Felln.

„Kåmt!“, reep he nochmål un keek hoch, plier, kunn vör Trånen nich kieken – un denn weern de Rotten al över em.

Bolko Bullerdiek

Dat Knacken von de Knåken

De annern hebbt nix mitkregen. De snuppert un lustert un denkt: Een Dag as all Dåg. De gåht em vull Toversicht in de Mööt; måkt ehr Dagwark jüst so as all Dåg. Blots he, he versteiht de Welt nich mehr; versteiht sick nich mehr; weet nich, wo he dat los ward: dat Knacken von de Knåken, dat he jümmer hööırt – as wenn't en Tinitus weer. Un dat Spaddeln von de Been; dat grode Muul.

Dat is jo nich so, dat he sick normålerwies to nachtslåpen Tiet rumdrifft. Wirklich nich. He is keen Nachtuul. He måkt sick dor keenen Kopp um, wat dor malöört, nachtens, wenn anstännige Lüüd tohuus sünd. Denn de sünd natürlich nachtens tohuus; de bruukt doch ehrn Slåp; mööt doch ehr Dågwark doon. Un wo kann een dat, wenn he sick nachtens rumdrifft! Un kloor, he leevt ok nich in so'n Nachtjackenveertel, wo sick dat pläseersüchtige Gesinnel rumdrifft. Nee, würklich nich. Dor drifft em nix hen: nich mål in sien Drööm. Un doch – af un an kummt allens anners. Denn beleevst du, wat 't gor nich geven dörf. Denn weetst du nich, wat du dien eegen Ogen un Ohrn troon kannst.

Güstern is he bi Frünnen ween. Sien Fro hett em henföhrt un wull denn mit dat Auto op wat anners dål. He kunn jo mit de U-Båhn trüch, hett se meent, un harr dor woll recht mit. He kann beter to nachtslåpen Tiet in de Båhn sitten. Mit sien Frünnen hett he Korten speelt un vertellt un lacht. Jo, ok woll drunken, man blots en beten, würklich. Un dorbi hett he nich op de Klock keeken. Kann doch mål passeern, wenn du mit Frünnen tohoop büst. Tja, un denn weer de leste Båhn weg. He wöör woll en Taxe finnen, hett he to sien Frünnen seggt, un is loslopen. Hett ok welk funnen. Man denn hett he markt: He harr gor keen Geld bi sick. Dat hölp ok nix, dat he sien Taschen um- un umkrempel: Nix! Keen Geldknipp. Keen Penn op de Nåht.

He gruvelt, wo he tolest wat betåhlt, wo he de Geldknipp tolest in sien Hannen hatt hett. Man wedder: Nix! He fåt sick an'n Kopp. He steiht dor – as en Cowboy ohn Revolver: reinweg nixhaftig. Schall he to sien Frünnen trüch?

Ach wat! De sünd al in'n Slåp. Loop los!, büst jo noch goot to Foot. Låt' doch en poor Stünnen duern; morgen is Sünnåbend, denn kannst överdag slåpen.

Dissen Deel von de Stadt kennt he nich. Weet blots ungefähr de Richt, de he gåhn mutt. De Gegend süht wat runnerkåmen ut. Putz bröckelt von de Wännen. Finster von Geschäften tonågelt, Rumpelkråm op de Stråten, Pennbröer in de Ecken. Un dor, en Sprütt in den Rönnsteen. He schüddkoppt. Mag jo power Stadtdeele geven, åver dat se de so vergammeln låten mööt?! Överdag mutt dat hier doch ok Kinner geven.

De Pennbröer slåpt. Ut den een' Slåpsack kickt blots de Nääs, rot, opdunsen, un wat von den rugen Bort. He hett dor woll von höört, hett se ok in de Stråten af un an sehn. Åver dat de hier nachtens op de Stråt liggt, bi disse Küll … Blots so in oole Slåpsäck un op Zeitungspapier. Jem mööt doch all Knåken wehdoon. De een hett sogor en lütten Hund mit in sienen Slåpsack. Unvermodens kruppt en Hand ut den Slåpsack.

He treckt de Schullern hoch, böört sien Hannen mit de Handflächen nå båben: Ick heff sülfst nix bi mi, nich mål en Penn.

Musst liekers nich vörbilopen, as wöörst du mi nich kennen.

Ick kenn Se ok nich. Woso schull ick Se woll kennen?!

Åver ick kenn di.

Tüünkråm! Un wer bün ick?

Du büst de, de ick mål ween bün. Kiek di doch an, denn sühst' dat. Un weetst, wer ick bün?!

Ach, låt Se mi doch in Roh! Hebbt Se dat verståhn!? Se schüllt mi in Roh låten!!

Is jo goot, mien Fründ. Reeg di af. Ick wull di doch blots op'n rechten Padd bringen.

Un dat mit so'n Sabbelee – gåh mi doch af!

Ick meen jo blots, wo ick di doch kenn.

Se hebbt doch en Rad af, 'n Schruuv locker …

He löppt drievens wieder. Löppt, as keem de achter em ran, as kunn de em fååt kriegen. Löppt un hööрt doch noch, wo de em mit impertinente Fründlichkeit nåröppt: Verbiester di nich. – Driest, so wat! Kann sick sülfst nich vörståhn – un sick denn opspelen. Also würklich! As wenn ick von'n Padd af weer … As wenn ick sien Hölp nödig harr!

He löppt wieder. He kriggt den Penner nich ut'n Kopp. Kiek di doch an! He süht sien Bild in en Finsterschiev. Man dat is to düüster. Un överhen: Wat schull he dor woll wies warrn? Wat woll!

Um de Eck flackern Lichter. Musikfetzen. Lüüd op de Stråten. Enkelte Froons ståht rum. As he an een vörbigeiht, hööрt he:

Na wie wär's mit uns?

Mit uns? Kennt wi uns denn? Vör em en junge Fro in'n Pelzmantel.

Nee, aber was nicht ist, kann doch noch werden. Komm doch mal näher.

He geiht hen. Un as he dicht bi ehr is, måkt se den Pelzmantel op. Un denn – dat dröppt em so unvermodens: De Fro is nåkt, ünner den Pelz, nåkt un jung . . .

Gefall ich dir?

J-j-j-o, ståmert he, as wenn he nich ganz klor in'n Kopp is, un denkt: Wenn de doch oolt weer un schrumpelig. Em is so … so anners …

Komm!, seggt se un fåt em an'n Arm.

He tögert, lett sick denn mittrecken, geiht bit an de Döör, wo dat rode Hart flimmert un jichtenswat mit Palais steiht. Man dat is keen Palast. Dat lett wat rünnerkåmen un smuddelig. Un dat rüükt dor so snåksch. He blifft ståhn, weet nich recht … Lett sick in dat Treppenhuus schuven. Dat is schummerig. Se schufft em de Trepp hoch. Froonslachen. Stimmen. Snackt de russisch? Båben en langen Gang, veele Dören. Se måkt en op. Binnen en Nachtdischlamp mit en roden Scheerm, en Chaiselongue; an de Wand en Spegel; op de Finsterbank Blomen; twee Stöhl. Se smitt den Pelzmantel över den Stohl, sitt nåkt vör em. He steiht un kickt un …

Mach zu!, seggt se ungedüllig, *oder meinst du, ich hab die ganze Nacht für dich Zeit?!*

Ick heff nix bi mi.

Was haste?

Keen Geld. Nix! Keen'n Penn. He wiest op sien leddige Büxentaschen.

Ehr Lächeln kummt ut de Spoor: *Wat sachste?! Kein Geld?! Hast wohl 'n Rad ab oder was?! Denkst wohl, du bist bei der Heilsarmee, kriegst deine Liebesgaben als mildtätige Spende oder auf Krankenschein! Also wirklich: so'n Schwachkopp hab ich mir noch nie aufgesackt. Hau ab! Aber dalli. Sonst fliegst du gleich die Treppe runter.* He ritt de Döör op. Op den Gang kummt suutje een Keerl mit Steveln op em to, speelt mit 'n Keed un grient. He pultert de Trepp dål, jachtert dör de Stråt, stöltert över'n besåpen Keerl, röppt: 'tschulligung!, kickt trüch, kickt, wat dor een achter em ran is. Doch dor is nüms. He stellt sick in den Schadden von'n Huusingang. Sien Hart puckert em in'n Hals. He versöcht sick to vermünnern. Is jo nix malöört. Blots dat he op de Stimm von de Deern rinfullen is; dat so'n Lengen em unvermodens ünner de Fööt kreeg ... Man nu is he dor wedder rut. De Keerl mit de Keed hett em nich fåt kregen. Allens is in Ordnung. He åtent deep dör. Sett sick erstmål dål, sitt op een von de dree Treed, de to de Huusdöör hochgåht. De Steentrepp is koolt. He kruppt wat höger, will sick vör den Wind schulen. De Been bevert. De Been sünd mööd, to mööd ton Lopen. He sitt in de Huuk, den Rüch an de Huusdöör, de Hannen in de Manteltaschen, den Krågen hochslån, den Hoot deep in't Gesicht. En Boxer nå den Dålslag.

Wat hett de Pennbroer seggt: He weer, wat de mål ween weer? – Wat de Deern nu mit en annern Keerl ...?

So'n Rumpeln un Rötern ritt em ut'n Slåp. Wat dat woll is? Wat rumpelt so to nachtslåpen Tiet dör de Stråten? Dat ward luder, kummt nöger. Denn süht he en Lichtoog. Süht dat in all Ecken lüchten, in Ingäng un Doorbögen, allens fastholen, wat dor nich henhöört, all dat Struck un Strunt. He weet nich, wat dat schall.

Doch he will nich fåt warrn von dat Lichtoog; nich rutreten ut de Düüsternis; nich fastsitten in dat grelle Licht. He kruppt hoch, föhlt nå de Huusdöör. Ton Glück is de nich afslåten.

Un denn süht he achter dat Lichtoog dat Undeert mit en wiet opreten Muul: wat'n Tähnwark! Un bi dat Undeert sien Deensten, jachtert un bentert, as kunnen se sien Muul nich gau noog stoppen mit all dat Wruck un Wrack. Se griept, wat dor an Tåkeltüüg un Pulterkråm an de Stråt steiht, smiet dat mit 'n hogen Bågen in dat grode Muul, den tweien Sessel, de löckerige Blickwann, de verbuulten Autorööd. Un de Moloch haut sien Tähnen in dat Freten. De tögert nich. De is nich krüüsch. De nimmt, wat sien ievrigen Gesellen em in't Muul schuuvt. Un disse Lüüd rennt un rackert, griept, wat nich niet- un någelfast is, smiet allens in dat grode Muul. Wat schall dat – to nachtslåpen Tiet?! Wat schall disse Iever? Dat is doch nich normål, is dat doch nich! He duukt sick dål; duukt sick achter de åpen Huusdöör un kickt dör't Finster von de Döör, woans de dor buten to Kehr gåht. Un denn – kann dat ween?! – de Berber un Penner, de sick güntsiet vör dat Koophuus verkråpen hebbt, wo ut dat Gitter en beeten Warmte hochkummt, de griept se mit unbannig Knööv, smiet de dat Undeert in't Muul – as wenn't Poppen weern. He süht dat Spaddeln von de Been, höört dat Knacken von de Knåken. Doch keen Schreen, nich mål de Hund bellt, keen Ropen um Hölp, blots dat Spaddeln von de Been, dat Knacken von de Knåken. Wat de so gau gor nich wåk worrn sünd?

De Deensten gåht von Huus to Huus. De tögert nich. Dat lett, as dään de dat Dag för Dag oder Nacht för Nacht. De loopt wieder, loopt von Stråt to Stråt, loopt dör de ganze Stadt, rüümt op un af. He hett lang keen Lüüd sehn, de mit so veel Iever op ehr Arbeit dålgåht.

He steiht jümmer noch duuknackt. Un denn schreet he, will schreen mit Kröpelskraft, will de Slöpers wåk måken, de Lüüd rebellsch, de in ehr Betten, dat Fedderbett över de Ohrn, nix sehen, nix hören, nix seggen wüllt: De will he wåk måken! He, de Ogentüüg!

Man de Schree blifft em in de Kehl steken. De Bang snöört em den Hals to. De Bang, dat Undeert kunn em hören, sien Lüüd kunnen em griepen, dat grode Muul kunn em översluken. Dorüm drückt he sick achter de Döör dål. Süht blots noch, wo de Wåterstråhl allens wegspöölt, wo de grode Bessen allens rein måkt. Süht dat Undeert von achtern, hööört dat Rattern un Rötern, dat Knacken von de Knåken, hööört dat, as wenn't von binnen keem.

Wat de annern nix hööört? De in ehr Fedderbetten? Wat de sick nix drömen låt?!

He blifft in sien Versteek. De kunnen em doch ok to dat Gesinnel tellen, kunnen de doch! Süht em doch nüms an, dat he hier nich hen hööört, dat he en anstännigen Minsch is, blots mål ut Versehen hier – to de verkehrte Tiet, in de verkehrte Gegend.

Un denn noch schreen, anstännige Minschen um ehrn Slåp bringen! So wiet kummt dat noch, dat he sick wegen de Penner …! Dor wöörn se em doch foorts…, wöörn se doch. Un harrn sogor gode Grünnen. Dat wöör jo sogor sien Fro verståhn, dat se em mit so'n Brülleree nich nachtens dör de Stråten lopen låten kunnen.

Dorüm blifft he in den Ingang sitten. Un treckt den Kopp in. Un töövt, dat disse Nacht vergeiht, dat de Sünn de Wåhrheit an'n Dag bringt. Hööört af un an wiet weg de Karkenklocken. Dor is de Welt noch in Ordnung. Dor steiht de Tiet noch in Gott sien Hannen. Man hier is de Düvel los. Hier behannelt se de Penner as Affall, as Sparrmüll.

He töövt op morgen. Morgen ward he Krach slån. Morgen ward all, de vonnacht wat mitkregen hebbt, opschreen. Un denn ward de Reporters kåmen, ward frågen un berichten. De Lüüd von' Rundfunk, von't Fernsehen. De Zeitungen ward vull ween. Dat Fernsehn ward Sonnersendungen måken. De Opposition ward dat anprangern, ward den Innensenåter vör't Brett nehmen. De Kark ward sick to Woort mellen. De Tierschutz! Un he ward allens betügen, ward all rebellsch måken. De ward sick noch wunnern, disse Saubermänner. He ward sien Stimm to Gehöör bringen! He ward op all Kanäle in de Wåhnstuben flimmern, op de ersten Sieden von de Zeitungen ståhn. He ward sick för sien Bröer insetten: He, de Ogentüüg.

Hau ab du Penner!!

He schutt in'n Dutt, versöcht sick to vermünnern. Sien Been sünd stief. Sien Kopp ... Wat is mit sien'n Kopp? He mutt den Keerl verklickern, wat vonnacht los weer.

Halt die Klappe! Verschwinde oder ich hol die Polizei!

Åver nich mit 'n Foot! Höört Se, nich mit 'n Foot! He is jo al weg. He hett sick hier blots wegen dat Undeert ... müss he doch! Dat se em nich ..., so as de Penner in den Müllzerhakker. Hett he doch sehn! Hett he doch höört, dat Knacken von de Knåken! Höört dat jümmer noch. Verståht Se?! Un dat Spåddeln von de Been. Weet Se, de hebbt gor nich schreet. Ick heff dat Schreen nich höört – verståht Se dat?! Blots dat Knacken von de Knåken. Weet gor nich, wat de noch wåk worrn sünd ... Un sogor den lütten Hund hebbt de dor rinsmeten, en unschüllig Deert, köönt Se dat verståhn?!

Ich versteh bloß, dass Sie sich hier fix vom Acker machen, und zwar ganz plötzlich! Is doch hier kein Asyl für Besoffene und Verrückte. Los!! Aber dalli!

He geiht jo al. He is nich besåpen. Is klor bi Verstand. Dat köönt Se mi glöven, höört Se?! – Ach, is al weg. Åver de mööt em dat doch glöven. Mööt se doch! He kann doch nich so doon, as wenn nix ween weer. He mutt dat doch mellen. Wat de Polizei … Un wenn de em nich glöövt? Wenn de womöglich mit dat Undeert ünner een Deek stickt?! Wenn dat Undeert un sien ievrige Gesellen mit Tügen korten Prozess …?! Wo sünd sien Zigaretten … Schiet dat: Jichtenswo mutt he de Rietsticken låten hebben.

De opgåhn Sünn smitt lange Schadden dör de Stadt. He denkt an den Penner – Wat hett de noch seggt? – denkt an de Deern. Süht den Moloch, den sien ievrige Deensten. Höört dat Knacken von de Knåken. Un steiht. Un kickt.

De ersten Lüüd kåmt ut de Hüüs; bemött den jungen Dag; kiekt, wo de utsüht; snuppert, wo de rüükt; wunnerwarkt, wat de jem bringt. De Keerl mit de Zeitung, de Fohrer von'n Bäckerwågen, de Melkmann. Un he frågt, wat dor los weer – verleden Nacht.

Wat schall dor al los ween hebben!, tuckschullert de Melkmann.

Hebbt Se denn nix höört vonnacht? Nix sehn?

Nee, nachts gåh ick slåpen. Wat schall ick denn dor hören?

Dat se de Penner in den Müllzerhacker …

Seggt Se mål: Is dor wat locker in'n Kopp?! Delirium oder so – dat Se de Lüüd hier mit so'n Kreihenschiet …!

Wat gifft' Nees?, frågt he den Keerl mit de Zeitung.

Eintracht hett verloren. Man wat Nees is dat jo jüst nich.

Åver lett de Stadt denn nich anners? Ick meen, dat allens oprüümt is över Nacht, sogor de Penner: all weg. Wo sünd denn de Penner?! Seggt Se mål!!

Gåh mi af mit dien Grappen! Wat scheert mi de Penner. Is doch goot, wenn de nich de Stadt verschannelt! Wöör doch Tiet, dat de hier mål mit den groten Bessen to Kehr gåht. Hebbt se doch verspråken, vör de Wåhl. Tja, un nu is't so wiet. Nu ward dat hier en saubere Gegend.

Willi Mühl

Jümmer bi vullen Månd

De Månd steiht vull un klor an'n Heven. Se löppt, se rennt, wat se kann. Achter sick höört se den Hund blaffen un den Mann hissen.

Se birst dör den Snee över't Feld, dwars de Wischen. In'n Gråben verlüst se ehr Pantinen, un denn is se in't Moor. Se springt von enen Grasbulten op den annern, över'n Sommerweg un rin in de Büsch. Man de Månd lücht hell, veel to klor wiest de Snee ehr Spoor. Se mutt füdder, mutt deper rin in't grote Moor. Se jachtert, se jappt, höllt mit de een Hand den lichten Kittel un mit de anner höllt se ehr Bost. Wat dat Hart håmert, wat dat weh deit!

Mit 'n Mål is't vörbi: as 'n kole Knåkenhand grippt 'n Barkenstrunk ehren Foot un lett nich wedder los. Batz liggt se in'n Snee. Ehr Hart dröhnt in vullen Galopp, dat ruust un suust in de Ohren as Storm un Bülgenslag. Vör ehr Ogen swalkt dat Moor. Root lücht de Schien von den Månd üm ehr to. Wedder höört se den Hund blaffen un den Mann hissen. Se weet: dat is de Lågerkommandant. Man nu kann se nich mehr.

Leve Gott, denkt se, un denn süht se em kåmen. De Uniform süht se, un den Karabiner süht se. Un den groten, swarten Hund, den süht se ok. In den Schien von den vullen Månd is allens klor to kennen.

Se is ok to sehn. Veel to düütlich liggt se as 'n Packen ole Plünnen in'n Snee. De Kommandant blifft ståhn. „Sitz", seggt he, un de Hund pareert. He lickt sick över de Snuut un klappt dat Muul to. Denn bleekt he wedder de Tähnen, as wull he grienen. De Kommandant hett den Karabiner an de Schuller. Se bevert un kann nich opholen. Man he nimmt den Karabiner wedder rünner: „Nein, dich hole ich! Aus meinem Lager entkommt keiner. Auch du nicht!" He geiht op ehr to. Leve Gott, denkt se wedder, leve Gott!

Un denn dat Wunner: De Kommandant sackt weg! Mit'n Mål is he bit an't Lief wegsackt, is in't Moor rinsackt! He weiharmt: „Nein!" De Karabiner fallt an de Siet un is verswunnen. De Mann spaddelt mit de Been, hampelt mit de Arms. Nu is he al bit an de Schullern weg. Wild kickt he um sick, süht den Hund. He nickköppt röver nå de Fro un röppt heesch: „Komm, fass, so fass doch!" Un de grote Hund springt. He springt op den Kommandant to un denn füdder.

Se knippt de Ogen to, bargt den Kopp twüschen de Arms. Dat platscht, dat blubbert, un denn is de Kommandant still. Dicht bi ehr happacht de Hund, smitt sick hen un her. He sitt deep in't Moor. Se langt to, will em griepen. He snappt nå ehr Hand. Wild rullt he de Ogen, dreiht den Kopp un jault. Se grippt wedder to, nå de anner Siet. As se de Halskeed to foten kriggt, kann se em ruttrecken. De Hund schüddelt sick, de Steert geiht as dull hen un her. Denn leggt he sick dål un lickt över ehr Gesicht.

Vör ehr de Snee is nich mehr witt. Dor is'n Gråben mit düüster Wåter. De Hund, denkt se un denn: de Kommandant? Man dor, wo de Gråben anfangt, dor is nu 'n lüttjen Diek. Dat Wåter suust un bruust, as wöör deep ünnen wat kåkt. Un middenmang de velen Blåsen dreiht sick'n Mütz, 'n Uniformmütz. Mit'nmål is ehr koolt, ieskoolt. Wedder lickt de Hund över ehr Gesicht.

Mi früst ok, un ick sett mi op. Un denn warr ick wies: Dor is keen Snee un keen Moorkuul. Ick sitt in mien egen Bett! Achter't Finster steiht rund un klor de Månd. De ganze Kåmer is as utgåten von sienen sülvern Schien. Blangen mi weddelt sachten de grote, swarte Hund. Hett mi woll över't Gesicht lickt un mi wåk måkt.

Wat'n gräsigen Droom! Jümmer wenn de Månd vull an'n Heven steiht un hell in mien Kåmerfinster kickt, denn schickt he düssen Droom. Mien Hart klabastert, as harr ick dör't Moor lopen müsst.

Koolt is mi, as harr ick jüst eben noch in'n Snee legen. Liekers is dor noch annerswat. Jichtenswat is … is verkehrt! Jichtenswat an düssen Droom passt nich. Mål bün ick de Fro, un mål seh ick ehr lopen. Is meist, as weer dat nich mien Droom. – Dat Låger? De Lüüd vertellt, dat Låger hett dat mål op de anner Siet von't Moor geven. Un de Hund? De Hund steiht an mien Bett un weddelt. Ick lang nå de Siet un klopp em sachten dat Fell. Wi beiden hoolt deep Luft. Ick legg mi wedder hen. Un denn segg ick liesen: „Is jå goot, låt us man slåpen." Ick kåm dor nu doch nich achter, wat an den Droom verkehrt is. De Hund höllt den Kopp scheev. He leggt sick ok dål, lickt sick över de Snuut un klappt dat Muul to. Denn wiest he de Tähnen, lacht. Jüst as in'n Droom, denk ick. Un as ick al meist inslåpen bün, höör ick jümmer noch sienen Steert op'n Footbodden kloppen.

An'n annern Morgen kåm ick dor achter, wat an mienen Månd-Droom verkehrt is. Wenn ick de Fööt ut dat Bett steek, denn is de Hund nich dor. Un denn weet ick Bescheed. De Hund, de kann gor nich dor wesen. Ick heff kenen Hund, heff nie nich 'n Hund hatt! – Ick weet nich, wat dat för'n Droom is, den mi de vulle Månd jümmer schicken deit. Mien Droom is dat nich, ick bün nich de Fro ut den Droom!

Männichmål denk ick: Villicht kann de Månd de Fro nich finnen, de düssen Droom drömen schull. Villicht is de Geschicht an de Moorkuul nich to Enn, villicht güng dat domåls füdder – åber leeg, leeg för de Fro! Un nu is se nich mehr to finnen, ok nich för den Månd.

swalken = schaukeln, hin und her bewegen

Aloys Terbille

Nix met te doon

Jödden, Pollacken un Ssigeuners.
Levantiener, ganze Schwatten.
All de Utländers vandage.
Louschepper, Lierendräihers.
Schooiers un Bedreegers.
Nix as toloopen Volk!

Muss di vör waahrn.
Maak de Döör up't Schlott.
Haal de Wöschke van de Liene.
Pass up de Kinner up.

Laot blooß nich
de Maikes ut't Huus gaohn.
Un bliewt van de Döör af,
dat d'r nümms binnen kümmp.
Maak gau dat Lecht ut.
Wi bünt nich dar, un willt
d'r gar nix met te doon häbben.

Harümtreckers Volk.
Mutt wat up'n Balge häbben.
Wat willt dee alle hier?
Kahs nao'n Blocksbarg jagen.
Wech met dat fiese Volk!

Wödd endlicks Tiet,
dat weer eene uprüümt!

Louschepper	= einer, der gern auf Kosten anderer isst und trinkt
Lierendräiher	= Leiermann, Nichtstuer
Blocksbarg	= gilt als Ort dämonischer Wesen

Wulfsminschen

Petronius Arbiter
Nicoros vertellt

As ick noch en Slåv weer, hebbt wi in en smalle Twiet wåhnt; dat Huus höört nu Gavilla to. Dor heff ick mi – so as de Götter dat männichmål anstellt – heff ick mi verkeken: in de Fro vun den Kröger Terentius.

Jü hebbt ehr doch alltohoop kennt: Melissa vun Tarent, de lütt Dicke. Bi Herkules!, ick harr dat dor nich op afsehn, wat ick mit ehr in't Bett gåhn kunn, ick bün ok nich achter ehr ran, wegen mi egålweg dat Wåter in'n Mund tohooplopen is. Nee, mehr wegen se so een good Hart harr.

Heff ick ehr üm jichtenswat beden, hett se mi nie nich wat afslågen.

Vun dat, wat ick verdenen dä, kreeg se dat Halve. Dat Bårgeld hett jümmer se opwåhrt, un keen Mål hett se mi beschummelt.

Eenen Dag nu bleev ehr Mann op sien Landgoot doot. Ick harr keen anner Gedanken mehr, as wat ick gau nå ehr henkåmen dä. Un in de Noot markst du je gau, wokeen würklich dien Fründ is.

As de Tofall dat wull, verreis mien Herr de Dåg nå Capua, he harr dor 'n Barg to besorgen.

Dat weer för mi de Gelegenheit: Ick fråg eenen vun uns' Gäst, wat he mi bet to den föfften Mielensteen an de Siet blieben kunn. He weer Suldat un weer nich bang vör Himmel un Höll.

De Håhn kreih un wi möken uns op den Weg. De Månd schien daghell.

As wi an de Graffsteden vörbikemen, güng mien Måt nå een Süül röber, wegen he mål ut de Büx müss. Ick harr mi dålsett, süng so luud as ick kunn un harr anfungen un tell de Graffsteen.

As ik mi åver nå em ümkieken dä, harr he sick mit't Mål splitternåkt uttrocken un all sien Kledåsch eenfach so an den Rand vun'n Weg packt.

Mi bleev meist de Luft weg, ick stünn un kunn mi nich mehr rögen. He åver piss enen Krink üm sien Kleder un verwannel sick in enen Wulf.

Ick will jo wåhrhaftig nich to'n Narren holen, ok is mi dat Legen frömd, un wenn du mi noch soveel Geld beden däst ...

Man, wo weer ick ståhnbleben ...: As he sick nu in enen Wulf verwannelt harr, füng he dat Hulen an un möök sick in'n Wohld.

Ick wüss eerst nich, wo ick wär, denn dach ick, ick kunn je man sien Kleder mitnehmen, åver se weern to Steen worrn.

Ick harr Angst bit op'n Dood. So heff ick mien Swert trokken un de heele Tiet üm mi haut, op all de Gespenster, de dor villicht noch weern – bit ick op't Letzt an't Huus vun mien Fründin käm.

Dodenbleek käm ick an, ick harr mi meist de Seel ut'n Liev lopen, de Sweet leep mi man so den Rüch dål, mi wöör swatt vör Ogen – ick kunn meist nich wedder togangen kåmen. Un mien Melissa wunner sick, wat ick so låt in de Nacht bi ehr ankeem.

„Wenn du man wat fröher kåmen weerst, harrst du mi helpen kunnt", meen se. „En Wulf is in den Hoff inbråken un hett dat Veeh anfullen. As en Slachter hett he de Deerten dat Bloot utlopen låten. He hett åver sien Stråf afkregen, ok wenn he wedder wegflutschen kunn: Een vun uns' Slåven hett em mit sien Lanz den Hals dörboort."

As ick dat hören dä, kunn ick keen Oog mehr tomåken. Glieks as de nee Dag anfüng, leep ick as een, de afjackt warrn schall, trüch in Gajus sien Huus.

An de Steed, wo de Kleder to Steen worrn weern, fünn ick blots noch enen groten Blootplacken.

Tohuus åver leeg de Suldat in't Bett un blött as een Oss. Een Dokter weer an sienen Hals togangen.

Nu wöör mi klår, wat de Suldat een Werwulf weer.

Un vun de Tiet op an, kunn ick mit em tohoop keen Glas mehr drinken un keen Broot mehr delen, ok wenn mi een harr dorför doodslågen wullt.

Jü köönt dor nu vun holen, wat jü wöllt. Wenn ick jo wat vörlågen heff, so nehm ick op mi, wat all de Schutzgötter in de Brass sünd un mi op'n Kieker hebbt.

Saki

Gabriel – Ernest

„Buten in dienen Wohld leevt een hungerig wild Deert!", meen de Måler Cunningham, as he nå'n Båhnhoff brocht wöör.

Dat weern sien eenzig Wöörd, de he op de hele Fohrt seggen dä. Man wegen Van Cheele as een Wåterfall reed, füll gor nich op, wat sien Måt so swiegsåm leet.

„Wiss een Voss, de sick verlopen hett, villicht ok twee un 'n poor Marder, de dor husen doot. Nich wieder wat Böses", sä Van Cheele. De Måler sweeg still.

„Wat meenst du mit ‚hungerig wild Deert'?", sä Van Cheele wat låter, as se al op den Båhnstieg stünnen.

„Ach nix. Mien Phantasie. Dor kummt de Iesenbåhn!", sä Cunningham.

Noch den sülbigen Nåmiddag möök Van Cheele een langen Spazeergang dör den groten Wohld, de em tohöörn dä. So höll he dat fåken.

He harr een utstoppte Rohrdommel in sien Studeerstuuv un wüss ok de Nåmen vun allerlei wilde Blomen. Dorüm sehg sien Tante em ok – nich to Unrecht – as groten Naturfründ an.

Op jeeden Fall weer he een groten Spazeergänger.

He harr sick anwennt un mark sick allens, wat he ünnerwegens finnen un beleben dä, un dach doröver nå. Nich, wat he op disse Årt de Wetenschop wiederbringen wull, nee, he much dor achteran to geern över snacken un simmeleern.

As mål wedder de Glockenblomen anfüngen un blöhen, möök he dat allerwogens bekannt. Eegens weer dat keen groot Wunner, wegen dat Fröhjahr je kåmen weer, man sien Frünnen marken an disse Henwiesen, wat Van Cheele afsluts ehrlich mit jüm ümgåhn dä.

Wat Van Cheele åver dissen besünnern Nåmiddag künnig wöör, güng wiet över dat rut, wat he sunsten beleev: Op een glatte Steenplatt, de an't Över vun een depen Pool 'n Flach över't Wåter recken dä, leeg ünner de Ekenbööm een Jung vun üm un bi sössteihn Johr. He leeg dor utstreckt un nåkt un leet sick dat natte brune Liev vun de Sünn drögen. Sien Hoor weer ok natt un leeg eng an'n Kopp. Sien hellbrune Ogen weern so hell, wat se meist an eenen Tiger vermåhnen dän. Wåk un doch wat verslåpen keek de Jung Van Cheele an.

Van Cheele weer sowat nich vermoden wesen, dorüm dach he nu eerst sien Gedanken, vör he anfüng un snack: Wo in alle Welt kunn disse Jung herkåmen, de so wild utsehn dä?

De Müllersfro harr woll vör twee Monåt ehr Kind verloren, dat wiss in de Möhlenbeek fullen un wegspöölt wöör, man dat is doch en lütt Baby wesen, nich een halvwossen Jungkerdl.

„Wat måkst du dor?", fröög he.

„Süht ut, as leeg ick in de Sünn!", anter de Jung.

„Wo wåhnst du?"

„Hier in'n Wohld!"

„Du kannst nich hier in'n Wohld wåhnen", sä Van Cheele.

„De Wohld is åver wunnerschöön", meen de Jung nu mit Günnerhaftigkeit in sien Stimm.

„Man wo slöppst du in de Nacht?"

„In de Nacht slåp ick nie nich. Dor heff ick de mehrste Arbeid!"

Van Cheele füng langsåm an un arger sick. He wüss noch jümmer nich mehr över den Jung.

„Wo leevst du vun?", fröög he.

„Vun Fleesch", sä de Jung un dat Woord dä em meist op de Tung smölten, as snack he vun Delikatessen, de em allerbest smecken dän.

„Fleesch, wat 'n Årt Fleesch?"

„Wo Se dat so interesseeren deit: Kaninken, Fasånen, Håsen, Fedderveeh, junge Lämmer, wenn't sowiet is. Kinner, wenn ick wecke kriegen kann. Meerstendeels sünd de to good wegslåten, wenn ick op Jagd bün. Dat is nu al twee Monåt her, wat ick Kinnerfleesch smeckt heff."

Van Cheele höör dor över weg, wo de Jung em woll nu mit argern wull. He versoch un wull den Jungen to dat Thema Wilderee utfrågen.

„Du reedst dumm Tüüch, wenn du mi vertellen wullt, wat du Håsen griepen deist. De Håsen hier in mienen Wohld sünd doch woll wat to gau un låt sick nich so eenfach fangen!"

„In de Nacht jåg ick op veer Been!", weer de snåksche Antwoort.

„Ick nehm mål an, du jågst mit eenen Hund tohoop?", wåg sick Van Cheele un fröög.

De Jung dreih sick nu op sienen Rüch un lach een lies Lachen, wat angenehm as Deernslachen un togliek gefährlich as dat Gnurren vun een groten Köter klüng.

„Ick kann mi nich vörstellen, wat 'n Hund veel an mien Sellschop liggen deit. Sünnerlich in de Nacht!"

Van Cheele füng nu an un föhl, wat üm den Jungen mit de Tigerogen un de snåksche Tung 'n Barg unheemlich leet.

„Ick kann di hier nich in mienen Wohld låten!", meen he in'n Gootsherrntoon.

„Ick will mål annehmen, Se hebbt mi leber hier as bi sick in'n Huus", sä de Jung.

De Utsicht, wat he dissen wilden nåkten Jung bi sick in'n Huus hebben schull, wo doch allens so pienlich öllig un oprühmt weer, slöög bi em Alarm.

„Wenn du nich weggåhn deist, warr ick di even dwingen!“, sä Van Cheele.

Mit ’t Mål dreih de Jung sick as de Blitz, sprüng in den Pool un düker ’n Ogenblick låter op de Siet op, wo Van Cheele stünn. He trock sick halv hoch.

Wenn dat nu een Otter wesen weer, de dat måkt harr, so wöör dat nich groot wat wesen. Man bi den Jungen föhr em doch een Schreck dör un dör.

He rutsch ut un legg sick dor an dat glitschige un mit Unkruut towossen Över meist längelang hen. De Tigerogen weern nich mehr wiet vun sien egen Ogen weg.

He böör de Hand an sien Kehl, mehr so, as wull he sick schützen.

De Jung lach wedder, man dat Gnurren harr nu meist dat Deernslachen verdreben.

He sprüng op un weer in null Komma nix in de Farnbüsch un in all dat anner Kruut verswunnen un versluukt.

„Wat is di dat een wild Deert!“, meen Van Cheele, as he nu opstünn. Un denn besünn he sick wedder op dat, wat Cunningham meent harr: „In dienen Wohld leevt een hungerig wild Deert!“

As he langsåm un Foot vör Foot wedder no Huus trüchleep, füng he an un öberdach mål allens, wat in de verleden Tied so in de Gegend målöört un opstött weer. Harr dat villicht mit dissen wilden Jung to kriegen? Kunn dat woll angåhn?

Dor harr letzttiets wat in sienen Wohld huust. All dat Wild weer weniger worrn. Bi de Buern weern Gäus, Ånten un Höhner verswunnen. Dat geev ok jümmer weniger Håsen. De Lüüd harrn sick bi em beklågt, wat ok junge

Schåp in de Nacht weghålt weern. Kunn dat wohrhafdig angåhn, wat disse wilde Jung tohoop mit sienen plietschen un scharpen Hund in de Gegend jågen dä?

He harr dor je vun snackt, wat he in de Nacht ‚op veer Been‘ jåg, man denn harr he ok seggt, wat sick keen Hund wat ut sien Sellschop måken wöör, sünnerlich in de Nacht.

Dat weer mehr as snåksch!

Un denn, as Van Cheele noch so vör sick hendenken dä, käm allens mit ’t Mål to’n Stillstand. Sien Gedanken un ok de Spazeergang.

Dat Kind, wat vör twee Monåt ut de Möhl verswunnen weer … se harrn sick dat so verklort, wat dat Lütt in de Möhlenbeek rutscht un wegspöhlt weer. Man de Mudder harr jümmer vertellt, se harr eenen Schree höört, op de anner Siet vun’t Huus un vun’t Wåter.

Dat weer wiss nich denkbor, man he wünsch sick doch, de Jung harr dat nich so unheemlich seggt mit dat Kinnerfleesch, wat he vör twee Monåt hatt harr. Sowat Schreckliches schull een nich mal ut Spåß seggen.

Anners, as he dat wennt weer, weer Van Cheele nich opleggt un much veel vun sien Beleevnis vertellen, as he trüchkäm. Sien Ansehn, wat he as Gemeenderoot un Fredensrichter harr, kreeg wiss ’n Knacks, wenn he Minschen vun so’n Slag in sienen Wohld husen leet.

Villicht wullen de Lüüd sogår, wat he den Schåden wedder goodmåken schull, den se bi ehr Schåp un anner Veehtüüch hatt harrn.

Bi’t Eten sä he meist keen Woord.

„Wo hest du dien Stimm laten?“, fröög sien Tante. „Een kunn meist annehmen, du harrst ’n Wulf sehn!“

Van Cheele, de dissen olen Snack nich kenn, fünn de Tante dösig. Harr he op sienen Besitz eenen sehn, dennso harr sien Tung wiss lang un breed rötert …

Bi't Fröhstück annern Morgen harr em dat Geföhl vun güstern noch nich heel un deel verlåten. He müss dor noch an forschen, un he möök för sick af, wat he mit de Båhn in de Stadt föhren wull.

He wull Cunningham besöken un em noch eenmol frågen, wat he würklich sehn harr un wat em dorto brocht harr, wat he dissen Satz öber dat ‚hungerig wilde Deert' sä.

As he dat so mit sick afmåkt harr, kehr ok sien gode Stimmung wedder trüch, tominnst 'n good Deel.

He summ een Melodie vör sick hen un möök sick nå de Stuuv op den Weg, wo he an'n Morgen sien Zigarr smöken dä.

As he rin käm, dreep em meist de Slag. Op sien Sofa leeg utstreckt un in alle Roh de Jung ut sienen Wohld.

He weer nich so natt as letzt Mål, man sunsten harr sick nix ännert.

„Woans kannst du dat wågen un hier nå mi herkåmen?", fröög Van Cheele in Brass.

„Se hebbt mi seggt, ick dörf nich mehr in'n Wohld blieben!", meen de Jung ruhig.

„Man doch nich hierher kåmen. Nehmt wi an, mien Tante kriggt dat spitz un wöör di hier so sehn …!"

Un in de Afsicht, dat Unglück wat lütter to sniedern, pack Van Cheele gau soveel Blöö vun de ‚Morning Post' öber den Jung, as he kunn un finnen dä.

In den Ogenblick käm sien Tante rin.

„Dat is en armen Jung, de sick verlopen hett un kann sick op nix mehr besinnen. He weet nich wokeen he is un wo he herkåmen deit!“, verkloor Van Cheele un keek vull Sorgen op dat Gesicht vun den Jungen ohn Heimåt.

Kunn je angåhn, de möök nu glieks kloor, wat Van Cheele legen dä.

Miss Van Cheele fünd dat allens heel interessant.

„Villicht hett he ’n Nåmen or ’n Teken in sien Ünnerwäsche“, meen se.

„Dat lett, as harr he ok dorvun dat meerste verloren“, sä Van Cheele un fummel mit de Stücken vun de ‚Morning Post‘ rüm, wat se man an ehren Platz bleben.

Een nåkt heimatlos Kind löös in Miss Van Cheele jüst so’n gewaltig Geföhl vun Mitleed ut as een lütt Katt, de nich wedder tohuus finnen kann or een jungen Hund ohn Herr.

„Wi mööt allens för em doon, wat man jichtens geiht!“, weer ehr Meenen. Un al korte Tiet låter bröch en Deener, de nå’t Pasterhuus schickt wöör, wegen se dor eenen Pagen holen dän, de Serviermontur un allens, wat de Jung bruken dä: Hemd, Schoh, Krågen un so wieder.

Antrocken, rein un pleegt harr de Jung in Van Cheele sien Ogen nix vun sien Unheemlichkeit verloren, man de Tante fünn em eenfach sööt.

„Wi mööt em eenen Nåmen geben, bit wi weten doot, wokeen he würklich is!“, sä se. „Gabriel-Ernest, denk ick. Dat sünd nette passliche Namen.“

Van Cheele nick dorto, harr åber sien Twiefel, wat disse Nååms ok wohrhafdig op’n netten Jung öberdrågen wöörn.

He åhn wat Böses, un disse Åhnung wöör ok dorvun nich lütter, wat de lütt ool un fett Hund, den se in'n Huus harrn, rutschåten weer, as he den Jung künnig wöör un nu mit Schuddern un Jaulen ganz achtern in'n Gorn bleev. Ok de lütt geel Vågel, de sunsten so wunnerbor singen dä, seet in sienen Käfig un piep blots noch.

Van Cheele wüss: He müss foorts Cunningham besöken.

As he nå'n Bahnhoff afreis, weer sien Tante jüst bi un möök mit Gabriel-Ernest af, wat se den Nåmiddag de Kinner ut de Klass vun de Sünndagsschool, wo se ünnerrichten dä – wat se de to'n Tee inlåden wullen.

Cunnigham wull toeerst nix seggen. He weer mucksch un muulfuul.

„Mien Mudder is storben, wegen se wat mit ehr Gehirn harr", verklor he. „Se ward wiss verståhn, wat ick dorüm nich öber Såken snacken mag, de so phantastisch un unwürklich sünd, de ick villicht sehn heff or mi dat ok blots inbillen do."

„Man, wat hebbt Se denn eegens sehn?", sett Van Cheele wieder nå. „Wat ick glöövt heff, wat ick sehn dä, is so ungewöhnlich, wat keen vernünftige Mensch in'n Eernst annehmen kunn, wat dat ok würklich passeert is:

Ick stünn den letzten Åbend, den ick bi Se buten op'n Lannen to Besöök weer, so halv achter de Büschen in'n Obstgoorn un beluster dat Schauspeel, as de Glootball vun de Sünn ünnergüng. Op'n Mål wöör ick enen Jung gewohr, de nåkt weer, un wo ick toeerst dacht heff, de harr dor achter in'n Pool båd. He stünn den lütten Barg wat höger rop un keek ok de Sünn an, de ünnergüng.

He sehg meist ut as een Faun ut de greeksche Mythologie un ick harr em woll foorts as Modell to'n Målen annåhmen. Blots noch korte Tied, denn harr ick em nå mi her ropen.

Man jüst den Ogenblick sack de Sünn achter den Horizont, un all de Farven müssen wieken. Trüch bleev een koold gries Grau. Un to glieke Tied weer miteens de Jung verswunnen!"

„Wat, löös sick op in Nix?", fröög Van Cheele opgeregt.

„Nee, dat is je so schrecklich an de Såk", anter de Maler; dor, wo de Jung noch kort vörher ståhn harr, stünn nu en groot Wulf, swatt in Farv mit blänkern Tähn un böse gele Ogen.

Se ward denken …"

Åver Van Cheele wull sick nich mit Denken opholen. He leep so gau he kunn trüch nå'n Båhnhoff. He geev ok keen Telegramm mehr op ‚Gabriel-Ernest is een Werwulf'. Sien Tante wöör denken, he wull ehr wat Geheemes anvertruun un kunn dat so un so nich verståhn.

Sien eenzig Höpen weer nu, wat he noch wedder bi sien Huus käm, vör de Sünn ünnergüng.

Rut ut de Iesenbåhn un rin in de Kutsch, åver de drümpel man so vör sick hen un öber de Landstråt. Un de Sünn farv ehr al wedder rosa un vigelett. Dat wöör nich mehr langen duern un se weer ünnergåhn.

Sien Tante weer jüst bi un pack de Marmelåd un den Koken weg, de öberbleben weer vun de Teeparty.

„Wo is Gabriel-Ernest?" He schree meist.

„He bringt den lütten Toop tohuus", sä sien Tante. „Dat is so låt worrn, ick dach, dat weer to unseker un em alleen lopen låten. Wo herrlich geiht de Sünn ünner! Hest dat sehn?“

Åver Van Cheele, ok wenn he den Sünnenglanz in’n Westen an’n Himmel nich ut de Ogen leet, wull nu nich öber disse Schönheit diskureren.

He suus gauer as he eegens susen kunn den smallen Weg langs, de nå dat Huus vun de Toops lopen dä. Op de een Sied bruus de Möhlenbeek, op de anner güng’t den kålen Barg bargop.

An’n Horizont kunn he noch den Rand vun de glönige Sünn wies warrn, un achter de neegste Eck müss he nu ok al dat unglieke Poor to sehn kriegen, dat he nålopen dä.

Dor vergüngen miteens all de Farven ümto, un en grau Licht breed sick mit en Zittern öber dat Land. Van Cheele höör een schrillen Schree, vull vun Angst. He bleev ståhn. He harr verloren.

Nich de Jung vun de Toops un ok nich Gabriel-Ernest sünd jemåls weddersehn worrn.

Man de Kledåsch vun den Jung leeg op’n Weg. De Lüüd meenen dorüm, wat dat Kind woll in’t Wåter fullen weer, un de Jung harr gau sien Kleder afleggt, weer in’t Wåter sprungen un harr vergeevs versocht un redden dat Kind.

Van Cheele un ok ’n poor Arbeider, de jüst neeg weern, hebbt betügen kunnt: se harrn dicht bi de Steed, wo de Kleder legen, eenen Schree vun een Kind höört.

Mrs. Toops, de noch ölben anner Kinner harr, käm dor mit de Tied öberweg, man Miss Van Cheele truer langen üm ehr Finnelkind.

Se weer dat ok, de dorför sorgen dä, wat een Bronzetåfel anbrocht wöör:

„To'n Gedenken an Gabriel-Ernest, enen unbekannten Jung, de sien Leben för en annern Minsch hengeben hett."

Van Cheele, de sunsten sien Tante in de meersten Saken någeben dä, geev för disse Gabriel-Ernest-Gedenktafel keenen Penny.

Ruth Rendell

Lütt Wulf

De leste Vörstellung weer vörbi; de leste Vörhang weer fullen; Rotkäppken nehm mi an de Lien, un wi güngen mit de annern von't Ensemble röver in den Pub. Nüms harr sick afsminkt oder wat anners antrocken. Dorto weer keen Tiet; anners weer *The George* al dicht ween. Ick erinner mi doran, wat ick över de Stråt sprungen bin un en Radfohrer anknurrt heff. In'n Pub muchen se mi – dat heet en poor. De annern weer ick en Doorn in't Oog. Snåksch weer dorbi, dat ick mi sülfst ok nich mucht harr, wenn ick een von jem ween weer. Ick harr mi gor nich beacht, harr mien Glas utdrunken un weer weggåhn. Doch anners weer ick woll gor nich in'n Pub ween. Gewöhnlich måk ick en groden Bågen um socke Lokåle. Man ünner den Wulfspelz weer dat heel anners; allens weer anners, wenn man dorin steken dä. Ick snüffel en Tietlang rum, deelwies op veer Fööt, ok wenn dat för uns, de wi den oprechten Gang wennt sünd, nich licht is. Denn wedder harr ick de Vörderpoten fast an mien Bost drückt un bummel op de Achterbeen umher. Ick güng an de Dischen to de Lüüd, snüffel an de Tuten mit Chips un steek mien Snuut dorin. Wenn de Lüüd smöken, gnurr ick un weddel mit de Vörfööt, um den Qualm wegtoschuven. Veel weern nett, stråkeln mi, foppen mi oder dään, as weern se vör mien root Muul oder de tückschen lütten Ogen bang. Een Fro nehm sogår mienen Kopp un legg em in ehrn Schoot.

Op den Weg to de Theek, wo ick mi en lütten Sherry hålen wull, hör ick Bill Harkness (den ersten Holthacker) to Susan Hayes (de Mudder von Rotkäppken) seggen: „De ool Colin is vonåvend so richtig ut sick rut gåhn.“

Un Susan – Gott schall ehr segen – anter: „He is en echten Schauspeler, nich wohr?“

Ick hör to de wenigen von uns Trupp, de to de Schauspeleree beropen weern. Ick glööv, bi de Amateurbühnen is dat meist so. Dor gifft dat jümmer een’ oder twee, de sick ok op’t Theåter ehr Geld verdenen kunnen, wenn de Schauspeleree nich so överlopen weer; de annern måkt blots so ut Spåß mit un wegen de Kuntakte in de Gesellschop. Harr ick je eernsthaft överleggt, wat ick ton Theåter gåhn schull? Mien Vadder is en Beamten ween; mien beide Grootvadders weern Kolonialbeamte in Indien. So lang ick denken kann, is dat kloor ween: Ick wöör studeern, Exåmen måken un Beamter warrn. Doran heff ick nie nich twiefelt. Bi en Mudder as mien, een ünner Millionen, mehr Fründin as Öllerndeel, kummt een nich op den Gedanken, he kunn rebellsch warrn. Blangenbi – mien Mudder hett mien Theåterspeeln jümmer stütt. Se hett ton Bispill den Wulfspelz neiht, ofschoonst de Theåtergrupp övereen kåmen weer, se wull de Kostüme för de Wiehnachtspantomime dit Johr utlehnen. Mien Pelz weer teihnmål beter as allens, wat wi utlehnen kunnt harrn. Blots den Kopp müssen wi köpen; man Lief, Arms un Been hett se ut en gries langhoorig Kunstfell måkt, ut dat ok Mantels för Froons neiht ward.

Moira harr jümmer seggt, ick wöör dorüm so geern Theåter spelen, dat ick denn en Tietlang annerseen ween kunn. Se sä, ick much mi sülfst nich un söch nå Möglichkeiten, mi to entkåmen. Wat en snåkschen Snack – wenn man bedenkt, dat se mi freen wull. Doch ehrder ick mi Moira towenn un mit den Bericht vörangåh, schull ick villicht seggen, wat disse Bericht schall. De Psychiater, de to dit Huus hört oder hier sien Spreekstünnen höllt (ick weet nich, wat richtig is), en Dr. Vernon-Peak, hett mi seggt, ick schull mien Geföhlen un Indrück schriftlich fastholen. Dat, heff ick em seggt, kunn ich blots in'n Tosåmenhang mit de ganze Geschicht. Sehr goot, sä he, dor harr he nix gegen. Wat dorbi rutsuert, weet ick noch nich recht. Ward dor wat rutkåmen, wat dat Gericht gegen mi verwennen kann? Oder ward dat as Krankengeschicht bi Dr. Vernon-Peak afleggt? Mi is dat eendoon. Ick kann blots de Wohrheit seggen. As *The George* dichtmåkt harr, hebbt wi uns afsminkt un umtrocken un sünd utenanner gåhn. Mudder weer noch wåk un tööv op mi. Dat weer åver nich ehr Gewohnheit. Wenn ick ehr sä, ick keem eerst låt nå Huus un se schull man bitieden to Bett gåhn, denn dä se dat ok. Doch natürlich harr ick nix dorgegen, wenn se mi tohuus nett begröten dä, sünnerlich nå so'n Triumph. Un ick harr mi ok dorop freit ehr to vertellen, wo lustig dat in'n Pub ween weer.

Wi hebbt en Huus ut de Tiet von de Queen Victoria mit twee Frontsieden ut gries Kalksteen. Dat is jüst nich schön, åver doch komood un solide. Mien Grootvadder harr dat köfft, as he 1920 ut Indien trüchkeem un sick to Roh setten dä. Mudder weer domåls teihn. Se hett also den gröttsten Deel von ehr Leven in dit Huus tobrocht.

Mien Grootvadder weer en groten Jäger un is fåken mit op Jagd gåhn, fröher, as man doröver noch anners denken dä un dat nich aflehn – so as man dat vondåg nå mien Dünken to Recht deit. Dorvon kummt dat, wat uns Huus vull is mit Jagdtrophäen. Solang mien Grootvadder leev – un he wöör bannig oolt –, bleev uns nix anners över: Wi müssen uns mit de Höörn un Stööttähnen affinnen, de utsehgen, as wöörn se an uns Wännen wassen, mit den Scheermstänner ut den Elefantenfoot un de opreten Müüler von Tiger un Boor. Wi müssen dat mit de Roh von Boren un de Arroganz von Tigers utholen, as Mudder dat mit ehrn Woortwitz fåken seggen dä. As Grootvadder sick oplest to sien Vöröllern versammelt harr, hebbt wi all de Köpp un Höörns afnåhmen un in Kisten packt. De Pelze hebbt wi hangen låten. De sünd vondåg en Vermögen weert. De Tigerfellen, de krüüz un queer op dat Parkett legen, un de Boor, in den sien Fell an'n Kamin een de Töhnen vergråben kunn, de sehgen doch luxuriös ut, düch mi. Ick weet noch, dat ick an dissen Åbend de Schoh uttrecken un de Töhnen in den Pelz bohren dä.

Mudder harr uns Theåter natürlich sehn. Se weer to de Premiere kåmen un harr beleevt, woans ick mi op Rotkäppken störten dä. De Angriff keem so unvermoden: Dat ganze Publikum weer opsprungen un harr opstöhnt. (In uns Stück freet de Wulf Rotkäppken nich. Uns düch, dat weer to Wiehnachten nich passlich.) Mudder åver wull mi noch mål in ehr Kreation bewunnern; dorüm trock ick dat Wulfsfell an un knurr un huul vör ehr op un dål. Wedder mark ick, dat ick gor nich mehr unseker weer, wenn ick in dat Wulfsfell steken dä. So sprüng ick ton Bispill op den Sneeleopard to un knurr un wies em mien Tähnen. Ick box em in dat gries-widde Gesicht un dä so, as beet ick em in't Ohr. Ick leep op veer Fööt to den Boor un hau em mien Wulftähnen in den Nacken.

Wo hett mien Mudder doch von Harten lacht! Se sä, ick weer in de ganze Pantomime de Best ween un beter as veel, wat 'n von't Fernsehen kenn.

Mudder wisch sick de Trånen ut de Ogen. „As ick jung weer, geev dat en Leed: ‚Keen is bang vör'n bösen Wulf, bösen Wulf, bösen Wulf …‘ Wo güng dat wieder? Ick krieg't nich mehr tosåmen. – Du verhöllst di richtig as en Wulf. Wenn du dat Kostüm wedder mål antreckst, segg ick: ‚Nu warrst du wedder de Wulf.‘“

Wenn ick dat Kostüm wedder mål antrock … Harr ick denn de Afsicht? Ick harr noch nich doröver nådacht. Jo, villicht wenn ick mål to en Kostümfest güng, seker en Möglichkeit, wenn ok en beeten afsiets. Åver dat nu wegpacken so as Grootvadder sien Köpp un Hörns – dat weer ok jammerschåd, wo Mudder sick doch so veel Möh dormit geven harr. An dissen Åbend hüng ick dat in mien Schapp, un ick weet noch, wo gediegen ick mi föhl, as ick dat ton tweeten Mål uttrecken dä: nåkter as anners ohn Kleeder, meist as harr ick mi de Huut aftrocken.

Dat Leven güng wieder ohn veel Op un Dål. Siet ick keen Proben mehr harr un nix butenkopps lehrn müss, keem ick mi wat holl vör. Wiehnachten keem. Den ersten

Fierdag weern Mudder un ick alleen; dat weer al en Tradition, un wi wullen dat ok nich anners. Doch an'n tweeten Fierdag keem Moira, un Mudder låd ok noch twee oder dree von uns Nåvers in. Ick glööv, jichtenswenn keem ok Susan Hayes mit ehrn Mann vörbi; wullen uns „frohe Wiehnachten" wünschen.

Moira un ick weern siet dree Johr verlöövt. Wi harrn al ehrder heiråden kunnt; kunnen uns dat ok leisten. Dat Problem weer, wi weern uns nich eenig, wo wi in Tokunft wohnen wullen. Ick denk, dat is nich unfair to seggen, dat de Probleme blots op Moira ehr Siet legen. Keen Mudder harr ehr tokåmen Swegerdochter mit åpener Arms opnehmen kunnt as mien. Se wull würklich un wohrhaftig, wi schullen mit ehr in „Simla House" wåhnen. Wi schullen, sä se, dat as uns Tohuus ankieken un se eenfach as uns Huushöllersch. Doch Moira wull, dat wi uns en eegen Huus köpen; so weern wi an'n doden Punkt ankåmen.

Plietsch weer dat jo jüst nich, åver Moira keem an'n tweeten Fierdag, as de annern Gäst gåhn weern, wedder op dat Thema. Ehr Broer, en Immobilienmåkler, harr ehr von'n Bungalow vertellt, op'n halven Weg twüschen „Simla House" un ehr Öllernhuus. De weer to köpen, so wat as en „eenmålige Gelegenheit". Ton Glück, düch mi, kunn mien Mudder noch aflenken un von den Bungalow vertellen, in den se un ehr Öllern in Indien leevt harrn – en Bungalow mit en grode Veranda mit Pieler, en englischen Blomengårn un en Pipalboom. Doch Moira full ehr in't Wort.

„Wi snackt över uns tokåmen, nich över Ehr vergåhn Tieden. Ick dach, Colin un ick wullen heiråden."

Mudder verfeer sick: „Jo, wüllt ji dat denn nu nich mehr? Colin hett doch woll nich Schluss måkt?"

„Op den Gedanken, dat ick Schluss måken kunn, kåmt Se woll nie."

Arme Mudder, se verttröck ehr Gesicht to en Smustern, denn se wull sick dat nich anmarken låten, wo ehr dat dråpen harr. Moira kunn ehr bannig licht ut de Roh bringen. Weet de Düvel worüm, man Moira wöör füünsch.

„Se meent woll, ick weer to oolt un unattraktiv, um so wat ok blots to överleggen, nicht wohr?"

„Moira", sä ick.

Se acht gor nich op mi. „Dat is Se woll gor nich kloor", sä se, „doch wenn Colin mi freet, is dat en Glücksfall för em. He bruukt mi, anners ward he nie nich en Keerl."

Mudder fåt Moira an't Knee. „Ick verståh jo; de Opgåv kunn meist to groot för Se ween." Dat mutt ehr so rutrutscht ween, ehrder ehr kloor wöör, wat se jüst seggt harr.

Striet geev dat nich. Mudder harr sick nie nich in so wat rintrecken låten. Åver Moira weer vergrellt un sä, se wull nå Huus. Dorüm müss ick den Wågen ruthålen un ehr fohren. Op den ganzen Weg to ehr Öllern müss ick mi en Litanei von dat Unrecht anhören, wat mien Mudder un ick ehr andään. As wi uns trennen, weer ick bedröövt un nervöös. Weer dat richtig, in mien Öller von tweeunveertig Johr noch an de Eh to denken?

Mudder harr allens wegrüümt un weer to Bett gåhn. Ick güng in mien Slåpkåmer un trock mi ut. As ick mien Tweedbüx ophangen wull, sehg ick in't Schapp dat Wulfsfell un trock dat rut. As ick dat Fell övertrocken harr, wöör ick ruhiger, jo glücklich. Ick sett mi op den Lehnstohl. Doch denn düch mi dat kommooder, un ick hock mi op den Bodden, lee mi hen un streck mi lang ut. Ick leeg dor, leet mi Buuk un Pranken von't Füür warmen un dach an all de

Geschichten un Legenden von Wülf un Minschen. Romulus un Remus, von en Wulfsmudder söögt; de uroole Mythos von den Werwulf; de alleenlåten Kinner, de, sogår noch in uns Tieden, von Wülf optrocken worrn sünd. All dat lenk miene Gedanken von dat af, wat twuschen Moira un mien Mudder verqueer weer; un so kunn ick wat sorgloser in't Bett gåhn un goot slåpen.

Villicht is dat nu nich mehr so swoor to verståhn, dat ick wedder in dat Wulfsfell slipp, as ick mi slecht föhl. Mudder weer nich tohuus; dorüm harr ick dat ganze Huus för mi alleen un muss nich op mien Kåmer blieven. Dat weer Klock veer un wöör al schummerig; ick måk keen Licht, strööp in dat Tweedüüster dör't Huus, sehg af un an en slanke, graue Gestalt in een von de groden Spegel, de mien Mudder so geern harr. Dor weer wenig Licht, un uns Huus weer mit grode Möbel un annern Schnickschnack vull, dorüm sehg ick in den Spegel nich en verkleedten Minsch, man en echten Wulf, de sick in en viktorianisch Huus verbiestert harr. Oder en Werwulf, den beestigen Deel von'n Mann, de sienen Lief, sien minschliche Hüll trüchlåten harr un free rumström.

Ick sleek mi an de Teakholt-Antilop ran un freet dat lütt Wesen, ehrder dat begreep, wat los weer. Ick füng wedder an, mit den Bor to balgen, un wi marachten uns vör den Kamin af, vertwiefelt inenanner verslungen. Miteens hör ick mien Mudder de Huusdöör opsparren. De Tiet weer gauer vergåhn, as ick dacht harr. Ick neih ut un kunn jüst noch mit de Achterpoten un den Steert um de Eck von de Trepp verswinnen, denn weer se ok al in de Hall.

Dat lett so, as wull Dr. Vernon-Peak weeten, worüm ick mit tweeunveertig Johr dormit anfüng; oder ok, worüm ick dat nich fröher al doon harr. Wenn ick dat man wüss! Dat gifft natürlich en eenfache Antwoort: dat ick vörher keen Wulfsfell harr. Man dat is doch woll to simpel. Wuss ick villicht bit denn gor nich, wat mien binnerste Wünsche weern – liekers ick se dör de Rullen tofredenstellt harr, de ick in uns Theåter speel? Dor is noch wat anners. Ick heff em vertellt, ick kunn mi dorop besinnen, wat ick as lütt Kind en groot Deert bannig geern hatt heff, villicht en Hund oder en Pony. De geweetenhafte Vernon-Peak hett in uns Familiengeschicht gründlich rumsöcht, doch narrns en Bewies funnen, dat wi fröher en Deert tohuus harrn. Doch doröver en anner Mål mehr.

Mag dat nu wesen, as dat will: Ick weer eenmål in den Wulf rinslippt; ick harr wedder un wedder dat Verlangen. Oprecht op twee Been, in mien vulle Grötte, düch mi, ick weer en wunnerschön Deert. Un nu, wo ick dat schreven heff, fallt mi op, dat ick gor nich seggt heff, woans dat Fell utsehg; ick heff vörutsett, all kunnen dat Kostüm ankieken, de dissen Bericht leest. Åver womöglich is dat gor nich jümmer de Fall. Se wüllt mi dat Fell nich wiesen; un ick fråg mi, wat dat överhaupt reinmåkt worrn is un wiest warrn kann, oder of dat noch – nee, nee, dat hett keen' Sinn, dat ick hier op de unappetitlichen Details ingåh.

Ick heff al seggt, dat Lief, Arms un Been von dat Kostüm ut langhoorig griesen Wullstoff måkt weern, de utsüht as en Pelz. De Stoff weer bannig groff, för'n Mantel woll nich to bruken, åver – düch mi – goot för en Wulfspelz. Mudder neih de Pranken as Pelzhanschen, pulster de un måk de mit Ledderhanschen stief, dat de as Krallen utsehgen. Den Kopp hebbt wi köfft, wo dat Såken för Karneval un Kostümfesten gifft. He harr grode, spitze Ohren, lütte geele

Ogen un en wunnerschön half åpen Muul, wat verfreeten utsehg mit de Dubbelreeg von witte Tähnen. De Spleet, dör den ick Luft kreeg, weer jüst ünner den Ünnerkiefer, wo de Kopp op den starken, grieshoorigen Hals seet.

In't Vörjohr föhr ick af un an rut, park den Wågen un slipp in de Wulfshuut. Ick wull nich sehn warrn, wull alleen ween. Wat ick en Deert blangen mi utholen harr, is en anner Fråg. Domåls wull ick blots in mien Wulfsoort dör Woold, Koppeln un Heckenweeg ströpen. Un dat dä ick, söch Gegenden, wo nüms anners rumleep, un güng all Stellen ut den Weg, wo ick mit de minschliche Rass in Kuntakt kåmen kunnt harr. Nu, wo ick dat schriev, versöök ick to verklooren, woans ick mi föhlt heff. Kloor is: Ick heff mi nich as Minsch föhlt. Un sick nich as Minsch föhlen meent: Du musst nich as en Minsch för allens inståhn; du büst free von de Sorgen, de en Minsch to drägen hett. Wenn ick in dat Wulfsfell rinrutscht weer, legg ick de Bang vör de Eh af; de Bang nich to freen; de Bang mien Mudder to verlåten; den Arger, dat ick in dat nee Stück nich de Hauptrull speel. Dat allens leet ick trüch mit de Hüll von den slåpen Mann un verwannel mi glücklich un gedankenlos in de wille Kreatur.

Uns Hochtiet weer wedder verschåven worrn. De Koop von dat Huus, wat Moira un ick oplest doch hebben wullen, keem in den lesten Ogenblick doch nich tostannen. Ick kann nich seggen, wat ick dat würklich beduer. Dat stünn in de Neegde von mien Tohuus, sogår in desülvige Stråt as „Simla House", åver ick heff mi frågt, woans mi dat ankåmen wöör: Dag för Dag an uns leev ool Huus vörbi gåhn un weten, dat ick den Kopp nich ünner sien Dack to Roh leggen wöör.

Moira reeg sick bannig doröver op, wat wi dat Huus nich kregen. Åver: „Ick wöör mit dien Mudder nich mål dree Månden in een Huus wåhnen“, harr se op mienen Vörslag antert. „Dor weer dat Unglück jo al vörut fastleggt.“

„Mudder un Vadder hebbt twintig Johr mit Mudders Öllern ünner een Dack wåhnt“, sä ick.

„Jo, un kiek di an, wat dorbi rutsuert is.“ Domåls sä se ok, ick kunn mi so, as ick weer, nich utståhn un speel dorüm so geern Theåter.

Dat geev nix mehr to seggen, blots, dat wi wedder en Huus söken müssen.

„Åver wi köönt doch liekers nå Malta föhrn?“, sä Moira. „Wi mööt de Reis doch nich afseggen?“

Natürlich kunnen wi reisen, doch en Hochtietsreis wöör dat nich warrn. Ick harr bitlang nich nå dat Ehevergnögen lengt; un ick harr ok nich de Afsicht, mi dorop to frein. Ick weer dorüm op'n Kiewief, as Moira – Mudder weer op ehrn Bridgeåbend – partout mit mi in mien Slåpkåmer wull; se wull, harr se vörgeven, de Farven von den Antog ankieken, den ick mi för de Hochtiet köfft harr. Wull mi en Slips dorto schenken, sä se. Doch wi weern knapp in de Kåmer, do lee se sick op't Bett un wull mi besnacken, ick schull mi to ehr leggen.

Ick föhl mi slecht; dorüm – glööv ick – nehm ick mien Wulfsfell. Ick trock mien Jack ut, ofschonst Moira dor weer, trock den Wulfspelz över, måk den Verschluss to un sett den Kopp op. Se keek mi scharp an. Se harr mi al dormit sehn, domåls, in de Pantomime.

„Worüm hest du dat antrocken?“

Ick sä nix. Wat harr ick ok seggen kunnt? Ick weer tofreden, jüst so as anners ok, un ick dä, wat Moira wull: Ick jump to ehr op't Bett. Dat düch mi natürlich, ick füng weddelsteerten an to snüffeln, miene spitzen Ohren an ehr Bost to rieven, ehr Hannen mit mien Pranken to umfåten. All mögliche Fantasien trocken dör mien Wulfsnatur, meist nich to glöven wo sööt. Weern wi al in de Ferien ween, ick glööv meist, mi harrn keen morålsche Bedenken trüchhollen.

Doch anners as de Fro in dat Lokål *The George* nehm Moira nich mienen Kopp un legg em in ehrn Schoot. Se sprüng op un schreeg mi an, ick schull mit de Undöög ophöörn; se fünn dat gräsig. Ick dä, wat se sä, natürlich dä ick dat, kladder bedröövt ut dat Kostüm un hüng dat in't Schapp trüch. Ick föhr Moira nå Huus. Ünnerwegens weern wi kort bi ehrn Broer un keken uns de Hüüs an, de nee anbåden wöörn.

Wi söchen dree Månden wieder, överleggen, bidden um Bedenktiet, denn eenigten wi uns op een Huus un leggen de Hochtiet för Midde Dezember fast. In'n Sommer harr uns Theåtervereen „De kandidel Spöök" opföhrt (dor harr ick blots de lütte Rull von den Dr. Bradman; Bill Harkness speel den Charles Condomine); för dit Johr harrn se as Pantomime „Aschenpuddel" rutsöcht mit Susan Hayes in de Titelrull; ick speel den Vadder von de bösen Süstern. Ick harr utrekent, ick wöör to rechte Tiet von de Hochtietsreis trüchkåmen.

Un ohn Twiefel weer ick to rechte Tiet trüchkåmen; ohn Twiefel harr ick freet, weer op de Hochtietsreis gåhn, weer trüchkåmen un harr de komische Rull speelt – wenn ick nich an Moira ehrn Gebortsdag mit ehr inköpen gåhn weer. Disse Dag hett allens ännert.

Dat weer Dunnersdagåbend. Dunnersdags harrn de Lådens jümmer länger åpen. Gegen fief verleten wi uns Büros, drepen uns, as dat afsnackt weer un güngen tosåmen de Bondstreet rop. Ick wull mi ganz seker mit ehr nich strieden, ofschonst wi lesttiets meist nix anners dään. Dat güng dormit los, dat ick wat von uns Hochtietsreis sä. Uns Huus wöör vör Midde Januar nich fardig ween; dorüm slöög ick vör, de twee Weeken, ehrder wi intrecken kunnen, in „Simla House“ to blieven. Wiehnachten wöörn wi dor so un so ween.

„Ick dach, wi harrn afmåkt, wi wullen in en Hotel gåhn“, sä Moira.

„Meenst du nich, wat dat rutsmeeten Geld is?“

„Ick denk“, sä se mit beetsche Stimm, „wi dröffen nich wågen, dat Geld nich uttogeven.“ Se nehm ehrn Arm von mi weg.

Ick fråg, wat um allens in de Welt se dormit meen?

„Wenn du eerst wedder bi dien Mami büst, treckst du nie wedder ut.“

Disse Satz weer mi to dösig, as dat ick dorto wat seggen wull. Swiegens sünd wi blangenanner hergåhn. Denn füng Moira lies un monoton an to snacken, bruuk all de Wöör, de se woll in en Daschenbook „Psychologie för jedermann“ funnen harr; Wöör, de ick ton Glück von Dr. Vernon-Peak nie nich hört heff. Wi güngen över de Stråt to Selfridge. Moira harr noch jümmer den Ödipuskomplex to fåten un de Undöög, wat se ut mi en Keerl måken wull.

„Snack nich so luut“, sä ick, „de Lüüd hört di doch mielenwiet.“

Se schreeg mi an, ich schull den Mund holen, se wöör seggen, wat se wull. Nu, se harr jo fåken noog seggt, ick schull mi dörsetten; schull mi as en Keerl wiesen; also dä ick jüst dat. Ick güng to den neegsten Verkoopsdisch, schreev en Scheck ut, drück ehr den in de Hand un güng eenfach weg. Togeven, dat weer mehr Geld, as ick eegentlich utgeven wullt harr.

En korte Tiet weer ick bannig tofreden mit mi; doch op de Trüchfohrt in'n Tog kreeg mi de Bedröövnis fåt. Ick harr geern mit Mudder doröver snackt; man de weer nich to Huus, de speel Bridge. Dorüm müss ick mi an mienen annern Trost holen, mien Wulfsfell. Dat Telefon pingel en poor Mål, doch ick güng nich ran. Ick wüss, dat weer Moira. As ick, Grootvadder sien utstoppten Ådler in de Pranken, op den Footbodden leeg un em jüst de Tähnen in den Hals haut harr, keem Mudder rin.

Den Bridgeåbend harrn se afbråken. Een von de Froons weer krank worrn un harr in't Krankenhuus müsst. Ick weer to wiet weg ween un harr gor nich markt, wat dat Licht angüng; ok de Döör harr ick nich hört. Mudder stünn in ehrn olen Pelzmantel vör mi un keek op mi dål. Ick leet den Ådler fallen un trock den Kopp in; opleevst weer ick op de Stell doot bleven, so heff ick mi schåmt. Doch wo wenig heff ick mien Mudder in Wohrheit kennt! Mien leeve, true Måt; mien eenzig Fründin! Kann ick nich sogår seggen: mien tweet Ick?

Se smuuster. Ick kunn't meist nich glöven, man se smuuster würklich. Dat weer ehr eegen wunnervull listig Smuustern, en Smuustern mank Lüüd, de op Doot un Düvel tohoop hört. „Hallo", sä se, „büst du oder speelst du den groten Wulf?"

Den neegsten Ogenblick güng se in ehrn Pelzmantel blangen mi op de Knee. Tohoop reeten wi an den Ådler, streden mit den Boor, füllen över de Antilop her. Tohoop lepen wi in de Hall un störten uns op den slåpen Tiger.

Mudder lach de ganze Tiet (knurr åver ok) un sä wedder un wedder, wat för'n Last von ehr affullen weer. As ick den annern Dag nå Huus keem, tööv se al, weer verännert un pråt. Se harr sick ut dat Fell von den Sneeleopard un witten Pelzstoff en Tierkostüm sniedert. Se müss den ganzen Dag doran arbeit hebben. Dör den Spleet an de Keel sehg ick ehr Ogen funkeln.

„Du weetst gor nich, wo lang ick dornå lengt heff, wedder en Tier to ween", sä se. „As du en Baby weerst, slipp ick in verscheden Tiern. Lang weer ick en Hund, denn en Boor; doch dien Vadder kreeg dat rut un weer dorgegen. So müss ick dat opgeven."

Doran harr ick mi also unkloor erinnert. Ick sä, se sehg ut as de Königin von de willen Tiern.

„Würklich, mien lütt Wulf?", sä se.

Wi harrn en herrlich Wekenenn, Mudder un ick. An düssen Morgen fröhstücken wi as Wulf un Leopard tohoop. Denn spelen wi. Wi spelen in't ganz Huus; af un an streden wi, af un an danzen wi tohoop. Wi jågen natürlich un slepen uns Büüt in't Låger, dat wi mank de Möbel inricht harrn. Wi föhren mit den Wågen weg, op't Land rut, in den Woold, trocken uns Fell an un ströpen stunnenlang free umher.

In düsse Dåg geev dat för uns keen' Grund, uns in Minschen to verwanneln. Åver Dingsdag harr ick Theåterproov un Mondagmorgen müss ick to Arbeit. Uns Trüchkumst op de Eer, to dat, wat wi Realität nennt, weer wat unsanft, dreep mi as en bösen Slag. Doch dat harr ok amüsante Sieden. In'n Tog pedd mi en Fro op'n Foot, un ick harr ehr anknurrt, ehrder ick mark, wat ick eegentlich dä. Hastig måk ick ut mien Knurren en Hosten.

Dat ganze Wekenenn sünd wi nich an't Telefon gåhn. Doch in mien Büro bleev mi nix anners över, und dor kreeg Moira mi fåt. De Hochtiet weer mi so wiet wegrutscht; de keem mi grotesk vör. Freen dään anner Lüüd, nich ick. Deerten freet nich. Doch dat kunn ick Moira natürlich nich seggen. Ick sä, ick wöör ehr anropen un dat wi uns noch düsse Week sehen müssen.

Ick nehm an, se hett to mi seggt, dat se Dunnersdagåbend to mi kåmen un mi wiesen wull, wat se för dat Geburtsdagsgeld köfft harr. Se wuss, dat Mudder dunnersdags nich to Huus weer. Moira ward mi dat seggt un ick warr dat överhört hebben. Mi weer nix mehr wichtig. Ick wull blots noch Deert ween, tosåmen mit mien Mudder, Wulf un de Königin von de willen Deerten.

Wenn ick nå Huus keem, måken wi uns för uns Speel fardig, Dag för Dag. Wat weer dat allens unschüllig! Wi weern sachtmödige Kreaturen ut de fröhe Tiet von de Welt, as dat noch keen Minschen geev. Wi leven in den Gårn Eden, as Adam un Eva rutsmeten weern.

De Fro, de an den lesten Bridgeåbend krank worrn weer, weer intwischen dootbleven; so wöör de Åbend afseggt. Doch weer Mudder överhaupt noch hengåhn? Wohrschienlich nich. Uns beestig Kapriolen bedüden ehr jüst so veel as mi, villicht sogår noch mehr; denn se harr sick den Wunsch so lang verbåden. Wi seeten to Disch un eeten to Åbend. Mudder harr Rippenstück von't Lamm kåkt, dat wi achteran an de Knåken gnabbeln kunnen. Wi sünd natürlich nie dorto kåmen, dat to eeten; un ick heff al en poor Mål överleggt, wat ut dat Flesch worrn is. Wi füngen mit de Supp an. Dat Broot leeg op dat Sniedbrett op mien Siet von den Disch. Blangenbi dat lange, scharpe Mess.

Wenn Moira wüss, dat ick alleen weer, keem se dör de Achterdöör. Dorför harr se enen Slötel. Wi hören ehr nich, hören ehr beid nich, liekers ick mi dorop besinn, dat Muder, kort ehrder Moira rinkeem, de Tähnen bleek, de Ohren spitz un ehrn schönen Kopp opböör. Moira åpen de Döör to de Eetstuuv un keem rin. Ick seh ehr noch düütlich vör mi – seh, woans sick ehr hochkröppsch Grienen verleert un de Schree sick op ehr Lippen drängt. Se dröög – nehm ick an – mien Geschenk to ehrn Gebortsdag: enen footlangen witten Schåpfellmantel.

Un denn? Dat is't woll, wat Dr. Vernon-Peak nipp un nau weeten will, man ick kann mi dorop nich kloor besinnen. Ick weet blots, dat ick – as de Döör opgüng – dat Brootmess in de Pranken harr. Ick glööv mi to besinnen, dat ick en lies Knurren utstöten un ton Sprung ansetten dä. Åver wat passeer denn?

Dat letzt, wo ick mi op besinnen kann, ehrder se mi hierher brochen, is dat Bloot op mienen Pelz un de beiden willen, rööv-jieperigen Kreaturn, de op den Bodden över en doot Lamm huukt.

Ut'n Tritt

Harald Karolczak
Finsterschieven

Is mi dat foorts opfullen, bi mien' neen Arbeitskolleeg: Jichtenswat leeg em op 'e Seel. Kuum 'n Woort snackt un in 'e Pausen: jümmer för sick seten un still för sick henkeken. Heff ick em frågt, wat wi nich mål nå Fieråvend 'n Glas Beer drinken wullen oder so. Weer he ok mit inverståhn. Un hebbt wi den sülvigen Åvend noch bi mi in'e Stuuv tohoop seten.

Sä he denn, wat he eerst kortens sien Fro verloren harr. Un wat ick mi dat woll kuum vörstellen kunn, wo em to Moot weer. Föffteihn Johr weer he verheirådt, sä he, un'n Fro as sien Frieda geev dat nich 'n tweet Mål wedder. Wenn se ok anners weer as anner Froonslüüd: he kunn sick keen beter Fro denken.

Un hett he mi denn sien Geschicht vertellt:

Harr he Frieda as junge Deern kennen lehrt. Hebbt se nå'n Halvjohrstied von't Heiråden snackt un weern se kort dor nå Mann un Fro. Un weer he stolt op ehr, hett se em jeedeen Wunsch von sien Ogen afleest. Hett he sick blots över ehren „Sauberkeitsfimmel" amüseert. Weer se elkeen Dag bi, de Finster to putzen, wat dat regen dä oder nich.

Un weer dat 'n poor Wochen låter. Keem he åvends von' e Arbeit: Weer sien Frieda nich dor. Fünn he se bi de Nåverslüüd un weer se bi't Finsterputzen. Hett em dat åver nich wieder opreegt. In Gegendeel, weer he stolt op, wat sien Fro de öllern Lüüd 'n beten ünner de Arms greep.

Man 'n poor Dåg låter, seggt he, wull he åvends noch 'n beten mit Frieda spazeren gåhn. Harr he gråd de Huusdöör afslåten un sick bi ehr inööscht. Do reet se sick op'n

Mål los, måk ehr Handdasch op, hool sick dor'n Ledderdook un 'n Buddel mit Wåter rut – un füng se an, bi frömde Autos de Schieven to putzen. Keem em dat twors 'n beten narrsch vör, hett he åver wieder nix to seggt.

Müss he denn von sien Firma ut veer Wochen nå Süüddüütschland dål. Un, seggt he, hett he nå twee Dåg al gårnich mehr an Frieda ehr Putzeree dacht.

Man denn, as he von'e Montåsch trüch keem, kreeg he dat doch mit 'e Angst to doon. Wüss he noch genau, wo sien Fro em von'e Båhn afhålt hett. Sünd se noch tohoop nå'n Taxenstand hen. Un harr he jüst sien Kuffers verstaut un wull he sien Fro gråd de Wågendöör opmåken: Do mark he, wat se gornich mehr dor weer.

Hett he nå all Sieden keken un sehg he, wat se över de Stråt leep. Un dach he, he dröömt! Sien Frieda güntsiet de Stråt, as'n Katteker, mit Hannen un Fööt de glatte Huuswand bit nå'n Dack hooch. He bi Root över de Stråt. Un sehg he, wat se sick mit ehr Muul an't Finsterkrüüz fastsuugt harr. Harr se in jeedeen Hand 'n Ledderdook un weer se för dull an't Schievenwienern. Hett he op 'e Knee legen un schull se um allens op'e Welt wedder nå ünnen dål kåmen. Hett dat åver nix nützt. Hett se eerst all Schieven von dat Huus putzt. Un sehg he denn nåhstens, wat se an Hannen un Fööt richtige Suugdrüsen harr. Un weer dat siet de Tiet ok mit dat Küssen vörbi. Harr sien Fro soveel Suugkraft, wat se mit ehr Lippen, ohn Anstrengen, Muursteen ut'e Wand trecken kunn.

Hebbt se sick denn as „Gebäudereiniger" sülvststännig måkt. Un güng dat johrenlang goot, harr sien Fro ok nich eenmål 'n Unfall.

Un keem denn de trurigste Dag in sien Leven.

Harrn se tohoop mit 'n Konkurrenzfirma den Opdrag för dat Hoochhuus kregen. Un weer dat den een Morgen kort nå't Fröhstück un keek he rein tofällig nå båven. Do sehg he, wat sien Frieda langsåm an'e Schieven dålrüschen dä. Den Rest kunn ick mi woll denken, sä he. Von 'e teihnte Etåsch dål hett dat noch keen Minsch överståhn. Un kunn he dat twors nich bewiesen, åver harr he de Konkurrenzfirma in'n Verdacht. Harrn de wohrschienlich gröne Seep in Frieda ehren Wåterammer rinschütt. Un köönt an den glitschigen Kråm ok de besten Suugdrüsen keen Hollfast mehr finnen.

Hett he den Job denn opgeven. Un kunn ick dat woll verståhn, wat he von't Finsterputzen noog harr. Hett he ok tohuus all Schieven ruthaut un hett he de Finster mit Holt dicht någelt.

Åver weer dat nich sien eenzig Kummer, sä he. Weer he dat siet den Doot von sien Fro wies woorn, wat sien Dochter fåken vör'n Schaufinsterschiev stünn un weer se jümmer an't Glasschörenfreten.

Harald Karolczak

Wåter-Dias

Heff ick mi vör'n Urlaub doch noch 'n Fotoapparåt köfft. Weetst du, hett mi dat al lang argert: Överall bi mien Bekannten düsse hochinteressanten Dia-Åvenden. Un wenn ick Besöök harr, kunn ick bitherto nich mål 'n vernünftiges Fotoalbum vörwiesen.

Ick meen, schall dat jo Lüüd geven, de dor nix för över hebbt. Åver will ick di mål seggen, sünd de echt to beduurn, de Lüüd. Hebbt de keen' Sinn mehr för de Natur un köönt de sick woll ok kuum vörstellen, wat 'n Dia, mit 125/sec bi Blende 8 fotografeert, wat dat een' geven kann.

Weetst du, is dat för mi jümmer as vör dat Bescheren an'n Hilligåvend, wenn ick ton Dia-Åvend inlådt warr. Kann ick nåhstens jümmer wekenlang von tehren.

Un nich blots, wat du de wiede Welt mitbeleevst, lehrst ok all de Urlaubsbekanntschopen von dien Gastgevers kennen un wat se in'n Urlaub so eten un drinken doot. Ståht dien Bekannten di nå so'n Ovend noch nöger as vörher.

Un is dat för mi jümmer 'n groote Ehr, wenn Karl-Heinz mi frågt, wat ick nich mål wedder Lust heff, sien neen Biller to bekieken. Is he nämlich mit sien Erna in so'n FKK-Vereen binnen un sünd se den Sommer över de mehrst Tiet op düsse berühmte Nordseeinsel. Un Karl-Heinz denn, jågt de een' Film nå'n annern dör sien' Fotoapparåt. Un feine Biller måkt he. Düsse Wiede un Eensåmkeit von'e See. Denkst du echt, wat du meern in't Wåter binnen steihst. Un denn de Biller, wo Erna op is. Hett Karl-Heinz ehr von all Sieden knipst. Un is dat echt 'n Genuss, düsse brune Klöör op'e Dias. Sühst an ehr Liev ok nich een witten Placken.

Un weet ick ok nich, woso dat kümmt, åver kåm ick jümmer in't Drömen, wenn ick de Biller seh. Stell ick mi denn vör, wat ick ganz alleen mit Erna bün. Ick denn ok mit nix an un ok mit düsse „lückenlose Bräune“. Un ståht wi beid denn ganz dicht tohoop un kiekt wi denn, wo de rode Sünnenball jümmer wieder in'e See dükert. Un Erna, treckt de mi denn ganz sachten nå de Eer dål.

Is mi dat blots jümmer pienlich, wenn Karl-Heinz mi frågt, wat mi nich goot is. Wieldat mi de Sweetdrüppels op'n Kopp ståht un ick jümmer op'n Stohl hen un her rüüsch. Wat he villicht 'n beten dat Finster opmåken schall. Un Erna denn, kickt de mi ganz deep in'e Ogen un heff ick Angst, wat Karl-Heinz dat mål marken kunn. Loodt de mi villicht nich wedder in un weet ick ok nich, wat ick moken schall.

Åver nu, wull ick di noch seggen, hett dat Fotolabor mi mien eerste sülfstfotograferte Films wedder schickt. Un kannst di jo vörstellen, wo jibbelig ick weer. Ick foorts Projektor un Lienwand opboot, 'n Buddel Jägermeister op'n Disch, Rollo dål un heff ick mi kommodig op'e Couch sett. Un mutt ick seggen, sünd de mehrsten Biller ok wat worrn. Ick meen, ganz so bruun as Erna op Karl-Heinz sien Dias bün ick dor nich op. De Klören gåht so'n ganz lütt beten in't Rode röver. Åver anners is dor allens an an mien' „Körper" un bün ick echt neeschierig, wat Erna to mien Figur meent. Kennt se mi anners jo blots in mien Jeans-Antog.

Åver jichtenswat mutt ick an den Projektor verkehrt instellt hebben. Weetst du, harr ick noch twee Biller nå un weern dat Opnohmen von miene letzten Urlaubsdåg. Harr ick de noch fotografeert, kort bevör dat Gewidder losgüng. Na, ick mi gråd den letzten Rest von den Jägermeister in't Glas rin un sehg ick, wat sick op'n Mål op dat Bild richtig de Telgen von'e Bööm bewegen dään. Un keem mi dat vör, as wenn da Oostseewellen op dat Bild man jümmer so rin in'e Stuuv lepen. Un dach ick bi mi: gediegen Kroom. Do mark ick op'n Mål, wat ick 'n ganz natten Moors kreeg. Un wat schall ick di seggen, stünn dat Wåter in'e ganze Stuuv, bit an'e Couch hooch. Jungedi, heff ick mi verfeert. Ick di hooch, den Projektor afstellt un eerstmål de Verandadöör opreten. Leep dat Wåter jo ok af un wat schull ick dor noch veel måken. Drögen muss de Kråm von sülm.

Heff ick de ganze Nacht de Finster op låten un warrst di wunnern, weer vonmorgen allens wedder dröög. As weer dor nix schehn.

Blots, wat ick mit natte Halvschöh nå Arbeit müss, hett mi nich so richtig passt. Weern de vonmorgen jümmer noch randvull mit Wåter füllt. Åver bün ick heel froh, wat dor wieder nix passeert is. Stell di mål vör, Erna harr blangen mi seten un harr denn mit ehr' natte Klamotten nå Huus müsst. Minsch, weer dat 'n Blamåsch worrn.

Åver Gott si dank hett dat nüms markt, wat mien eersten Dia-Åvend sotoseggen in't Wåter fullen is.

Harald Karolczak

Papierkorf

Vör'n Halvstünnstied
wull ick mi bi uns
in'n Stadtpark
mien Zeitung ut'n
Papierkorv holen.
Do sehg ick dor
so'n ganz lütt
verschrumpelt Froonsminsch
binnen sitten.
In de een Hand harr se
'n Wermutbuddel,
in de anner Fritz Reuter
sien „Kein Hüsung".
Ick heff mi so verfeert,
wat ick ehr den Buddel
ut de Hand reet un ehr
een övern Bregen trecken wull.
Do füng de Oolsch an to snacken:
Slåh man driest to,
ick bün doch nich doot to kriegen.
Keen büst du denn,
fröög ick ehr.
Ick, sä se, bün de
nedderdüütsche Minsch.

Hans-Hermann Briese

De Müür

Ick glööv, se hebbt nachts anfungen to arbeiden. Ick heff nix höört. Mien Fro ok neet. Ja, ick heff recht goot slåpen, de Nacht van Sönndag up Måndag, keen Sweet, keen Angstdrööm. Blot mien Bost dä mi mörgens bi't Upståhn seer, nix Besünners, heff ick anners ok al hatt.

Sehn heff ick de Grüpp eerst, as ick mit't Auto rüggels to de Garåge rutfohr. Se harrn dor Planken över leggt, un een van de Arbeiders hulp mi, doröver to setten. Vör mien Utfohrt un so söss Meters nå beide Sieden was de Grüpp. Se harrn Kåbels freeleggt. Seker verleggen se Telefon of sowat.

De Måndag was as elke Mål, blaue Måndag kannst seggen. Veel to beschicken gaff dat neet. De een of anner van de Kollegen harr sick krankmeld't. Elke Måndag meld't sick een krank. Bi all de Fieree an de Wekenennen is't keen Wunner. Ick holl soveel neet van Fiern, ward mi toveel, kann ick ok neet mehr so goot of, siet Månden neet.

Åvends wassen Planken noch dor. Ick kunn best in de Garåge kåmen. Noch even dör de Tuun keiern. Kiek, de Nåver was ok in sien Tuun. Of he wat wuss van de Arbeiden an de Stråt? He schüddkoppde, wuss ok nix, harr de Anschien nå ok neet veel Tiet, verdrückde sick in't Huus, sloot de Döör achter sick dicht.

Sat een un RTLplus kunn ick neet kriegen in't Fernsehn. Sünd de Lümmels dor buten doch an dat Kåbel kåmen? Na, de sall ick mörgen woll Bescheed geven. Of glieks bi de Post anropen! Dor betåhlst en Bült Geld för dat Kabelfernsehn un denn kannst neet sehn, wat du wullt.

Diensdagmörgen was de Grüpp deper, jå, un ok langer. De Arbeiders wussen van nix. Se harrn en Updrag, hier to slöten, basta! Wat denn keem, harr en anner Koppel to besörgen.

In de Bedreev kreeg ick Arger. Ick harr van de Deenst-apparåt bi de Post anropen.

De Post wuss nix van de Slöteree langs mien Grundstück. So se wat rutkregen, wullen se weer dörpingeln. Nu sleit dat jå woll darteihn! Mien Fro reep mi an un vertellde, dat de Arbeiders ok in uns Tuun an gråven wassen. Na wacht, sowiet kummt dat noch!

Nåmiddags kreeg ick in mien Bedreev en eegen Kåmer. De harr mi al langs toståhn, meenden se, un ick funn dat ok. Bietje wiet weg van de annern, man dor kunn ick sünner Loperee arbeiden. An en Kumm mit Water harrn se ok dacht. Dat ick mi hen un weer de Sweet ofwaschen kunn. De Papierhanddoken sull ick man glieks in de Sack mit dat Ofgefall smieten.

In mien Tuun harrn se würkelk en Grüpp gråven, dwars dör de moie Blömen, un achter't Huus dör de Ketuffels bit an de Groot Bohnen. Wat suurt dorut? Dat leet jå meist, as wullen se rund um't Huus slöten. Van de Nåvertuun up de anner Siet keem Röök van Grillen. Ah, dat ruckt goot, reep ick. Man dor was nüms, de antern dä. Anners hebbt wi uns unnernanner en Stückje ofgeven.

Lesen mag ick upstünns neet so geern. Mien Ogen worrn wat slechter. Mutt mål weer hen nå de Ogendokter, neeie Brill verschrieven låten. Fernsehn kann ick noch goot. In dat Eerste Programm sull dat en Krimi geven. Man dat Programm kreeg ick neet. Ick sloot de Apparåt an de olle Antenn, dor gung't.

’s nachts kreeg ick keen Oog dicht, tominnst harr ick dat Geföhl. Middweekmörgen dään mi all Knåken seer. Ick kunn mi up en lange Drööm besinnen: Se harrn en Nett åver mi smeten, un ick kunn mi neet freesetten.

As ick in mien Bedreev fråg, of ick een Stünn nå dat Boamt dörf, kreeg ick free; dat måk nix, een of twee Stünnen, ok dree, dat keem d’r neet so up an. In dat Boamt wuss nüms van nix. Ick sull bi dat Stråtenverkehrsamt nåfrågen. De Keerl achter de Theek lachde, as ick hum nå de Arbeiden run mien Huus fråg; ick sull mi an dat Gesundheitsamt hollen, sä he. Ick wurr düll; he wull mi woll vannarr bruken, dor sull he fröher upståhn, dat leet ick mi neet beden. He lachde wieder, meende, elk muss de Såken nehmen, as se keemen. Ick sull mi doch sülfst in’n Spegel ankieken. Denn bün ick groff worrn. Denn lachde he neet mehr, wurr heel eernst: Wenn nix anners mehr helpen dä, müss de Minsch Müren ut Steen boen. Denn streep he sick Gummihandschen över un schoov mi sacht ut de Döör. Wat sull ick dormit anfangen? Müren ut Steen boen? Gesundheitsamt?

Dat Slöten harrn se klor kregen. En Grüpp rundum. Sehg heelneet so slecht ut. Dor stunn wat Wåter in, leet as en Deep. Ånten sull ick hollen, de kunnen dorup swömmen. Dat ick dor neet ehrder up kamen bün! Dat Naturschutzamt mutt ick frågen, de sallen woll Bescheed weten. Dönnerdagmörgen, in dat Naturschutzamt wies mi de Keerl en Vågel. Dat Amt harr sick mit anner Såken to befåten. En Grüpp för Ånten, so wat harr he noch nie nich höört. Dat he neet lachen muss!

Ick kreeg Kopppien, bileverlaa. Sweet sloog mi ut. Soveel Sweet. Dorbi drink ick håst nix. Alkohol sounso neet, bekummt mi neet, krieg ick Liefpien van. Vandåg man lever in't Huus blieven, Freedag noch, un denn is de Week ja al weer vörbi. An d' Stråt stunnen Stück of wat Betonwågens. Dör lange Rohrs goten se Beton in de Grüppen. Ochwat, ick harr Kopppien. Låt se doon, wat se wüllt. Glieks up't Bett. De hele Nacht nix as Sweet, Sweet. Freedagmörgen wassen Steen langs de Betonkant ståpelt. In de Bedreev muss ick nå de Bås kåmen. Ick sull man tohuus blieven, mi gung't jå neet allto best, dat kunn jå elkeen sehn, ick sull mi eerst mål utkureern, sä he. Ick sull mi man Tiet låten, se harrn al een annern för mien Arbeit. Mien Kåmer bleev mi, de harrn se up Slött sett't. Nee, nee, ick sull nix seggen. Se kunnen sick hölpen. Leeve Mann, sä he, kieken Se sick doch mål in'n Spegel an. Gåht mål hen nå d' Dokter. De Knütten an d' Hals un de swarde Pickel up d' Huut. Un denn de Sweteree.

Bi't Huus wassen se mit Müren anfungen. Veer Steen hoch harrn se vermeet, denn was Fieråbend.

Dat Wekenenn över harr ick mi goot verhålt. Ick harr wat to doon, nårekent, wo hoch de Müür wurr mit de Stenen, de dor legen. Blot, dat nu ok dagsöver, so ick de Ogen sloot, en Drööm nå de anner mi överfull. Ick leep up en lange Stråt, wiet, wiet, dat Enn verlor sick heel achtern in en griese Dåk. Minschen keemen mi tomööt, van wieden, dach ick, kennde ick se, man van nåhderbi harrn se keen Gesichten, keen Mund un keen Ogen.

Mien Fro un ick hebbt uns vörnåhmen, de Müür to begrönen, eerstmål in de Binnensiet, buten is doch blot för de anner Lüüd. Warüm sullen wi wat för de Nåvers doon, wenn se uns de Schullers wiesen. Rosen, twüschenin en Dannenboom un Planten, de fell wassen, Pisspottblöömkes, dat leet seker moi.

Måndag reep ick in mien Bedreev an, een van de Kumpels sull ut mien Kåmer de Papieren hålen un mi nå Huus henbringen, ick kunn jå wat arbeiden, Tallen reken un Schrieven upsetten. Dat gung neet, verklorden se mi, de Döör was upslött, dor dörf nüms binnengåhn.

Ick harr Langwiel, föhlde mi jå noch goot. Körterhand truck ick mien Blaumann an un hulp de Müürkes. As Pleegsmann kunnen de mi woll bruken, Kitt anröhren, Steen enkelt anbringen.

Sall mi wunnern, of se de Müür disse Week klorkriegen.

bileverlaa	= mittlerweile
Deep	= Kanal, breiter Graben
düll	= wütend
elke	= jede(r)
fell	= schnell, stark, klug
Grüpp	= Graben
håst	= fast
hum	= ihm
keiern	= schlendern
Kitt	= Mörtel
moi	= hübsch, angenehm, gut
Müürkes	= Maurer
neet	= nicht
nett	= gerade, genau, eben
of	= ob
Ofgefall	= Abfall
Pisspottblömkes	= Zaunwinde
seer	= weh
slöten	= Graben ausheben
Slött/up S. setten	= abschließen
Tuun	= Garten
vermeet hebben	= fertig haben
vunnarr bruken	= zum Narren halten
was/wassen	= war/waren
weer	= wieder

Gerd Spiekermann

Dissen Dag un all Dåg

As Jan Harms den Måndagmorgen ut de Döör treed, dor weer dor in't Treppenhuus een Pultern un Doon. He keek bi't Treppengelänner andål un sehg, dor weern Möbelpacker an't Wark, de schiens 'n Schapp oder 'n Bett de Trepp hochdregen.

He keek up de Klock: 10 vor 7. Häh? De sünd ja hellsch froh up de Been. He sülfst muss um halv acht up de Matt ståhn, un dat weer ja woll normål, man denn müssen disse Lüüd ja woll al gegen halv söven anfangen.

In 'n tweden Stock keem he jem in de Mööt. Nu sehg he ok, dat weern keen Möbelpackers, denn wat de beiden Mannslüüd dor nå håben bugseern wullen, dat weer keen Schapp. Dat weer 'n Sarg. 'n Sarg!, verjåg he sick. Well is dor denn woll sturven? Amenn de ole Fro Clasen, de van ganz båben. Kunn ja egentlich nich. De harr he doch güstern Åvend noch mit ehrn Polly up de Trepp sehn, un do sehg de nich nå Starven ut. De muss denn ja ok ehrn Sarg sulvst bestellt hebben. He muss sick tohooprieten, anners weer he bi dissen Gedanken bald luut anfungen to lachen.

– Ji sünd ja al froh up de Been, sprook he de Mannslüüd an.

– Un dorbi sünd wi al teihn Minuten to låt. Us Kunn schall woll al ut'n Huus ween. He keek.

– Wat heet dat denn?, schoot dat nu doch bi em rut. Dor hett doch woll nüms 'n Sarg bestellt, de noch leevt? Un denn schall de ok noch vör Dag un Dau levert warrn? He muss luut lachen.

– Sowat gifft dat doch gor nich!

– Dat gifft't!, lachten nu ok de beiden annern. Dat gifft't. Tööv man even, hier heff ick den Updrag. Se schööt den Mann ja woll kennen, Se wåhnt ja ok hier in't Huus. Willt håpen, de wåhnt nich ganz båben unner't Dack.

He kreeg 'n Zedel ut sien Bosttasch un langde Jan Harms den röver.

En Rieten gung döör sien Liev. Sien Ogen wullen bald ut sienen Kopp rutspringen. Dor stunn sien Nåm: Jan Harms. Un ok sien Unnerschrift. In lüttje Bookstaven kunn he denn noch lesen: Wir danken Ihnen für diesen Auftrag.

Wat …

He kunn sien Ogen nich van dat Papier losrieten.

Dor weer sien Unnerschrift, ja, åhn Twiefel, dat weer se, man dat kunn ja woll nich angåhn. He wuss nich, dat he sowat unnerschreven harr, un vor all, wennehr? Dor båben stunn ok 'n Datum, man … dat weer ja güstern, dat weer jå Dodensonndag. Dodensonndag!

He besunn sick up sien Konfirmandentiet, up den een' Dodensonndag, as de Paster de Doden aflesen dä, de dat Jåhr aver sturven weern. Dor weer ok sien Unkel bi ween, de Broer van sien' Vadder, de ok Jan heetde. Jan, just so as he. Sien Hart wull em ståhnblieven, as de Paster up eenmål sienen Nåm vorlesen dä: *Jan Harms, gestorben am 27. Mai.*

– Dat is'n Versehn, dat is'n Versehn, ick bün noch nich doot!, bever sien Stimm.

– Nee, noch nich!, bullerballer dat bi den enen Sargdräger rut.

– Dat kennt wi åver al, wat Hemman?, reep de anner. Dat seggt se all.

– Un recht hefft se. So gau geiht dat mit dat Dootblieven nich, verklor em Hemman nu. Duurt all sien Tiet.

Doch vorsorgen mööt een liekers. Un dat willt Se doch seker ok?

– Jå, jå, miemelde Jan Harms. Will ick.

– Kiek! Un dorum hefft Se us ja ok dissen Updrag geven. Bloot een Deel hefft se vergeten …

– So?, wunner sick Jan. Wat … wat denn woll?

– Se hefft nich angeven, ut wat for Holt de Sarg ween schall.

– Liggt dor denn 'n Unnerscheed in? Ick denk, doot is doot, dat kann een sülfst denn doch pottegål ween, of 'n nu in so 'n oder anners een Sarg kummt.

– Egål?, schoov nu Hemman sick nå vorn. Wat Se woll denkt! Dat will ick Se åver geern even verklorn. Passt Se mål up: Dor gifft dat eerstmål den eenfachen ut Dannenholt. Een Toll stark. De vergeiht gauer as Se koolt warrn kööntt.

– Wat?, schoot Jan tohoop.

– Na ja, dor sünd de Wurms even gau dör. Dat is 'n betere Appelsinenkist, nich veel mehr.

– Sowat …, piepde Jan sien Stimm.

– … nee, ick weet, sowat willt Se nich hebben. Denn, Nr. 2 dat sünd de van Fuurn, al wat duråbler, un wenn Se willt, denn gifft de ok Eken ritzt. Man well dor 'n Oog for hett, de süht dat foors. Se sünd doch seker nich for so'n nåmåkden Kråm?

– Nee, nee …

– Heff ick di dat nich seggt, Korl, sä Hemman wiesnääs, for Jan Harms, dat wuss ick, dor kummt bloot een Holt in Fråg, un dat is Eken. Un dor um hefft wi ok bloot dissen enen mitbrocht. Willt Se even kieken, hier an de Siet, dat sünd Palmwedels …

– Jan beföhlde vorsichtig de Zieråtje up den Sarg.

– … un de Fööt, dat sünd Löwenklauen. Man keen Angst, de krabbt nich mehr. Jan leet de Hannen över dat Holt glieden.

– De vergeiht nich so gau?

– Ha wat! Herr Harms! Ick bün nu al siet twintig Johr Discher un bring Lüüd unner de Grund. Ick kenn mi ut. Disse Sarg hollt goot un geern dörtig, wenn nich veertig Johr. Dat hangt natüürlich van de Grund af. Wor dat natt is, geiht dat wat gauer…

Man upmål brook dat bi Jan rut:

– Låt mi vorbi, ick bün noch nich doot!

– Dat hett ok jå nüms seggt …

Doch Jan weer al half de Trepp dål un reep:

– Dat is 'n Versehn! Dat is 'n Versehn! Ick bün noch nich doot, ick bün noch nich doot! Ick mööt nå de Arbeit!

As he in de eerste Etåsch weer, bleev he kort ståhn un keek na båven. Dor stunnen beide Sargdrägers un keken em vergrellt an. De een harr noch alltiet den Updrag in de Hand.

– Hier! Du hest unnerschreven! Dat gellt. Nu ståh dor ok to.

Doch Jan leep wieder. He muss sienen Bus doch kriegen.

– Hier hest du sülfst unnerschreven! Jan ielde sick.

– Unnerschreven!!! brullde dat nu dör dat ganze Treppenhuus. – Unnerschreven!!!

He leep, so gau as he kunn, den Floor henlang, un noch as he de Butendöör åpenreet, klung em dat in de Ohren:

– Unnerschreven!!!

Endelk buten. Even ståhnblieven un verhålen.

Fief Minuten vor seven. De Bus weer weg.

As he bi de Haltestee ankeem, stunnen dor ’n poor Lüüd, de up den neegsten Bus luurden. Un Jan vergeet sienen Arger över den verpassten Bus gau, as he dor ok de roothoorte Fro ut den Block voröver ståhn sehg. Bald jeden Morgen håpde he, se schull mit den sülvigen Bus fahren as he, man den Anschien nå müss se nich so froh bi de Arbeit ween as he. Meisttiets muss he alleen fohren. Doch dissen Morgen harr he Gluck. Se fohrde mit em.

Wat heet: mit em?

Se seet in den sülvigen Bus as he. Un wenn he dat goot anstellde un ehr toeerst instiegen leet, dennso kunn he sick so henseten, dat he ehr de ganze Fohrt över in’t Oog harr. Twölf Minuten Gluck. Dat weer em dat Tolåtkåmen weert. Un he kreeg dat kloor. Se seet em schråt voröver, harr de Benen över’nannerslån – vandågen harr se woller de blauen Wildledderschoh an – un leesde in ehr Book.

– Se is al wat wieder kåmen, dach he.

Dat Leesteken steek nu al in de twede Hälft von dat Book. Ehrgüstern – do weer se ok mit em fohrt – dor seet dat noch mehr in de Midden.

Of de roden Hoor woll echt sünd?

Schåd, dat se vandåg woller de wiede, griese Jack anharr. Bit båbenhen toslåten. In’n Sommer, ja, dor weer dat wat anners. Dor kunn een goot åhnen, wo se utsehg, wenn se …

Man wat weer dat? Nu upmål stunn de roothoorte Fro up! Wull se al utstiegen? Dat kunn doch nich angåhn, anners fohrde se doch veel wieder, noch wieder as he. Worum stunn se nu up? Se … se keem up em af, lachde em an (un he lachde ook), un denn – settde se sick up sienen Schoot. He wuss gor nich so recht, wat he måken schull. Se seet dor up sienen Schoot, un he weer verbåst! Se lachde em woller an, un he fåtde Moot un wull siene Hannen um ehr leggen, man dat leet se nich. In'n Gegendeel! Struuv schoov se siene Hannen retour un fung an, em to begåhn. Se bunn em den Slips af, knööpde em de Jack up un dat Hemd un striepde dat all van em af. Gau harr se em ok de Schoh uttrocken un eerst, as se bi sien Büx wull, dor fung he an, ehr aftowehrn. Man se weer sowat van handgau, dor kunn he nich mit. In'n Handumdreihn seet he dor ok ohn Büx un Unnertüüg. Kort: he weer nåkt. Un se gung retour up ehrn Platz, kreeg ehr Book woller vor un leesde wieder. Se harr ja noch 'n goot Deel vor sick – un em leet se eenfach dor sitten, nåkt un bloot.

Dat harr all so gau gåhn, he begreep dat gor nich. He weer nåkt. Sien Tüüg leeg dor gegen em, de Unnerbüx båbenup. He sehg, de weer nich mehr rein.

He leet de Ogen scho rumgåhn. De roothoorte Fro leesde in ehr Book, un ok de annern Fåhrgästen keken nich up em. Wo kunn dat angåhn? He harr dat al vor sick sehn, den annern Dag int Blatt:

Nackter Mann im Bus! Unterhose war dreckig!

Man, dor keek nüms, nüms murk wat. De dor bladerte in sien Morgenblatt, un de anner, de dor in de Eck, de sleep noch. Un ok de Fro mit ehr Kind keek em nich an. De harr bloot Ogen for ehr lüttje Bloot.

He verstunn dat nich. He harr doch seker keken.

Nu fung he an to freren. Nee, so nåkt kunn he ja nich blieven, denn bald muss he ok ja utstiegen. So stunn he up un truck sick gau woller an. Dor passeerde em, dat he den Mann mit dat Morgenblatt anstöten dä.

– Tschulligung.

– Bitte, måkt nix.

De roothoorte Fro keek nich mål up.

Jan keem to låt up't Amt an. Sien Kollegen weern al all dor, man – se drogen all swart Tüüg. Un Zylinders harrn se up. As he in't Büro treed, do wurd dat tomål still. All sien Kollegen keken up em, un denn kemen se up em to un geven em de Hand.

– Deit mi leed, Jan.

– Mien Mitgeföhl.

– Ick wuss nich, wat ick seggen schull, Jan, as ick dat höörn dä.

– Dat dröppt doch alltiet de Verkehrten, Jan.

– He stunn dor as anwussen. Wat harr dat to bedüden? Worum kondoleerden sien Kollegen em? He kunn sick dor keenen Riem up måken. Nu keem ok noch sien Chef.

– Leve Herr Harms, dat dat so gau kåmen muss, dat harr woll nüms dacht.

– Nee, nee … keem dat bi Jan wat liesen un stökerig rut. Wat … wat dacht?

De Chef nehm Jan bi de Hand un gung mit em den Floor hendål, nå Jan sien Büro to. Een Kolleeg gung vorup, maakde de Döör åpen un dor… Jan knickden de Knee weg.

Dor stunn up sienen Schrievdisch – een Sarg – de Sarg, den he vanmorgen nich hebben wull, den he woller umgåhn låten wull, de Ekensarg mit de Palmwedels un de Löwenklauen, de stunn dor, tomidden up sienen Schrievdisch. Un ok en Liekendook weer dor in utbreedt, un Blomen in mooie Busketten mit Slöpen legen dor umto.

– Wat …

– De Sargträgers weern hier, sä de Chef liesen. Vor'n lüttje halve Stunn.

– Man, wunnerde sick Jan, do weern se doch noch in't Treppenhuus bi mi.

– Tja, de sünd gau, Herr Harms. Un wi weern ja all as vor'n Kopp slån. So gau, Herr Harms, dor harrn wi ja nienich mit rekent. Well harr dat woll dacht. Se sülfst doch toallerletzt, wat?

Jan wurd dat swart vor Ogen. De Chef un een van sien Kollegen müssen em unnerhåken. Jan kunn marken, wor se sinnig mit em up dål wullen.

– Nee, nee! strüüvde he sick.

– Jan! sä een Kolleg bestimmt. Ts, ts, ts.

Jan muss up sienen Schrievdischstohl stiegen. He beföhlde dat Liekendook in den Sarg. Week weer dat just nich in de holten Kist, dat stunn fast. 't weer jå ok Ekenholt.

– To, Jan.

De Kollegen harrn de Zylinders afnåhmen un de Ogen dålslån. Jan leggde sick lang in den Sarg. De Kollegen slogen nu dat Låken över em tohoop, packden all de Blomen båbenup, un denn keem de Deckel up em to.

Un just, ehder dat düüster um em to wurd, dor kreeg he noch dat Gesicht von sienen Chef to sehn.

– De Keerl hett lacht, schoot em dat dör. Jawoll, he hett lacht. Dor weer Jan sick ganz seker. Lacht hett he, so een Swien. Dat harr Jan nich van em dacht.

De Sarg wurd in de Kark gegen den Altor afsett't un de Deckel åpenmåkt. Jan kunn de Deek van de Kark sehn. He wuss gor nich, dat de bemålt weer. As he so sien Ogen över de Engels un de Wulken dor båben glieden leet, keem em de Gedank, wenn he woll dat letztemål in de Kark ween weer. Ja, dat weer, as sien Moder begråven wurden is. He kunn sick nich mehr akråt up den Dag besinnen, man teihn Johr weern dat ja woll al her. Tomindst.

As he sick uprichten dä, schoot he tohoop. Dor weern ja bald gor keen Lüüd to sien Gräffnis kåmen. Nich mål twintig Mann seten dor. Wo verlåten dat in de grode Kark utsehg! Söss Mann gungen al weg for de Drägers, denn sien Chef, 'n poor Nåbers, dor 'n Bekannten un dor achtern in de Eck noch een un dor – dor weer ok de roothoorte Fro. Se muss lachen, as se em dor ut sien Kist upduken sehg.

Nu eerst wurd he gewohr, dat de Paster al båben up de Kanzel stunn.

– Leve Gemeende!

Jan sehg, wo de Chef een von sien Kollegen anstöten dä. De weer al inslåpen.

– Jan Harms is doot!

– Jååå!!!

De twintig Lüüd stimmen mit een groot Hallo den Paster to.

– Ja, doot as 'n Muus is he.

Jan fung an to rangeln in sienen Sarg und wull wat seggen, man de Paster düüde em, he schull swiegen.

– Leve Gemeende!

Jan Harms is nu van us gåhn un mit em hebbt wi en Minschen verlorn, van den wi ohn to överdrieven seggen kööent: um em is dat nich schåd.

Un woller pulterde de Troergemeende ehr „Jååå!!!" up den Paster to, de dat geern annehm.

Jan muss sick fastholen. He weer so bleek as Kalk an de Wand. He keem sick richtig doot vor.

– 'n goden Christenminschen is he nich ween, use Jan Harms!

– Nee! Dat weer de Stimm van den Chef.

– De hett dat just nödig, dach Jan bi sick. Un de Paster sprook wieder:

– Al froh, as junge Mann, dor hett he såpen un sien Geld verkleiht. He weet nich mål mehr, wennehr sien Moder sturven is un wennehr he dat letztemål in disse Kark ween is. Ok up de Arbeit is he keen goden Kolleeg ween …

– Neee!!!, keem dat as von een grode Stimm von sien Kollegen up em dålbolken.

– Kort, he is ’n Swien ween, een, de een Gräffnis, as wi dat kennt un anners ok jedeneen tokåmen låt, de so en Gräffnis gor nich weert is.

De roothoorte Fro sprung up:

– He hett mi to Liev wullt! Un de Paster froog ehr:

– Un hett he dat kloor kregen?

– Natürlich nich.

Un dor brook de ganze Kark in Lachen ut un wiesde mit ’n Finger up Jan, de sick verschåmt in sienen Sarg verkroop.

– Ick slå vor, sä nu de Paster wat fierlich, he schall de grottste Stråf kriegen, de wi kennt. Un de Gemeende stimmte to.

– Un de grottste Stråf, de wi kennt, is disse: He mutt wiederleven!

De Gemeende stunn nu up’n Teken van den Paster up un keek up den Sarg.

– Ståh up, Jan Harms, sprook de Paster mit ’n scharpe Stimm. Scheer di rut.

Sinnig keem Jan hoch. He klatterde ut den Sarg un keek unseker um sick to.

– Ruut mit di!

De ganze Gemeende wiesde mit ’n Finger up de Döör.

– Ruut! Jan Harms, ruut!

Jan sluurde up de Döör to. As he de Klink al in de Hand harr, keek he sick noch is woller um.

De Gemeende harr em den Rugg todreiht.

As Jan Harms nå Fieråvend woller in den Bus nå Huus hen fohrde, stegen twee Kontrolleure to. He kreeg sien Breeftasch ruut un wiesde sien Monåtskort.

– Ja, un …?, sä de Kontrolleur kort.

– Wat heet dat?, froog Jan Harms wat åhnweten.

– Seggt Se mål, wo lang fohrt Se egentlich al up disse Kort?

De eersten Fahrgästen keken sick nu al um.

– Wat willt Se egentlich van mi? Hier is mien Kort, un dor mit is't doch woll goot, oder wat? De Kontrolleur süufzte deep.

– Beste Mann, kiekt Se mål even up Ehr Kort un denn kööntwi wiedersnacken. Un do sehg Jan, dat sien Kort al lang aflopen weer.

– Man, de is ja al twee Jahr oolt!, full dat ut em rut. De ganze Bus brook in en Lachen ut, dat een sick luder un smeriger woll nich vorstellen kunn.

– Man vanmorgen, piepde Jan sien lüttje Stimm, vanmorgen harr ick doch noch een, de ok gellen dä.

– Jå, un ick harr vanmorgen noch keenen Deenst, geev em dat de Kontrolleur överleggen trüch. Jan keek vor sick dål.

– Willt Se nu betåhlen oder mitkåmen?

– Betåhlen, geev Jan to Antwoort.

– Hefft Se denn veerhunnert Mark bi sick?

– Veerhunnert Mark?, Jan sien Beck bleev vor Verwunnerns åpenståhn. Hebbt Se wat von veerhunnert seggt?

– Fohrt Se to'n eerstenmål oder wat is hier los? Willt Se mi wat up'n Stock doon?

– Nee, nee, ick fohr al länger …

– Dat hebbt wi jå sehn. Al twee Johr up ene Kort un denn kennt he noch nich mål dit hier … Un he wiesde up dat Plakåt: *Schwarzfahren kommt teuer.*

– Hefft Se dor noch gor nich is up toslån?

Jan reev sick de Ogen. Wohrhaftig! Dor stunn 400,- Mark. Un he kunn swören, he harr alltiet bloot wat van 40,- Mark leest.

So muss he denn up den neegsten Busbåhnhoff mit utstiegen, man in dat Gewöhl van de velen Lüüd harr he de Kontrolleure bald ut de Ogen verlorn.

Ümmer woller keek he um sick to, sprung he hoch, dat he över de velen Lüüd wegkieken kunn. Man vergeevs.

He kunn de Kontrolleure nich wollerfinnen.

He wuss nich recht, of he sick wunnern schull. For'n Ogenblick weer em, as wenn dor een Geföhl ut sien Kinnertiet in em upsteeg. Wor leeg dat an? Amenn an den Röök, de dor in't Treppenhuus hung? Disse Röök keem van wat, dat dor een an't kåken weer, un dat weer so een Röök, as de bi sien Grootollern överlangs to rüken ween weer. Sien Grootollern, jå, dat weer't. Un he spöörde, wo dor wat in em upbrook, dat dor wat dör em dör gung, wat em ganz deepsinnig weern leet, wat em an all de Geschichten denken leet, de sien Grootollern em vorleest harrn un wo he sick denn dor alltiet so rindacht harr, un wat em dor um woll nu de Angst nehm vor dat, wat he gewohr wurd: he wåhnde nich mehr in dit Huus. An de Döör, wor anners sien Nåm, Harms, ståhn harr, dor stunn nu Janssen. Janssen, ja, disse Nåm, schoot em dat upmål dör, dat weer doch sien Chance. Janssen harr sien Wåhnung betrocken, un Harms wåhnde hier nich mehr. Wo lang al nich mehr?

As he sick dat froog, wuss he al, em weer't ja egens schietegål. Wo langer, wo beter! Amenn jå al siet 'n poor Weken nich mehr oder al siet teihn Johr, as in de Märken van de Grootollern. He muss lachen. Janssen, Gott, wat is dat mooi. De harr sienen Platz innåhmen, un he weer free. Vågelfree. Nums kunn em mehr wat! Nums!

He murk, wo sien Gesicht sick vertoog, wo he upbleuhde. Janssen!

Hett mi allens afnåhmen, mutt nu pråtståhn, nich ick. Ick nich mehr! Jå, Janssen, de wåhnt nu hier un mi gifft dat nich mehr. Ick bün weg, eenfach so weg! – Bün amenn gor nich dor ween, heff nienich existeert. Ståh in keen Telefoonbook, bün nargens registreert, un nu … kann … ick … leven!

Ümmer woller bookståbeerde he sick dat vor: ick – kann – leven! Allens wegen dissen Janssen!

Un een Geföhl von Dankborkeit keem in em hoch, stellde sick vor dat Glucksgeföhl. Dat weer een Geföhl, dat em nu ganz to fåten kreeg un em nå sienen Slötel griepen leet, denn he muss ja nå binnen, in de Wåhnung, he muss sick doch bedanken bi dissen Janssen, for dissen Ogenblick Gluck, dit Åtenhålen twuschen twee Hartslääg, wor Janssen dat Schild mit sienen Nåm an de Huusdöör kleevt harr.

De Nacht över kunn he so recht nich in'n Slåp finnen. Ümmer woller wåkde he up, sleep kort woller in, un denn weer't nå 'n korte Tiet mit den Slåp woller dån.

Gegen half veer druckde em de Blås. Man mit dat Upståhn gung dat nich so lichtfaltig. He råkde mit sien Been an de Bettkant un stottde he sick ok noch den Kopp. As he sick so'n beten vermunnert harr, föhlde he um sick to. Man wat he dor anfåten dä, dat kunn he so recht nich begriepen. Endelk harr he den Lechtschalter funnen.

He floog up!

Sien Bett, dat weer gor keen Bett, dat weer – een Sarg!

– Dat is de Sarg, den se mi vanmorgen al bringen wullen un den ick nich hebben wull, de Sarg ut de Firma, de Sarg … Nu hebbt se em doch levert.

Sien Blås weer vull. He quälde sick över de hogen Brööd weg un sluurde in de Bådstuuv.

As he wollerkeem, weer de Sarg dor nich mehr. Sien Bett stunn dor, wor dat alltiet ståhn harr, de Bettdeek weer hochslån un dat Låken weer noch warm.

He leggde sick woller hen un måkde dat Lecht ut.

Un as Jan Harms den annern Morgen ut de Döör treed, dor weer dor in 't Treppenhuus een Pultern un Doon …

schråt	= schräg
struuf	= grob
scho	= scheu, ängstlich
Beck	= Maul, Mund

Jürgen Kropp
Ut'n Tritt

Adalbert Tapp weet noch nich oder will't man blots nich weten oder deit tominst so, as wüss he noch nich, dat he in'n nächsten Momang nich um de Eck bögen ward. He weet dat nich in'n Kopp. Man he föhlt dat in'n Buuk. In sien linke Lank föhlt he't, un he föhlt dat bannig in sien rechte Kneep. In'n rechten Foot föhlt he't ok. He tögert. He spöört, dat he tögert. Man he weet noch nich, dat dat, wat he spöört, Tögern is. He åhnt, dat kunn Tögern ween, wat he dor spöört.

Meist is he sick nu al wiss: he tögert. Åhn dat he weet, woso he tögert, weet he nu, dat he tögert. Woso blots? Woso? De Kopp måkt nich mit. He platzt. Un störrt denn wedder in sick tosåmen.

Adalbert Tapp is jichtenswenn enerwegens losgåhn un hett meent, jichtenswenn enerwegens antokåmen. He weer ja doch noch jümmers dor ankåmen, neem he harr ankåmen wullt. He harr sick um den Weg, siet he dat eerste Mal gåhn weer, nich wieter mehr scheert. De Stråteneck, an de he nu tögert, hett gor keen Steed hatt in sien Kopp. He is jümmers blots um ehr rümbågen. Wenn't denn düsse Eck wesen is un nich 'n anner. Man dor denkt he nu nich an. Un he denkt dor nich an, wat dat egens de rechte Weg is. He weet nich, vun wo he losgåhn is, weet nich, neem he hen will. He weet nich, wolang he al ünnerwegens is un wosück. He hett in düssen Momang blots düsse frömde Eck un sick sülven un sien Tögern. Anners wat hett he nich.

Doch mitmål sünd dor de Ogen, de em beluurt. Un de seht allens. Se seht ok, dat he tögert, oder, wenn't amenn noch gor nich to sehn is: denn spöört se, dat dor wat nich stimmt mit de Mann an'e Eck. So as he sülven dat spöört. Un de Ogen hebbt 'n goden Rüker. He kann nu doon, wat he will, se wöörn sick Gedanken måken.

Adalbert hett nu 'n Nåmen för sien Tögern. He nöömt dat Stöltern. En Stöltern binnen in sick. To'n Sluss fallt 'n hen, wenn 'n dor nix gegen deit. Man so leeg wöör't nich kåmen. Adalbert wöör dat Rechte doon, wöör dat doon, wat nå buten hen nich wieter opfallen wöör. So, dat keen Verdacht opkeem. Bet nu kunnen em de Kieker sien Stöltern nich as Störten anhechen. Adalbert muss de Såk blots fix 'n annern Dreih geven, villicht mit 'n Finger snippen un eenfach liekut gåhn. Sowat kümmt an düsse Eck elkeen Dag vör. Hunnertmål an'n Dag! Man Adalbert is to verbåst över sien Stöltern binnen in sick, dat he nich so fix mit sick klor kümmt. Nich mit sien Fööt, nich mit sien' Kopp. Un denn is de recht Momang ok al verpasst. To låt, de Såk noch so utsehn to låten, as wenn't man blots Speel is. Dat wöör em nüms mehr glöven. Man – wat weet he denn, wat de Kiekers glöövt, wat he hett doon wullt? Amenn hebbt se so un so dacht, he wull gor nix anners, as liekut gåhn! Denn wöör jüm dat gor nich opfallen, wenn he nu wåhraftig liekut güng. Wenn't so weer, denn weer he nich blots fein rut, denn kunn he sick un de annern ok achteran in'e Ogen kieken. Ofschoonst ... he wüss ja, dat dat eegens blots Bedrug weer un ... wenn dat de Weg is, de he nu al siet Jåhr un Dag geiht, denn kunn he wiss ween, dat de Kieker vun em verlangt, dat he de Weg so geiht, as he em jümmer gåhn is. Also um de Eck! Oder?

Adalbert muss utspickeleren, wat he wåhraftig al mål wat mit düsse Eck to kriegen hatt hett. Man wo schall he dat, ohn dat he sick ganz un gor verdächtig måkt? Een kann jå nie nich weten!

Ok wenn 'n oplest doch 'n free Minsch is, opfallen will 'n ja nu doch nich. Beter is, en verhöllt sick ruhig. Dat hett noch nüms schådt. Un Adalbert Tapp is dor jümmer goot bi fåhrt. Bet nu.

Doch Rauh un Freden schient vörbi. Fisselt dor nich al welk? Gor nich mål so liesen. Meist so, as wullen de Fisseler mit ehr Fisseln besünners luut to hören ween. 'n poor Lüüd mööt dat woll ween, de dor fisselt. Villicht is't ok jümmers een un desülvige Person. Wenn't nich twee sünd. Man dat sünd woll doch mehr, jümmer desülven oder, so ward't woll ween: jümmer annere, de em vun'e Siet un in nächsten Momang vun achtern oder gråd nich vun achtern, man jümmers noch vun'e Siet befisselt, wenn he, keen weet woso, nich um de Eck bügg, man wieter geiht, liekut, op den Bäckerlåden to.

En bramstig Fisseln is dat. Eegens is dat mehr 'n Ropen, meist 'n Schriegen.

He weer 'n Luurendreiher, schriet se, en, de nich arbeiten mag, en, de anner Lüüd, jem sülven nämlich, de jümmer ehr Stüern betåhlt, op de Taschen leeg, en Fuulstrump, de nich, as sick dat höört, Dag för Dag sien Arbeit deit, de tominst – dat kunn'n ja woll sehn – keen „anständig" Arbeit hebben kunn. Wo kunn he anners sick to düsse Tied an stadtbekannte Stråtenecken rümdrieven, wenn anständig Lüüd ehr anständig Arbeit doon wöörn un dat ok, wenn jüm dat mål nich so goot güng, denn sowat harr dat fröher nich geven, dat 'n bi 'n lütten Snöben oder Liefpien glieks krankspeelt un sick vör de Arbeit drückt harr, de nu mål måkt warrn mutt, un twors mit Anstand, denn Arbeit harr noch elkeen goot dån. Eers recht so'n Schubbjack as he en weer. Åver 'n kunn ja sehn, wat bi de rotten Sitten rutkåmen wöör. So'n Struukdeven as he! Luurangeln, de nich weten wöörn, wat se de leve lange Dag mit sick anfangen schüllt un blots op Grappen kemen, op de fröher mål een harr kåmen schullt, dat blots wågt hebben schullt, dor op to kåmen, de harr'n åver, de harr'n ganz wat anners! Dor harr dat sowat nich geven, dor weern solke Spitzboven hier noch nich rümlopen! Dor harr'n – ok as Fro – in'e Nacht op'e Stråt gåhn kunnt. Dat kunn'n jå hütigendågs nich mehr! Stünn ja elkeen Dag in't Bladd, dat Froenslüüd anfullen ward! Handtasch weg un vergewaltigt! Dat harr dat fröher nich geven! Dor harrn de Lüüd mehr „ran" müsst! Dor harr'n se sick dat gar nich vörstellen kunnt, dat een um'e Ecken rümsliekert un nich mål „Goden Dag" seggt! Dat harr hüüt jå woll keen mehr nödig. Dor sünd se sick woll to fein! Vunwegen! De schullen man eersmål anständig arbeiten, denn kunnen se sick ja mål wedder mellen. Man dor wöör he jå noch jümmers lopen! Wat he denn dor to lopen harr? Weer he nich jüst um de Eck bågen?

„Ick heff 'n anständig Arbeit!", will Adalbert jem toschriegen. Man he denkt sien Schrie nich mål ganz to Enn. Stimmbänner un Tung kriegt gor nich eers wat spitz von düssen Gedanken. Blots sien Åten ruckt 'n lütt beten. Meent de Lüüd wåhraftig em? Hoolt se em wåhraftig vör, dat he 'n Undöög is? Hett he wåhraftig wat höört? Bildt he sick dat nich allens blots in? Is he wiss, dat dor Lüüd sünd?

„Klor heff ick 'n anständig Arbeit! So as elkeen annern ok! Elkeen annern villicht gor nich mål. Åver ick! Blots hüüt, hüüt weet ick ok nich so recht. Man blots hüüt! Un güstern. Güstern? Ehrgüstern? Wann bün ick tolest um düsse Eck? Siet wann driev ick mi an Stråtenecken rüm? Bün ick güstern ok al hier wesen? Un ehrgüstern? Wolang ståh ick hier al? Sekunnen? Minuten? Siet güstern? Ick mutt hier weg! De Lüüd starrt mi an. Ick mutt mi umkieken, een Schritt nå rechts måken, nå båben kieken, jüm in't Gesicht sehn! Nu!"

Eenfach umkieken? Dat kann he nich måken. He wöör sick vörkåmen as so'n Peijatz, wenn nüms dor weer. Nüms! Oder womöglich blots jichtenseen Kerl, een, de mit de ganze Såk nix to kriegen hett, 'n Blinnen, 'n Stummen!

Man he harr ganz klor Stimmen höört. Neem weern de nu? Wenn he sick umdreihen wöör, batz umdreihen, un de Stimmen stünnen denn dor un grienten veniensch, tövten man blots, dat he sick verheddert?

He kunn doon, wat he wull: He wöör to'n Peijatz. Nüms wöör em dat afnehmen, dat he 'n anstännig Arbeit harr. He müss sick so umdreihen, dat dat utsehg, as wenn dat man blots so blangenbi passeert. Kieken un Wietergåhn müssen eens ween. Dat wöör jem verschüchtern. De Blick müss heel un deel unverwachtens kåmen. So batz as dat güng. Man ok dor weer – jüst nu! – de rechte Momang verpasst. Wedder to låt!

Åver eenfach ståhn blieven, dat wöör utsehn, as wenn he opgeven harr. Dat Best wöör ween, wenn he sick ganz suutje umdreihen wöör, ganz fien smielen, nee, nich smielen, eenfach blots kieken, eernsthaftig kieken, de Fisseler blameren dörch een krall Blick, se in Grund un Bodden kieken, mit 'n Kopp dål an'e Eer. Günseln schullen se un bedeln, de Fööt schullen se em küssen, un he wöör över jem wegstiegen, as wenn se gor nich dor weern. Wenn se denn överhaupt dor sünd, düsse Leerlappen, de nich mål to sehn sünd, de sick verbargt, achter'n Tuun, achter'n Boom, achter de Kiosk oder de Wustbood. Lumpen, de sowat nödig hebbt. De dor blots op luurt, dat he sick wat marken lett, de blots ehren laffen Spåß hebben wüllt, einerlei, wat he sick nu unvermodens oder heel bedachtsåm umdreiht. Doch düssen Höög will he jem nich gönnen. He ward sick foorts wedder in' Griff hebben, ward sien' Weg wietergåhn, dörf nich jichtens opfallen, mutt nu heel goot op de Wacht ween, mutt elkeen Schritt nipp un nau plånen un bedenken, dörf nu blots nich stöltern.

Adalbert Tapp müch to geern glöven, dat noch keeneen hett marken kunnt, wo dat um sien Såk steiht.

„Dat kann gor nich ween, dat jichtenseen mien Tögern mitkregen hett. Un wenn, denn kann düsse Kieker nich weten, wat nich amenn de Grund för sien Opmarken bi em sülven liggt. To'n Bispill, de Kieker is jüst nich recht topass ween oder in Tüter kåmen. Oder he hett slichtweg nich recht keken, wat ja vorkåmen kann, ok wenn welk to glieke Tied kiekt. Dat hett dat al fåken geven. Dat hett al malöört, dat 'n Dörp oder ne Stadt oder 'n Volk to glieke Tied jichtenseen Spökelbild seen hett! – Man mehrstendeels hett dat achteran keen togeven …“

So wöör dat ok dütmal ween. Se wöörn em de Schuld toschuven. Dat weet he nu. Un dat he dat weet, dat ward se em anmarken. Dat Bevern vun sien Nerven kunn em al verråden. Un dat Stocken vun sien Åten ward se spöört hebben un dat Tucken vun sien Muskel in sien Hals, as he an't Simmeleren weer, wat he sick woll umdreihen schall. Harr he nich sogor mit 'n Kopp ruckt, as he dor an dach, sick batz umtokieken? Ja, he harr ruckt.

Oder?

Wat hett de Stillnis um em rüm to bedüden? Weern se't doch nich gewåhr worrn? Weern de Gedanken un dat Bewegen starr worrn in jüst den Momang, wo't harr rucken wullt? Noch ehr dat wat to sehn wesen weer?

Dat blifft still. Keen Luut un keen Larm. – Keen Antwoord op sien Rucken?

Wunnerlich still.

Man wenn't op düsse Årt still is, denn åhnt 'n, wo de Lüüd sick op de Lippen biet. Muulwarken, topresst mit Wehdåg, Muulwarken, de ut'nanner liegen wüllt un en Lachen freelåten, dat de Stillnis opfritt. Een fangt an, wiel he swacker is as de annern oder gemeener, un denn geiht dat grote Lachen los, dat schrill dröhnen Lachen vun de, de nu ok dat Muul platzt, dat Pruuschen un Gnuddern un Hucheln un Gniesen un Brüllen un Bölken över dat in't Rucken stekenbleven Umdreihen vun Adalbert Tapp. En gräsig Lachen, dat hallt ut Treppenhüüs, ut düüster Ritzen, ut Kellerlöcker un Aschammer, neem sick de Kieker tücksch verbargt.

Adalbert Tapp kost dat all sien Kraft, sien Hannen nich an de Ohren to pressen, sick nich mit de Füüst op sien' Kopp to slån, so to doon, as wöör he rein gor nix hören, ofschoonst de Larm luuter ward un dat pultert un ramentert un suust un fleit un en övermannsgroot Brusen ward oplest, dat allens in Düüsternis duukt.

Adalbert will kieken, will sien Gegenspelers rutrieten ut 'n Duustern mit sien' Blick. Doch sien Ogen sünd holl. Sien Lief is holl. Sien Kopp is holl. Adalbert Tapp kann flegen.

Se möögt woll heel in sien Neegde ween, kruupt ut ehr Sluuplöcker, klabautert um em rüm, ward em dålpedden.

„Nee!!"

Hett wen schreen?
Dat is still. Dat is hell. Un leer. Keen Minsch.
Se sünd to vigeliensch.

Kneep	= hier: Taille, Hüfte	Lurendreiher	= hinterlistiger Mensch, Schleicher
anhechen	= (jdm. etwas) anhängen	günseln	= winseln
fisseln	= flüstern, tuscheln		

Birgit Lemmermann

Nachtwåk

Een Månd lüch in't Finster, as ick opwåken dä.

Een Månd ganz witt un kolt, de lüch un smeet swatte Schattentwiegens an'e Wand bi mien Bett. De wackeln in'n Wind, de Twiegens ut Swatt, un ok de Wand, de witt wöör.

Wat ick wüss.

Åver nich sehn kunn.

He wöör al kolt, do. Dat Puusten harr ophöört, as ick noch wåk leeg, un de Huut wöör gries un as ut Tallig. Un jichtenswat treck sick torüch ünner den kolen Månd.

Fröher weern se bang för Ulen.

De seten in Bööm ohn Loov dor an, de Ulen. Un wenn dat Licht angüng, weer een weg.

De Dood hål sick Kinner un Froons in Winternachtens, wenn de Ulen seten to wåken över dat Enn von'e Nacht.

Tohuus wull ick ween. Een Bett hebben, dat warm wöör, un en Disch in'e Köök.

Allens wull ick hebben.

Dat Glück. Dat wull ick hebben.

Un ick seet in't Bett un wöör nich beacht' över de Tieden. Un mi wöör de Schuller kolt. De Arms. Mien Buuk. Un dröög de Hals.

In stille Stünnen seet ick op't Dack un keek op de witten Låken hendål. De flattern in'n Wind. Un dor, twüschen de Låken, dor löpen de Johren vörbi.

Een harr keen Fööt un een keen Hannen mehr. Un een Johr lööp dorbi, dat harr keen' Kopp. Dat weer dat kopplose Johr.

Wat? – Nee, dat weer nich wohr.

Nee, dat Kind weer nich mehr dor.

Wat? – Ach … mutt ick doröver snacken?

Jo, denn …

Ick seet in'n Soot.

Wat? – Jo, dat weer so, dat de Soot dröög füll dornå.

As dat Kind weg weer.

De Soot full dröög un een kunn dor hendål.

Dor seet ick fåken.

Dor wöör keen Dag un keen Licht. Blots de Månd doröver. Över dat Rund.

Keen Tiet greep mi dor in'n Soot.

Wat? Jo.

Swiegermudder storv. In'e Deel. Wi kunnen dat nich glöven. So fåken de al starven wull. Hett sick sogår över den Bessen smeten un in't Dörp vertellt, dat weer ick ween.

Mien Keerl?

Ok do nich. Ick dach dat eerst. Se weer doch weg. Åver he kunn nich mehr torüch. Wovon schull he dat lehren. Ick harr to lang töövt.

Villich heff ick dröömt.

Ick heff dröömt, wi füngen von vörn an.

Wat?

Wi müssen doch wat doon.

Dat Kind wull nich eten. Swiegermudder harr dat Kind sehn nå de Gebort. Un sä, dat wull woll nich lang leven. Ick harr Fever, un in de Tiet vertuusch se ehren Disch mit de Holtwörm gegen mienen neen.

Åver dat Kind leev. Dat güng goot. Bit dat veer wöör.

Wat?

Dat höör op to eten. – Jo.

Åver wat schullen wi måken.

Eten mutt 'n Kind.

Wat? – Jo.

Nee, eerst nich. Dat tweete Mål.

Ok opereert.

Un mit veerteihn. Dat harr sick sülvst wat dån. Dat Kind.

Nee.

De rechte Hand. Un een Johr låter dat Been. Afnåhmen. Jo.

Dat Kind harr de Wunn versteken vör uns. Un dat weer to låt.

Wat? – Ach so. In de School güng dat. Ok mit 'n Rullstohl. Dor weern ok annere, de kunnen nich snacken. Jo. De

Tung ok. Anners weer dat nich to måken. De hüng so rut.

Mien Keerl?

Ick weet dat nich.

As op ick em nich kenn.

Villich.

Nee. Nå de Hochtiet nich mehr. Wi kunnen nich snakken. Ganz gau weern de Wöör opbruukt. Lippen op'nanner petzt. Un harte Gråvens dorüm.

Ick? Ick weet't nich.

Nee. Nich so.

As Fro nich.

Do?

As ick de Breeve fünn, heff ick saubermåkt. Betten aftågen un de Låken ophungen.

Jo. Buten.

Nee. Swiegermudder wull dat Kind nich. Mien Keerl weer annerweerts. Åvends ok.

In'e Nacht?

Ick heff vör de Döör seten. Orer op't Dack.

Nee. Drunken nich. Af un to.

Also, nich würklich. Ick heff dat Kind anbunnen. Veele fallt ut't Bett un breekt sick wat.

Wat? – De Arms.

Ach. Melkfett. Jo. Dat geiht op't best.

Bi Drucksteden helpt dat ok.

Nee. – Wat schull ick seggen?

Nee. Ick heff nix seggt. Mien Keerl wull ok nix hören. Kunn nich.

He weer nich dor.

Doch. Een Kåmer. All de Johrens. Un een Bett.

Weg?

Dat kunn ick doch nich. Wo denn hen?

Jo. De Kopp.

De Kopp wöör blau.

Dree Weken.

Nee. Ick bleev tohuus. Ick kunn nich weg. Swiegermudder harr wat.

Nee.

He nich. Müss arbeiden.

Wenn he dor weer? Nee. Ick kunn nich slåpen.

Ick seet wåk un hör em puusten. Ick kunn sehn, wo he öller wöör. Plünnig. He röök komisch. Siene Hemden. De Söcken.

Ick kunn nich weg.

Ick müss breken.

Jo.

Dat wüss ick.

Nee. Ick harr den Deckel nich op'n Soot.

Ick kunn dor nich hingåhn. Dat wull ick nich sehn.

De Nåversch, de hett dat.

De hett dat sehn.

He? Ick wüss nich

Wüss ick nich.

Nich dat ick ’t wüss.

Dat Eten heff ick måkt. Jo. All de Johren.
Nee. Dat hett se seggt. För de Lüüd.
Ick heff de Arbeit måkt.
Dat heff ick måkt. All de Arbeiden. Nich se.
Wo?
Dat güng mit sien Eten.
Wat? Nee. Nich op’n Mål. Ick harr doch all de Tiet von’e Welt. Do jo.
Dat heff ick in’n Soot lehrt.
Dat man ok töven kann.
Nee. Von alleen. In’e Nacht. Ick heff blots töövt.
Ick kunn dat.

Dat weer so.
Dat heff ick sehn. Ick kunn dat.
Ick heff de Lösung funnen.
För dat.
För mien Leven.

Ick kunn so nich. Nich so wieter leven.
Dat weer nich wohr.

Swester? Kann man dat Leven erfinnen?

Wat? – …

Swester! Wo kann en Minsch an dissen Oort leven?.

Tallig = Talg

Heinke Hannig

Hertha ehr Beerdigung

Klaus hoffte, dat he dat lütte Afdeel in de Zug ganz för sick alleen beheel bet Husum, man dat keem anners. In Hamborg al kreeg he Gesellschop: En junge, smucke Fruunsminsch måkte de Döör op, lachte em an un frågte: „Dörf ick mi hier rinsetten?“ Klaus wuss nich, wat em dor malheurte, sä „wiss doch, junge Fru“, un denn sä he: „Se sind nåkelt!“

„Jå“, sä se, „ick weet.“ Un denn nehm se Platz lieköververvör vun Klaus. He keek ehr an, keek verlegen to Siet, keek wedder hen, denn ut' Fenster un wuss nich, wo he överhaupt noch henkieken schull. En roode Slip harr se an, man de weer vun de Grötte, wo nich alltoveel Platz binnen weer. En lütte Ledderhandtasch harr se bi sick un sunst nix as ehr nåkelte Huut.

Foorts truck Klaus sien Jackett ut, langte de röver un frågte: „Dörf ick Se de anbeden?“

„Danke“, lachte se, „dat is gut meent, man ick freer nich.“

„Ick wohrhaftig ok nich“, dach Klaus un truck sien Jackett wedder an. Nich dat he noch nie nich en nåkelte Frau sehn harr, he weer al dreeunveertig, man nu worr em dat doch licht warm noog. Nich blots wegen sien swatte Antoch, Slips un Kråg. För de Zugfohrt nå Husum harr he sick Ruh wünscht, dormit he de richtige Stimmung funn för Hertha ehr Beerdigung. Hertha weer en Cousine vun em ween. Se harrn sick nich fliedig sehn, he harr ehr ok nich besonners gern mucht. Se weer groot un luut ween, sensibel as en Bagger. Un he weer mehr för dat Zoorte, för dat Liese. Man se weer sien Cousine ween, un dorum hörte sick dat un kåmen to Beerdigung. Un nu dat – en nåkelte Frau. Se harr sick intwüschen op de Rüch henleggt un truck dat rechte Knee bet an de Boss, streck dat Been wedder ut, truck denn dat linke Knee an de Boss un måkte dat Been wedder lang. Un dat mehrere Måle nå de Reeg.

„Is en Yoga-Öbung", sä se to Klaus, „reegt de Verdauung an. De is bi mi de letzten Dåg en beten fuul." Un denn verswunn se gau mål, frågte em åvers vörher noch, of he so lang op ehr Handtasch oppassen wöör. Klaus wischte sick de Sweet von de Stirn, em weer de ganze Situatschoon afsolut nich nå de Mütz. As se sick wedder lieköververvör vun em dålsette, sä se: „Ick heet Claudia."

„Ah. Nett. Ick, eh, ick bin Klaus.

„Schööt wi Korten spelen? Ick heff en Spill Korten mit."

„Wat? Korten spelen?

„Jå. Ick kann ‚Maumau' un ‚Lögen un Bedrögen'."

„Och", sä Klaus, „eegentlich mag ick gor keen Korten spelen."

„Nee? Schåde."

Se wöhlte in ehr Handttasch un sä: „Kiek mål, ick heff hier noch wat anneres funnen, en Quartettspill, Mickey Mouse."

„Ach, veelen Dank, Quartett mag ick ok nich so geern."

Denn güng de Döör op, de Schaffner keem un wull de Fohrkorten sehn. Klaus langte sien röver un stötterte – intwischen tämlich rünner mit de Nerven: „Herr Schaffner, hier sitt en nåkelte Frau!"

De Schaffner knipste sien Kort af, ok Claudia ehr, lachte un meente blots: „Jå, jå, de jungen Lüüd hüüttodågs, dor köönt Se mål sehen, wat dat nich alles gifft!"

Weg weer he un måkte sien Deenst wieder. Klaus keek ut Fenster, de Nääs platt an de Schiev backt, dormit sien Ogen nich immer wedder an Claudia hangen bleben. Rapsfelder bloihten, de Bööm harrn intwüschen zoorte grööne Kleeder an, dat Gras weer hoch un saftig, de Fleeder stunn in vulle Pracht. Claudia sloog mål dat linke Been över dat rechte, denn wedder dat rechte Been över dat linke, smeet ehr lange blonde Hoor torüch in de Nack. Dat wull Klaus nich so recht glücken un konzentreern sick op dat pralle Leben dor buten.

„Se süht dat alles nu nich mehr, de Raps, de Fleeder", sinneerte Claudia.

„Wer?"

„Mien Mudder ehr Cousine."

„Worüm nich?"

„Se ward hüüt beerdigt."

„Oh. Dat deit mi leed."

„Ick kann mi dat afsolut nich vörstellen", sä Claudia deepdenkern un gleed dorbi mit ehr Hand över ehr Been, „dat uns Fleesch un Knåken eens Dågs ünner de Eer liggen un vermodern un vergammeln."

Klaus kunn sick dat ok nich vörstellen, erst recht nich, wenn he nå de dore smucke Fruunsminsch röverluurte.

„Un vun ehr", sä Claudia, „vun ehr kann ick mi dat al gor nich vörstellen! Se hett sick vun keeneen wat seggen låten, weer groot un luut, en Schreckschruuv, en Drachen mit Hoor op de Tähn! Kannst mi glöven, Klaus!"

Se keem richtig in de Brass.

„Un denn dä se immer so hillig! Kattenfründlich, man jüst, dat du di umdreiht harrst, full ehr nix Beteres in as un rieten di de Rüch op. Bestimmt vertellt de Pastor hüüt blots Guudes vun ehr. Ick kann so wat op'n Doot nich utståhn!"

„Wo is denn de Beerdigung?", frågte Klaus.

„In Husum, Südfriedhoff."

Klaus musste welkemål sluken. He föhlte sick nich goot toweegs un wull nix as weg, rut an de frische Luft. Man wo schull he hen?

„Åvers ick heff mi dacht", sä Claudia, „dat hört sick un kåmen to Beerdigung. Immerhen sünd wi verwandt. Un op Beerdigungen dröppt man je ok de ene oder de annere, de man länger nich sehn hett."

„Dor hest du recht", meente Klaus un truck nervös an sien swatte Slips.

„Irgendwie", fung Claudia wedder an, „du hest di utstaffeert, as wenn du to en Beerdigung schusst, dünkt mi."

„Ick? Beerdigung? Nee, afsolut nich!", wehrte Klaus af, keen beten! – Doch, äh, Husum. Südfriedhoff. Ick bün Hertha ehr Vedder."

„Klaus, dat kann je wull nich angåhn!" Claudia lachte, smeet ehr blonde Hoor in de Nack un sloog sick mit de Hannen op de Been. „Dat is je en putzige Tofall! Wat is de Welt doch lütt!" Se kunn sick gor nich wedder inkriegen. „Segg mål, Klaus, denn köönt wi doch tosåmen mit een Taxi vun de Båhnhoff nå de Karkhoff fohrn. Wat schööt wi dor jeder en nehmen!"

Wat schull he dorgegen seggen! En Ogenblick swegen se still, Klaus keek ut Finster, wischte sick de Sweet af. Un denn sammelte he sien ganze Moot tosåmen, de Moot, wat man kriggt, wenn man ganz vertwiefelt is, wenn man blots noch winnen kann, un frågte: „Un umtrecken, äh, antrecken, ick meen, torechtmåken för Hertha ehr Beerdigung?"

Man he kennte de Antwort, ehr dat se de sä: „Umtrecken?“ Se lachte. „Ick kumm so.“

Se swegen wedder still. Teihn Minuten noch, denn wöör de Zug in Husum holen.

Autoren und Quellen

Affegünt, Dora
Das ist der Name, unter dem Dr. Karen Lehnert plattdeutsch schreibt. Sie ist 1943 geboren, von Beruf Biologin und Apothekerin, lebt in Kiel. „Libera op Sylt“, bisher unveröffentlicht.

Bellmann, Johann Diedrich
1930 geboren, aufgewachsen in Nindorf bei Buxtehude, wo er auch heute wieder lebt. Er hat Theologie und Germanistik studiert, war im Schul- und Kirchendienst, zuletzt Dozent an der Theologischen Akademie in Celle-Hermannsburg, nebenberuflich auf dem väterlichen Hof auch Landwirt. Bellmann ist einer der vielseitigsten Autoren der Gegenwart. Seine wichtigsten Bücher: „Inseln ünner den Wind“ (Gedichte), „Lüttjepütt“ (Erzählung in kurzen Dialogen), „Margareta Jansen, De letzte Professa“ (Roman), „Jan un Lene / Dat Callgirl / Insa Findewöör“ (Hörspiele), alle bei Hinstorff.

„De Håhnenkutsch“ (Ballade) und „De Spökenkieker“ aus der ersten Ausgabe von „Inseln ünner den Wind”, Fehrs-Gilde 1964, S. 24.

Bertram, Frenz
1937 in Schwabstedt geboren, dort auch aufgewachsen, wohnt jetzt in Mildstedt. Er ist Diplom-Ingenieur, war zuletzt Studiendirektor einer Berufsschule. „De veerte Tass“ aus: F. B., „Ebb un Floot”, Husum Druck- und Verlagsgesellschaft mbH, Husum 2001. Wir danken für die freundliche Abdruckgenehmigung.

Bossdorf, Hermann
1877 in Wiesenburg/Fläming geboren, 1921 in Hamburg gestorben. Sein Vater war Postbote. Der Dichter Otto Ernst (als Lehrer Otto Ernst Schmidt) hat schon dem Elfjährigen den Weg in die dramatische Weltliteratur eröffnet. Seit 1893 Postgehülfe, seit 1904 Telegraphenassistent. Bossdorf war immer kränklich; er ist trotz eines kurzen Lebens ein ganz bedeutender plattdeutscher Autor expressionistisch geprägter Dramen (z. B. „Bahnmeester Dood", „De Fährkroog") und Balladen geworden. „Spöök" und „De dode Möller" aus: H. B., „Rode Ucht un anner Geschichten", Hamburg: R. Hermes Verlag 1921; „Nobiskroog" und „Spökelmöhl" aus: H. B., „Ole Klocken", Nedderdütsche Balladen, Hamborg: Richard Hermes Verlag 1932.

Briese, Hans-Hermann
1940 in Norden geboren, lebt auch dort; Dr. med.; war Marinearzt und Unfallchirurg, jetzt Medizinaldirektor im Landkreis Aurich, Mitherausgeber von „Diesel – dat oostfreeske Bladdje", veröffentlichte mehrere Bücher mit Lyrik und Prosa, z. B. „Wor to Huus", Verlag Soltau-Kurier-Norden 1990.

Bullerdiek, Bolko
1939 in Mbozi/Tanzania geboren, aufgewachsen in Bookholzberg/Oldenburg, war Lehrling und Angestellter in einem Delmenhorster Industriebetrieb, Studiendirektor in der Hamburger Lehrerfortbildung, lebt in Hamburg; Redakteur des „Quickborn", Zeitschrift für plattdeutsche Sprache und Literatur, veröffentlichte hoch- und plattdeutsche Prosa, z.B. „Tohuus un annerwegens", „Windhaken", „Distelblöden", alle bei Hinstorff.

Claudius, Hermann
1878 in Langenfelde bei Altona geboren. Sein Vater war Bahnmeister, einer seiner Vorfahren war Matthias Claudius; Hermann Claudius war „jugendbewegter" Volksschullehrer und wurde ein bedeutender hoch- und plattdeutscher Lyriker. Mit dem 1912 veröffentlichten Gedichtband „Mank Muern" brachte er einen neuen Ton in die plattdeutsche Lyrik: statt spätromantischer Naturlyrik in der Klaus-Groth-Nachfolge jetzt Großstadtlyrik, häufig mit expressionistischen Anklängen. 1933 schied Claudius nach einem Motorradunfall aus dem Schuldienst aus. Gestorben ist er 1980 in Grönwohld bei Trittau im 102. Lebensjahr. „In' Nobiskroog" aus: H. Claudius: Jubiläums-Ausgabe, Band III: Plattdeutsche Gedichte, München: Rudolf Schneider Verlag 1978, „Swart Maleen" aus: Mank Muern (1912), zitiert nach Jubiläums-Ausgabe, Band III.

Collier, John
1901 in London geboren, lebte und arbeitete seit 1935 in Hollywood, schrieb vor allem Drehbücher; berühmt für short-stories und Fantasie-Literatur. 1980 gestorben in Pacific Palidades.

De kummt wedder! übersetzt von Bolko Bullerdiek aus: J.C., The Chaser, in: J. C., „Presenting Moonshine, London: Rupert Hart-Davis 1941; deutsch: J. C., „Blüten der Nacht", Gesammelte Erzählungen, Hamburg: Rowohlt 1977; Übersetzungsrechte bei Liepman AG; Zürich. Wir danken für die freundliche Übersetzungs- und Abdruckgenehmigung.

Dahl, Roald
1916 geboren in Wales von norwegischen Eltern. Lebte in Afrika, war im Krieg Pilot der Royal Air Force, 1942

Diplomat in Washington. Schrieb vor allem short stories und Kinderbücher, z. B. „Kiss, Kiss“, „Roald Dahl's Book of Ghost Stories“. 1990 gestorben. „Genesis un Katastrooph, engl. aus „Genesis and Catastrophe“, übersetzt von Bolko Bullerdiek, aus: The Best of Roald Dahl, Perfect bedtime stories for those who relish sleepless nights, London 1986, Penguin Books.

Dirks, Carl-Heinz
1948 in Emden geboren, lebt dort als Gymnasiallehrer; übersetzt aus dem Niederländischen; schreibt Bücher über Mühlen, über die ostfriesische Geschichte und Reisebücher sowie plattdeutsche Geschichten; Mitherausgeber von „DIESEL, dat oostfreeske Bladdje“.

Ehlers, Marianne
1953 in Garding geboren, aufgewachsen auf Eiderstedt, lebt in Kellinghusen, Bibliothekarin, macht plattdeutsche Seminare für Kinder und Erwachsene, schreibt Geschichten. „Parlen för Anita“, bisher unveröffentlicht.

Ehrke, Hans
1898 in Demmin/Vorpommern geboren, aufgewachsen in Schönberg und Kiel, Kriegsfreiwilliger, Lehrer, später Rektor. Das Schreiben ist stark vom Kriegserleben geprägt; Gedichte, Erzählungen, Theaterstücke. 1975 in Kiel gestorben.
„De dode Möhl“, aus: Albrecht Janssen und Johannes Schräpel (Hg.), Niederdeutsches Balladenbuch, München: Verlag von Georg D.W. Callwey 1925. Wir danken für die freundliche Abdruckgenehmigung.

Erichson, Carl Georg Heinrich
1852 in Veelböken bei Gadebusch geboren, 1911 in Wismar gestorben. Sohn eines Schneiders; Orchestermusiker (Oboist), seit 1884 in Berlin beim Philharmonischen Orchester; veröffentlichte plattdeutsche Gedichte und Geschichten. „Ne gräsige Nacht“, aus: H. E., Ne gräßliche Nacht, Erzählungen, ausgewählt und herausgegeben von H. Brun, Rostock: Hinstorff 1991.

Fock, Gorch
1880 als Johann Kinau auf Finkenwerder/Hamburg geboren; 1916 in einer Schlacht im Skagerak umgekommen. Er hat vor allem hochdeutsch, aber auch auf Platt das hohe Lied der Nordsee gesungen, z. B. den Roman „Seefahrt ist not“. Wegen seiner patriotischen Gesinnung, aber auch wohl wegen seines frühen Todes wurde er zum Mythos. „De Hex“ aus: Gorch Fock, „Fahrensleute – Neue Seegeschichten“, Hamburg: M. Glogau jr. 1915.

Franken, Udo
1951 in Emden geboren und aufgewachsen, wohnt heute in Südbrookmerland; Tischlerlehre, Studium der Sonderpädagogik; Mitarbeit an dem Ostfriesischen Wörterbuch von Byl und Brückmann; Leiter des Pilotprojekts „Plattdeutsch in der Schule“; schreibt vor allem Theaterstücke (z. B. „De „Steern von Padua“, Komödie) und Hörspiele (z. B. „Jan Dood sien Navers“). „Wenn de Vullmån schient“ bisher unveröffentlicht.

Grimm, Jacob und Wilhelm
Jacob ist 1785 in Hanau am Main geboren und 1863 in Berlin gestorben; Wilhelm ist 1786 in Hanau geboren und 1859 in Berlin gestorben. Jacob war der Begründer der

germanischen Sprachwissenschaften; Wilhelm war Literaturwissenschaftler. Beide haben weitgehend zusammen gearbeitet und geforscht. Die „Kinder- und Hausmärchen" wurden hauptsächlich von Wilhelm Grimm gestaltet.
„Blaubårt", übersetzt von Bolko Bullerdiek aus: Kinder- und Hausmärchen der Brüder Grimm, vollständige Ausgabe in der Urfassung (1812), hg. v. F. Panzer, Berlin: Vollmer Verlag o. J.

Groth, Carl
1930 in Hamburg geboren, wohnt auch dort. Plattdeutsch lernte er als Kind in Wyk auf Föhr und in seiner Schulzeit in Meldorf. Er war Architekt, ist jetzt Redakteur des „Quickborn", der Zeitschrift für plattdeutsche Sprache und Literatur. Carl Groth ist bekannt für hintersinnige Geschichten, Satiren, Hörspiele, z. B. Groth & Groth „De Postroov un anner Kriminolgeschichten", Wachholtz 1997; C. G., „Justiz un Sülvsjustiz", Mohland 2000.
„De Fööt in't Füer" bisher unveröffentlicht.

Hannig, Heinke
1957 in Högel bei Husum geboren, dort auch aufgewachsen, wohnt jetzt in Drelsdorf; war Realsschullehrerin, lebt jetzt als Zeitungsbotin und Autorin, schreibt hoch- und plattdeutsche Prosa, z. B. „Wullmüüs in de Buuknabel", Mohland 2000. „Hertha ehr Beerdigung" in: Schleswig-Holstein 11/1998.

Jahn, Moritz
1884 in Lilienthal bei Bremen geboren, 1979 in Göttingen-Geismar gestorben. Er war in Aurich und Melle als Volkschullehrer tätig, studierte dann Philologie und Kunstgeschichte in Göttingen; war Rektor in Geismar;

erhielt 1944 den Ehrendoktor der Universität Göttingen, schrieb hoch- und plattdeutsch, z. B. die Lyriksammlung „Ulenspegel un Jan Dood“ oder die Brieferzählung „Luzifer“. „Gärd Onken“ aus: M. J., „Ulenspegel un Jan Dood“, Niederdeutsche Gedichte, Hamburg: Fehrs-Gilde 1955.

Janssen, Eduard

1881 in Bremen geboren, lebte dort. Weitere Daten unbekannt. Veröffentlichte 1921 die Novelle „Rumpelkathrin“ und 1922 Gedichte unter dem Titel „Minschen“.
„O Sankta Maria“ aus: Albrecht Janssen und Johannes Schräpel (Hg.), Niederdeutsches Balladenbuch, München: Verlag von Georg D.W. Callwey 1925. Wir danken für die freundliche Abdruckgenehmigung.

Karolczak, Harald

1933 in Hamburg geboren; Schlosserlehre, Kunstschmied, Betriebshandwerker, studierte Musik und Gesang; lebt in Bordesholm; schreibt vor allem satirische Geschichten, z.B. „Sepenblosen“, Quickborn 1978. „Finsterschieven“, „Papierkorf“, „Water-Dias“ bisher unveröffentlicht

Kropp, Jürgen

1955 in Büdelsdorf/Schleswig-Holstein geboren, lebt in Blickstedt; Theaterautor, Dramaturg; schreibt hoch- und plattdeutsche Lyrik, Prosa, Theaterstücke, z. B. „Tweibraken Rauh“, Gedichte, Davids-Drucke 1988, „De dull Greet“ (Komödie), „Nix för Frömde“, ein bibliophiles Kunstbuch über Venedig auf Plattdeutsch, Hochdeutsch und Italienisch (Achilla Presse 1998).
„Ut'n Tritt“, aus: Soltauer Schriften 3/1994, hg. von der Freudenthal-Gesellschaft, Kommissionsverlag Missionshandlung Hermannsburg.

Lemmermann, Birgit
1962 in Ahlerstedt, Kreis Stade, geboren. Lehrerin, freischaffende Hausfrau und Mutter, Hühnerzüchterin, Illustratorin und Erfinderin des plattdeutschen „Emil“: „Ut’n Leven von Emil“, „Ut de Kinnertiet von Emil“ und „Wenn de Sünn mööd slapen geiht …“ (Kinderbücher, Wilhelm Schintz Verlag, Bremen); lebt in Otterstedt.
„Nachtwåk“, bisher unveröffentlicht.

Meyer, Hans-Joachim
1942 in Insterburg/Ostpreußen geboren; kam nach dem Krieg zuerst nach Apensen/Stade, dann mit neun Jahren nach Hamburg-Harburg; machte dort sein Abitur; arbeitet beim Statistischen Landesamt in Hamburg als Programmierer; ist Redakteur des „Quickborn“, der Zeitschrift für plattdeutsche Sprache und Literatur; schreibt hochdeutsch (vor allem zur Harburger Lokalgeschichte), plattdeutsch, z. B. „De Liek vun’n Hastedtplatz”, und auf Sölring, dem Friesischen von Sylt.
„Blots för twee Stünnen“ wurde ursprünglich auf Sylter Friesisch für den Schreibwettbewerb des NDR verfasst unter dem Titel „Bluat fuar tau stünen“, veröffentlicht in Zeitschrift „Nordfriesland“.

Meyer, Klaus
Wurde „gegen seinen Willen“ 1937 in Berlin geboren, wuchs in Mecklenburg auf, machte Abitur in Grevesmühlen, lebt als Autor bei Rostock; schreibt hoch- und plattdeutsch für Kinder und Erwachsene, z. B. „Pußti, mien Pußti“ oder „Bordello di Bello, Graesige Geschichten“, beide bei Hinstorff; arbeitet auch für den Rundfunk und das Fernsehen. „Vier up ein“ bisher unveröffentlicht.

Much, Hans
1880 in Zechlin geboren, 1932 in Hamburg gestorben; Arzt und Professor der Hamburger Universität, schrieb auf Plattdeutsch vor allem Gedichte, z. B. „En nedderdüütschen Dodendanz“, Richard Hermes Verlag 1919; veröffentlichte nach dem ersten Weltkrieg auch plattdeutsche Flugschriftten, z. B. „Friestaot Neddersassen“ oder „Immanuel Kant un wat wi mit em to daun hewwen“, wandte sich später mehr der Baukunst, der medizinischen Wissenschaft und dem Buddhismus zu.

Mühl, Willi
1939 in Bremen geboren, Abitur, wohnte seit 1970 in Stuhr-Varrel, war Rechtspfleger in Bremen; 2001 gestorben. „Jümmer bi vullen Moond“ zuerst veröffentlicht in: Soltauer Schriften, Band 7, 2001 hg. von H. Kröger för die Freudenthalgesellschaft, Kommissionsverlag H. M. Hauschild, Bremen.

Petronius Arbiter
Römischer Schriftsteller, lebte am Hof Neros als Meister der Kunst feinsten Lebensgenusses, wurde 66 n. C. der Verschwörung gegen den Kaiser beschuldigt und zum Selbstmord gezwungen. In Bruchstücken erhalten ist sein Roman „Satyricon“. „Nicoros vertellt“ übersetzt von Dirk Römmer aus: Petronius Arbiter „Satiricon“, deutsch von Fritz Tech, Berlin 1965, in: „Von Werwölfen und anderen Tiermenschen“, Dichtungen und Dokumente, herausgegeben von Klaus Völker, Carl Hanser Verlag, München 1972.

Poe, Edgar Allan
1809 in Boston geboren, 1849 in Baltimore gestorben. Seine Eltern waren Schauspieler; ab 1811 war er Waise, wurde von dem Kaufmann J. Allan erzogen, aber 1826 wegen exzentrischer Neigungen verstoßen; lebte als Autor meist in ärmlichen Verhältnissen; hatte mit seinen düsteren Gedichten (z. B. „The Raven“) und phantastisch schaurigen Geschichten (z. B. „Der Doppelmord in der Rue Morgue“ oder „Der entwendete Brief“) eine große Wirkung in der Literaturgeschichte, besonders auf die französischen Symbolisten und die Kriminalliteratur. „In'n eirunnen Råhmen“, übersetzt von Bolko Bullerdiek aus: The Complete Tales of Edgar Allan Poe, London: Penguin 1982.

Rendell, Ruth
1930 geboren, aufgewachsen in Essex; zuerst Reporterin für Tageszeitungen; dann Autorin, besonders für Kriminalromane mit Inspector Wexford in dem Städtchen Kingsmarkham. „Lütt Wulf“ („Loopy“), übersetzt von Bolko Bullerdiek aus: 30 Jahre thriller, Jubiläums-Lesebuch, hg. von Rudi Kostl, Rowohlt Taschenbuch Verlag: Reinbek 1991.

Römmer, Dirk
1943 in Hamburg geboren, Pastor und langjähriger Rundfunkautor. Arbeitet an einer Fachhochschule für Wirtschaft und Technik. Früher Moderator von „Talk op Platt“ im Fernsehen N3. Autor von „Speel mi nich op“ bei Wachholtz, „Nich jeedeen Bumerang kummt trüch“ un „Op de anner Sied vun de Welt“ bei Quickborn. Vorsitzender der Vereinigung Quickborn sowie Redakteur der gleichnamigen Zeitschrift für niederdeutsche Sprache und Literatur. „Dat Geschenk“ bisher unveröffentlicht.

SAKI
eigentlich: Hector Hugh Munro, englischer Schriftsteller, geb. 1870 in Birma, 1916 gefallen. Meister der humoristisch-satirischen Kurzgeschichte (Beasts and Super-Beasts, 1914); „Gabriel-Ernest", übertragen von Dirk Römmer, in: „The Unbearable Bassington and other stories", London 1963.

Schurek, Paul
1890 in Hamburg geboren; 1962 gestorben. Feinmechanikerlehre, Wanderjahre; Soldat; Ingenieur und Gewerbeoberlehrer; seit 1920 hoch- und plattdeutsche Theaterstücke und Prosa. Am bekanntesten wurde das Stück „Straßenmusik", auch übersetzt in neun Sprachen und verfilmt. „Scheun un gediegen" aus: P. Sch., „De rode Heben, En Geschicht ut Hamborg", Verlag Georg Westermann 1921, S. 89f [Überschrift vom Herausgeber]; „Dat Füer" aus: P. Sch. „Snaksche Geschichten", Paul Hartung Verlag 1922; „De Bås", aus „Snaksche Geschichten", a. a. O.

Sieg, Wolfgang
1936 in Hamburg geboren, aufgewachsen in Quickborn, Studium der Theologie, Literaturwissenschaft, Geschichte; nebenher Fabrik- und Hafenarbeiter, Reisebegleiter; seit 1961 im Schuldienst; schreibt hoch- und plattdeutsch sowie auf Missingsch vor allem Satiren (z. B. „Blutfleck auffe Häkeldecke", „Wahnungen") und satirische Romane und Hörspiele; arbeitet viel für den Rundfunk (seit 1981: Hör mal en beten to); wohnt in Seester bei Elmshorn. „Eremit" aus: W. S. „Wahnungen", Kortgeschichten, Schuster 1974. Wir danken für die freundliche Abdruckgenehmigung.

Spiekermann, Gerd
1952 in Ovelgönne/Wesermarsch geboren, studierte Romanistik und Politologie; machte seinen Zivildienst in einer Werkstatt für psychisch Kranke, ist seit 1985 NDR-Redakteur; begann mit hintersinnigen Geschichten („Mien halve Fro"), schrieb später erotische Geschichten („Kiek mol'n beten to"), einige experimentelle Texte und viele humorvolle Geschichten. „Dissen Dag un all Dåg" aus: G. Sp., Mien halve Fro, Göttingen: davids drucke 1983.

Straumer, Ingrid
1952 in Hamburg-Allermöhe geboren, lebt als Lehrerin in Berlin; Redakteurin des „Quickborn", der Zeitschrift für plattdeutsche Sprache und Literatur, schreibt regelmäßige Kolumnen in einer Zeitung, plattdeutsche Theaterstücke für Kinder und Prosa, z. B. in „Glück will Tiet hebben", hg. von Gesche Scheller, Quickborn 2001. „Wünsch di wat" bisher unveröffentlicht.

Terbille, Aloys
1936 in Vreden an der deutsch-niederländischen Grenze geboren; lebt dort auch heute (Westmünsterländische Mundart). Lehrer; nach einem Aufbaustudium Sonderschullehrer für Lernbehinderte. Schreibt vor allem Lyrik in seinem westfälischen Grenzdialekt, z. B. „Spoor van Lieden allevedan", der den Leidensweg der Vredener Juden nachzeichnete (1983 im niederländischen Verlag Wim van Keulen). „Nix met te doon" aus: A. T. „Welldage", Niederdeutsche Gedichte aus dem Grenzland, Zelhem (NL) und Vreden (D):Edition Van Keulen 1997.

Wagenfeld, Karl
1869 in Lüdingshausen geboren, 1939 in Münster gestorben; war Lehrer, nach dem Ersten Weltkrieg vor allem Volkskundler. „De Unnergang von de Welt" aus: K. W. „De Antichrist", Warendorf in Westfalen: Schnellsche Verlagsbuchhandlung (C. Leopold) 1916.

White, Alex
1887 in Chalfont St. Peter, Middlesex, 1923 in London gestorben. Eigentlich Peter Black. Arbeitete in verschiedenen Zeitungsredaktionen, Soldat im ersten Weltkrieg, verwundet, an den Folgen schließlich gestorben. Hatte seine Freude an ‚Jack the Ripper-Geschichten'. „Låt di nie mit Frömde in", frei übertragen von Dirk Römmer nach „You better never trust", aus: 7th Pan Book of Horror Stries, selected by Herbert van Thal, London 1966. Übersetzungsrechte für „Laß dich nie mit Fremden ein" aus „Frankenstein wie er mordet und lacht" bei B & N Verlag & Edition, Frankfurt 1968. Wir danken für die freundliche Abdruckgenehmigung.

Herausgeber und Verlag danken allen Autoren und Verlagen für die freundlichen Abdruckgenehmigungen. Nicht in allen Fällen ist es uns gelungen, den Urheber zu erreichen. Vorhandene Ansprüche sind beim Verlag geltend zu machen.